KB062706

박정희 시대와 중동건설 1

이 도서는 조은문화재단의 지원을 받아 간행되었습니다.

박정희 시대와 중동건설 1

초판 1쇄 발행 2014년 4월 30일

엮은이   정성화
펴낸이   윤관백
펴낸곳   도서출판 선인

등록   제5-77호(1998.11.4)
주소   서울시 마포구 마포대로 4다길 4(마포동 324-1) 곳마루 B/D 1층
전화   02)718-6252 / 6257   팩스   02)718-6253
E-mail   sunin72@chol.com

정가 · 22,000원
ISBN   978-89-5933-721-7   94900
ISBN   978-89-5933-333-2   (세트)

· 저자와 협의에 의해 인지를 생략합니다.
· 잘못된 책은 바꿔 드립니다.

박정희 시대와 중동건설 1

정성화 엮음

도서출판 선인

책을 내면서

1973년 10월 제4차 중동전쟁의 여파로 이른바 오일쇼크가 발생하면서 한국경제는 상당한 위기에 봉착했다. 그런 위기상황을 돌파하는 데에 중동건설특수는 매우 중요한 역할을 했다. 오일쇼크는 한국경제에 위기상황을 초래했지만, 오일머니로 인해 상대적으로 투자여건이 좋아진 중동지역 산유국에서 건설수요가 대폭 증가했기 때문이다. 1973년 삼환기업이 사우디아라비아에서 처음으로 건설사업을 수주한 것을 기점으로 1980년대 초반까지 수많은 한국 건설기업과 총 인원 100만 명에 이르는 건설노동자들이 중동지역에 투입되었다. 이것이 이른바 중동건설 붐이었다. 이로 인해 기업은 자본을 축적하기 시작했고, 기술발전을 이루었다. 국가 차원에서는 국민소득이 증가하고, 고용이 창출되는 효과를 누렸다. 그러나 1970년대 중동건설 붐은 이와 같은 거시적 경제효과를 논의하는 데에 그 의미가 한정되지 않는다. 우리가 1970년대 중동지역 건설 진출을 한국현대사의 중요 사건으로 바라봐야 할 이유는 대략 다음과 같이 정리할 수 있다.

첫째, 현재 한국경제에 영향력이 막강한 대기업 다수가 중동건설과 관련되어 있다는 점에서 한국의 기업문화와 중동건설 붐 사이에는 상당한 유관성이 있다. 둘째, 100만 명이 넘는 노동자가 중동건설 현장에 투입되었다는 표면적인 사실에서도 짐작할 수 있듯이 한국사회와 가족문화, 한국인들의 가치관에 미친 영향도 간과할 수 없을 것이다. 셋째, 중동건설 현장에 한국기업이 진출하게 된 이전의 사정들, 일테면 주한 미군시설 건설공사로부터 베트남전쟁 중에 한국기업과 노동자들의 베트남 진출이나 태국 등 동남아 지역의 건설사업에 참여했던 사실들과 중동건설현장에 한국기업과 노동자들이 진출한 사실이 맺고 있는 관계를 면밀하게 살핌으로써, 한국전쟁 이후 한국 현대사의 특수성을 이해하는 데에 중동지역 건설 진출은 매우 중요한 정치 · 사회적 사건이었다는 점이다.

그러나 문제는 중동지역 건설 진출을 이해할 수 있게 해주는 자료가 한국사회에 거의 남아 있지 않다는 것이다. 민간기업에서 중동지역 건설사업과 관련하여 작성한 기록물들은 상당했을 것이다. 그러나 도산한 기업이나, 건설사업에서 철수한 기업들뿐만 아니라, 중동건설을 통해 대기업으로 도약한 상당수의 기업까지도, 당시의 상황을 알 수 있는 기록물을 현재까지 보존하고 있는 경우는 거의 없다. 정부에서 생산한 관련 공공기록물들도 극소수만이 남아 있을 뿐이다. 해외건설협회나 해외개발공사의 후신인 KOICA에서도 관련 자료를 보관하고 있지 않다. 이러한 상황에서 당시의 상황은 다분히 주관적으로 발언된 경험담이나 전언들을 통해 신화화되어 전해지고 있다. 그나마도 현대건설과 같은 몇몇 기업의 대표적인 사업의 사례들만 반복적으로 언급되고 있을 뿐이다. 1970년대 중동건설 붐이 한국사회에 미친 지대한 영향을 감안하면 허탈하다는 느낌이 들 정도로 당시를 이해할 수 있는 자료가 부족한 것이다. 그런 이유 때문인지 1970년대 중동건설 문제를 학술적으로 다루고 있는 연구 성과 역시 매우 부족하다.

　이러한 상황에 대해 강한 문제의식을 지니게 된 명지대학교 국제한
국학연구소에서는 '박정희시대와 중동건설'이라는 주제로 포럼을 진행
하게 되었다. 이 답답한 상황을 돌파하기 위해서는 우선 당시 현장에서
다양한 역할을 담당했던 경험자들의 목소리를 듣고, 이를 역사기록으
로 남기는 일이 필요하다고 판단했기 때문이다. 이 책은 2013년 1년
간 진행된 명지대학교 국제학술포럼 '박정희시대와 중동건설'에서 발표
된 논문과, 경험자들의 구술을 정리하여, 책으로 엮은 것이다.

　책은 연구와 구술로 구분하여 총 2부로 나누었다. 제1부에는 심의섭
선생님의 논문 「70년대 한국건설업의 중동진출에 대한 역사적 평가」
와 조수종 선생님의 논문 「70년대 중동진출에 대한 재조명」을 수록했
다. 이 두 분은 1970년대 중동건설 문제를 학술적으로 연구한 거의 유
이한 연구자들이다. 원로 경제학자이고, 한국중동학회 회장을 역임하
셨다는 공통점을 지닌 이 두 분의 글은 시간적으로 중동건설 붐 당시뿐
만 아니라, 그 이전과 이후를 포괄하고 있으며, 다루고 있는 영역 역시
경제와 역사, 사회를 망라하고 있다. 거시적인 관점에서 1970년대 한
국사회에 중동건설 붐은 과연 무엇이었는가를 설명하고자 애쓰신 글들
이었다.

　제2부에는 중동건설 붐이 막바지에 이르던 시절 리비아 건설현장에
서 공정관리자로 활동했던 주동하, 조지홍 선생님의 구술과 실로 한국
해외건설사의 산 증인이라 할 수 있는 전낙근 선생님의 구술을 정리하
여 수록했다. 피상적이고, 신화적인 접근으로는 알 수 없는 중동 현장
의 상황, 본국과 현지의 소통, 자신들의 참여했던 개별 프로젝트에 대
한 구체적인 구술은 이후 중동건설 문제를 다룰 후학들에게 소중한 자
료로 기능할 것이다.

　특히 전낙근 선생님의 구술에 대해서는 한층 더 중요한 의미를 부여

할 수 있을 것 같다. 전낙근 선생님은 중동건설 진출 이전시기부터 해외건설 현장을 경험하기 시작하여, 중동건설사업의 상징처럼 인식되고 있는 현대건설의 사우디아라비아 주베일 항만공사 등 중동지역 건설사업 거의 대부분에 대해 정보와 이해를 지닌 분이다. 엔지니어로서, 또 프로젝트 관리자로서 다양한 국가에서 다양한 성격의 사업을 체험했던 전낙근 선생님의 구술은 향후 1970년대 중동건설을 이해하려는 사람들에게 매우 소중한 자료가 될 것이다.

2014년에도 명지대 국제한국학연구소는 '박정희 시대와 중동건설'을 주제로 정기학술포럼을 진행하고 있다. 올 해에는 1970년대 중반 범정부 차원에서 구성했던 대중동경제협력지원반에서 활동했던, 외무부, 건설부 관료와 협력업체 대표, 현장 기능공, 식재료 납품사업자 등 다양한 방면에서 중동건설 현장에 참여했던 인사들의 이야기를 청취할 예정이고, 이 역시 총서로 출판할 예정이다. 이 역시 많은 분들의 관심을 기대한다.

책이 나오기까지 도움을 주신 분들이 많다. 은퇴 후에도 여전한 필력으로 포럼의 길잡이 역할을 해 준 글을 포럼에서 발표해 주시고, 또 원고를 손봐주신 심의섭, 조수종 두 분 선생님들께 깊게 머리 숙여 감사드리고 싶다. 전낙근 선생님을 비롯해서, 주동하, 조지홍 두 분 선생님께도 감사드린다. 포럼을 기획하고 진행하기 위해 늘 함께 고민하고, 구술을 위해 노력을 기울이고 있는 연구소 연구교수 조영재, 김택호, 손동유 세 분 선생님들, 포럼 실무를 도맡아 처리하고 있는 김하나 연구원, 좋지 않은 환경에서 녹화·녹음된 자료를 특유의 성실성으로 녹취해주신 조성희 선생님, 포럼에 참석해 진지한 관심을 아끼지 않으셨던 모든 연구소 식구들과 참석자분들께 감사드린다. 포럼이 진행될 수 있도록 물심양면에서 후원해주고 계신 조은문화재단 김승남 이사장님과 이후득 이사님께도 감사드린다. 마지막으로 거친 원고를 아담한 책

으로 만드는 데 애써주신 도서출판 선인 윤관백 대표님과 관계자분들
께 감사드린다.

2014년 4월
엮은이 정성화

목 차

▌일러두기 ▌

1. 이 책에 수록된 논문과 구술은 2013년도 명지대학교 국제한국학연구소 정기학술포럼에서 발표된 논문과 구술을 기반으로 정리한 것이다.

2. 1부 연구에 수록된 두 논문은 각기 필자가 선택한 글의 제제를 최대한 존중하여 정리한 것이다.

3. 2부 구술의 수록 차례는 구술이 이루어졌던 시간 순이다.

4. 구술의 표기는 구어를 최대한 살리는 것을 목표로 하였다. 다만 독자의 편의를 위하여, 지나치게 긴 문장이나 애매한 일부 표현을 교정했으며, 필요한 경우 주석을 붙였다.

5. 구술자의 약력은 구술 내용에 상세하게 드러나고 있는 바, 따로 분리하여 상세하게 정리하지는 않았다.

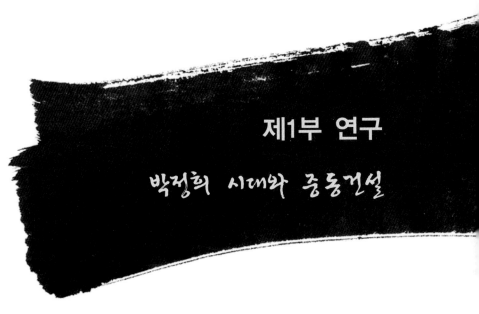

제1부 연구

박정희 시대와 중동건설

70년대 한국건설업의 중동진출에 대한 역사적 평가

심 의 섭

명지대학교 명예교수, 경제학

사막의 횃불(大觀小察)

1975년 여름 어느 날, 박정희 대통령이 현대건설의 정주영 회장을 청와대로 급히 불렀다.

"달러를 벌어들일 좋은 기회가 왔는데 일을 못하겠다는 작자들이 있습니다. 지금 당장 중동에 다녀오십시오. 만약 정 사장도 안 된다고 하면 나도 포기하지요."

정 회장이 물었다.

"무슨 얘기입니까."

"1973년도 석유파동으로 지금 중동국가들은 달러를 주체하지 못하는데 그 돈으로 여러 가지 사회 인프라를 건설하고 싶은데, 너무 더운 나라라 선뜻 일하러 가는 나라가 없는 모양입니다. 우리나라에 일할 의사를 타진해 왔습니다. 관리들을 보냈더니, 2주 만에 돌아와서 하는 얘기가 너무 더워서 낮에는 일을 할 수 없고, 건설공사에 절대적으로 필요한 물이 없어 공사를 할 수 없는 나라라는 겁니다."

정 회장이 답했다.

"그래요, 오늘 당장 떠나겠습니다."

정주영 회장은 5일 만에 다시 청와대에 들어가 박정희 대통령을 만났다.

"지성이면 감천이라더니 하늘이 우리나라를 돕는 것 같습니다."

박 대통령이 대꾸했다.

"무슨 얘기요"

"중동은 이 세상에서 건설공사 하기에 제일 좋은 지역입니다."

"뭐요!"

"1년 열두 달 비가 오지 않으니 1년 내내 공사를 할 수 있고요."

박 대통령이 말했다.

"또 뭐요."

"건설에 필요한 모래, 자갈이 현장에 있으니 자재 조달이 쉽고요."

박 대통령이 "물은?" 하고 물었다.

"그거야 어디서 실어오면 되고요."

"50도나 되는 더위는?"

"천막을 치고 낮에는 자고 밤에 일하면 되고요."

박 대통령은 부저를 눌러 비서실장을 불렀다.

"임자, 현대건설이 중동에 나가는 데 정부가 지원할 수 있는 것은 모두 도와줘!"

정 회장 말대로 한국 사람들은 낮에는 자고, 밤에는 횃불을 들고 일을 했다. 세계가 놀랐다. 달러가 부족했던 그 시절, 30만 명의 일꾼들이 중동으로 몰려나갔고 보잉747 특별기편으로 달러를 싣고 들어왔다.

Ⅰ. 머리말

1. 해외건설업이란?

일정한 나라의 업체가 다른 나라에서 벌이는 건설에 관련된 사업을 말한다. 자국의 건설업체들이 인력과 건설기자재를 자국에서 가지고 가거나 또는 외국에서 조달하여 해외에서 벌이는 건설사업인 해외건설은 해외건설공사와 해외건설용역으로 구분할 수 있다. 〈해외건설촉진법〉에는, 해외건설공사는 해외에서 발주되는 토목·건축 및 산업설비와 철강구조물, 전기통신 그리고 이와 유사한 것으로, 해외건설용역은 해외건설공사의 조사·계획·설계·구매·조달·감리·시운전·평가·자문과 그 밖에 이와 유사한 것이라고 각각 규정되어 있다. 한편, 해외건설업은 원도급(元都給)·하도급(下都給), 그 밖에 명칭 여하에 불구하고 해외건설공사 또는 해외건설용역을 도급하는 영업을 말한다.[1]

---

[1] 심의섭 등, 『해외건설 민간백서』, 해외건설협회, 1983.

2. 중동지역이란?[2)]

중동이란 지역 정의에 대해 학자들 간에도 통설이 없지만 광의로는
아라비아반도, 소아시아대륙, 걸프만안, 그리고 북 아프리카에 있는 27
개국을 말한다. 그러나 이 나라들은 지리적으로 인종적으로 또는 종교
적으로 약간씩 차이를 갖고 있기 때문에 보는 입장에 따라 중동지역에
대한 정의는 달라질 수 있다. 지리적으로 볼 때 동단의 아프가니스탄,
서단의 모리타니아, 남단의 소말리아, 북단의 터키 등이 제외되기도 하
며, 인종적, 언어적으로는 이란, 터키, 이디오피아, 이스라엘 등이 제외
될 수 있다. 그리고 아랍권이거나 이슬람교를 믿거나 아랍어를 사용하
지만 가끔 중동에서 제외되는 나라들로서는 키프러스, 아프가니스탄,
지부티, 소말리아, 모리타니아 등을 들 수 있다.

이처럼 중동지역에 대한 정의는 편의에 따라 달리할 수 있다. 따라
서 종교에서는 아랍족이 지배족이고(터키, 이란 예외), 이슬람교를 믿
으며, 언어적으로는 아랍어(터키, 이란 제외)를 사용하는 북방, 아라비
아 반도, 소아시아, 걸프만안 제국을 포함하여 20개국으로 정의한다.
이 나라 들은 북방의 모로코, 알제리아, 튜지니아, 리비아, 이집트, 수
단 등 6개국과 소아시아의 터키, 걸프만안국인 이란, 쿠웨이트, 카타르,
바레인, 아랍토후국연합(U.A.E.) 등 5개국, 아라비아 반도의 사우디아
라비아, 이라크, 예멘, 남예멘, 오만 등 5개국, 그리고 지중해 동안 반월
지역인 레바논, 요르단, 시리아등 3개국을 포함한 20개국을 말한다.

이렇게 보면 중동지역이란 동서로는 이란에서 모로코까지, 남북으로
는 수단에서 터키에 이르고 있으며 총면적은 1220만㎢, 총인구는 약
2억이 넘는 광대한 지역을 일컫게 된다.

---

2) 심의섭, "중동경제와 우리의 건설수출", 『남촌 조동필박사 화갑기념 논문집』,
   1979.4, 83~105쪽.

3. 70년대란? 1973년의 의미?

한국의 해외건설은 경제성장 과정에서 획기적인 역할을 담당하였다. 한국경제는 6·25 전화의 잿더미에서 선진권으로 진입하는 과정에서 몇 차례의 호기와 고비가 있었다. 긍정적인 요인은 수없이 많지만 그 중에서도 주요한 호재는 새마을 운동, 베트남 전쟁, 해외건설, IT 혁명 등이 두드러진다. 부정적인 요인 중에서도 한국전쟁과 국토분단, 에너지 위기, 대외편중과 개혁개방의 부작용, IMF와 외환위기 등도 빼어 놓을 수 없다. 더 중요한 것은 호기와 위기를 도약의 기회로 활용했다는 리더십과 국민의 슬기라 하겠다. 특히 경제개발과정에서 가장 중요한 개발자금의 해외조달에서, 에너지난의 해결에서, 세계화와 개방의식의 확대에서, 하면된다(can-do-ism)는 정신에서 해외건설의 역할은 재평가 되어야 한다.

1970~1980년대 한국경제가 실업문제와 개발자금의 조달문제로 심각할 때 에너지 위기도 함께 몰아닥쳤는데 이 문제를 한꺼번에 해결한 것이 해외건설이다. 한국은 높은 교육열로 양성된 군필자를 비롯한 저임양질의 개발인력의 공급이 풍부한 상황이었고, 반면 중동 산유국은 개발인력은 부족하고 오일달러가 풍부해서 중동에서의 일어난 건설 붐은 역사상 두 번 다시 나타날 수 없는 한국에게는 그야말로 절호의 기회였다. 소위 석유한 방울 안 나는 한국에서 공업화를 추구하기 위해서는 에너지 확보가 절대적인 과제 이었는바, 정부는 실업문제, 외화부족과 개발자금 조달문제, 에너지 위기 등을 한꺼번에 해결할 수 있는 해외건설공사 지원정책을 추진하였다. 뿐만 아니라 이러한 천재일우의 기회를 놓치지 않고 정부정책에 적극적인 호응을 할 수 있는 국민의 역량과 자세를 한 곳으로 모을 수 있는 여건이 국내외적으로 완벽하게 갖추어진 상황이었다.

이 논문은 모두 5개장으로 구성된다. 머리말(Ⅰ장)에 이어서 해외건설 성장의 시대적 구분과 특징(Ⅱ장)을 보고, 다음에 해외건설의 성공요인과 부실요인(Ⅲ장)을 분석한 뒤에 Dutch disease이론에 입각한 국민 경제적 효과를 긍정적 효과와 부정적 효과(Ⅳ장)로 나누어 보고서 마지막 장에서 해외건설의 역사적 평가를 언급하면서 이글을 맺고자 한다.

Ⅱ. 성장의 시대구분

70년대까지의 한국 해외건설은 4단계로 구분할 수 있다. 제1단계는 1953년 휴전 성립 후에 전후복구가 시작되어 주한미군의 시설과 주한 외국군의 공사를 주로 맡았던 시기부터 한국 최초의 해외공사인 태국에서의 고속도로 공사를 수주하였던 1965년 이전까지인데 이 기간을 한국해외건설의 준비기라 할 수 있다. 제2단계는 그 후 중동건설시장의 개척이 시작되었던 1973년까지인데 이 시기는 동남아를 중심으로 진출하였던 시기로서 한국해외건설의 개척기라 할 수 있다. 제3단계는 중동의 건설호황에 편승하였던 시기로서 1974~1982년까지인데 이 시기는 확장기라 할 수 있다. 끝으로 제4단계는 중동건설 경기라 급격히 침체되었던 1983년부터 탈 중동 글로벌 시장화, 전업종 진출을 집중한 시기이다. 이러한 발전단계를 거쳐서 지금은 해외건설 세계5대강국의 반열에 들게 되었다.

〈표 1〉 1970년대 기간별 해외건설 관련지표

		수 주 액 (백만달러)	진출인력 연평균(명)	해외건설* 비중(%)
대내준비기	(1953~64)**	12	-	12.4
동남아개척기	(1965~73)	47	-	8.2
중동집중기	(1974~82)	6,344	81,573	62.1
선진·북방조정기	(1965~73)	4,509***	89,086	39.1

주 : * 해외건설비중 = 해외공사수주액 / 총건설공사수주액
　　 ** 1962~65년간 년 평균치임.
　　 *** 1983~90년간 년 평균치임.
자료: 심의섭, 『한국의 해외건설』, 명지대학교 출판부, 2007, 166쪽.

Ⅲ. 성공요인

1. 진출 성공요인[3]

1) 보완적 경제관계

오일 붐 이전의 중동의 사간자본의, 예를 들자면 주택, 도로, 발전시설, 상하수도시설, 담수화시설, 항만시설 등은 매우 빈약한 상태이었기 때문에 중동 산유국은 개발재원이 확보되자 이 부분에 대해 집중적으로 투자 하였다.

물론 이러한 장기적인 투자가 요구되는 사간자본의 개발이나 인력개발 및 산업화를 불과 몇십 년 동안에 완성한다는 것은 과욕이라는 이론도 많았다. 그러나 중동 산유국은 역사상 어느 나라도 시도하지 않은 자원집약적인 공업화라는 새로운 개발전략을 풍부한 개발재원을

---

3) 자세한 것은 심의섭, "한·이의 해외건설 비교연구", 『한국무역학회지』 제9집, 한국무역학회, 1984.2 참조.

바탕으로 과감하게 추진할 수 있었다. 사실, 전통적인 경제개발 모형은 주로 인력이 풍부하고 자본의 부족을 가정한 모형 이었지 자본이 풍부하고 인력이 부족한 모델이 아니었다. 따라서 이러한 현상은 충분한 건설인력을 보유하고 있는 한국 건설사회에서는 하나의 호재로 등장하였다.

왜냐하면 한국은 1960년대 초부터 사회간접자본의 확충과 공업건설에 역점을 두면서 4차례의 경제개발계획을 촉진하여 왔다. 그 결과 60년대에 물적 사회간접자본의 건설이 대충 마무리되고 공업기반이 확충되었으며 이러한 과정에서 우리나라의 건설업체들은 기술이 축적되고 노동능역은 향상되었다.

우리건설업체들은 축적된 개발경험과 잘 훈련된 기술 인력으로 중동 산유국에 진출하여 상호보완적인 경제협력을 시작하게 되었다.

2) 저임

한국은 중동진출의 초기부터 저임공세로 수중경쟁에 우위에 있었다. 진출의 절정기인 1978년까지도 건설노동자의 월평균급여는 420달러이었는데, 이는 일본보다 25%나 낮았고, 스웨덴과 같은 서구제국보다는 약 10%가 낮았다.[4]

그리고 한국 엔지니어의 월급은 미국 엔지니어 봉급의 약 50% 수준밖에 안 되었다.[5] 하지만 이러한 임금수준은 국가적 비교에서 저임이지 국내와 비교하면 중동노동자의 임금은 국내노동자보다 약 2배 정도 높은 것이었다. 따라서 중동진출의 초기에 중동건설현지의 지원자는 오히려 초과 공급 상태에 있었다.

---

[4] "Twenty thing that South Korea going for it", *Institutional Investor*, April 1978, p.116.

[5] "Korea contractors invade the Mideast", *Business Week*, May 29, 1978, p.34.

중동에서의 한국 노동자의 대부분은 대개가 1년 작업 후에는 약 2주간의 본국으로 정기휴가가 있었다. 그리고 계약기간이 만료되는 2년 후에는 내 집 마련의 설계도 할 수가 있었다.6)

이 같은 저임수준은 경제공사의 국제입찰경쟁에서 결정적인 역할을 하였다. 말하자면, 한국 업체들은 가격경쟁에서 선진국보다 무려 10여 %나 낮은 저임입찰을 할 수 있었다.

3) 정부의 지원시책

정부의 지원시책은 다양하게 실시되었는데 그 중에서도 주요한 것을 예로 들면 다음과 같다.

첫째, 해외건설업체의 해외사업을 부축하기 위해 정부는 저임금, 지급보증 및 해외 건설 사업에 따른 영업소득세의 감면시책을 베풀었다.

둘째, 정부는 민간업체의 사내기술훈련을 유도하고 군 기능공을 양성하여 건설인력수급에 능동적으로 대처하였다.

셋째, 전부는 해외건설을 효율적으로 지원하기 위해 부처 간 해외 건설실무위원회를 구성 운영하였으며, 〈중동문제연구소〉를 설립하여 조사 분석업무를 전담시켰다.

다섯째, 전부는 한국 업체의 공사수행에 예기치 않은 물의가 발생할 때 외교적인 경로를 통하여 다각적이고 신속한 지원을 하였다. 예를 들어, 율산건설이 중단하였던 공사들을 정부가 개입하여 아무 마찰 없이 수행케 하자 사우디아라비아 등 중동각국의 정부나 건설업계는 우리나라의 관민간의 면밀한 협력 체제를 높이 평가하게 되었다.7)

---

6) "Korea's crucial link to the Middle East", *Business Week*, August 1, 1997, p.41.
7) 해외건설협회, 『해외건설협회5년사』, 1982, 17쪽.

4) 꾸리 남버르 와헫!

기타 정치사회적인 면에서 사업 환경에 긍정적인 영향을 미친 요인들이 많이 있는데 그중에서 네 가지 요인을 두드러진 것으로 꼽을 수 있다. 하나는 남북분단 형태에 있는 한국이 강력한 반공국가이고 중동에서도 왕국이나 토우국은 역시 반공국가라는 점에서 한국의 우호적인 협력이 뒤따랐다.[8]

둘은 한국이나 중동제국이 모두 쓰라린 피식민지 경험을 갖고 있으며 모두 개발도상국이라는 점에서 식민종주국인 서구선진열강보다 어느 면에서 호혜적인 차원에서 협력이 가능하였다.

셋은 이슬람 문화와 여러 차례의 역사적인 대립 때문에 중동제국에서는 외래문화의 침투에 주로 서구문화에 대응하여 이슬람 부흥이란 전략으로 강력하게 대처하였으나 한국은 유교권의 국가로서 이질문화권에 속했지만 서구문화보다는 우호적인 편의를 볼 수 있었다.

넷은 아랍의 대이스라엘 전쟁의 일환으로 아랍연맹의 이스라엘 보이코트가 유태계 서구 회사의 대중동진출에 큰 충격을 주었지만 한국계 회사는 거의 해당되지 않아 진출에 전혀 장애가 되지 않았다.[9]

5) 높은 생산성

서구제국은 중동에서 건설공사를 시공할 때 고급기술 관리직원은 본국의 인력을 썼고 노동력을 현지에서 조달하는 경영방식을 택하였지만, 한국은 전직종의 소모인력을 모두 한국인으로 사용할 수 있었기 때문에 경쟁에서 우위에 설 수 있었다. 따라서 한국 건설업체는 인사 및 관리조직을 그대로 이전하여 착공을 곧바로 할 수 있었으며, 능률적인

---

8) "Korea's crucial link to the Middle East", *Business Week*, August 1, 1997 참조.
9) Walter McQuade, "The Asian building boom is making construction history", *Fortune*, September 1978, p.115.

작업규율에 의해 일사분란 한 작업이 가능하였다. 더구나 해외취업 기능공은 대개가 군필자였으므로 조직생활의 규율이 몸에 배어서 준 군대식 생활에 별다른 불편이 없었던 것이다.[10]

뿐만 아니라 중동취업 노동자들은 노동을 고통으로 받아들이지 않고 가족을 잘 살게 하고 국가발전에 이바지 할 수 있는 기회라고 보는 직업관과 사명감을 갖고 있었다. 때문에 대다수의 노동자들은 시간외 작업, 야간작업, 휴일작업을 자원하였다. 그래서 한국노동자들은 주당 50.7시간을 일하여 미국 노동자들의 39.4시간과 비교할 때 무려 10여 시간이 많아 일벌레(workaholic)이라는 별명을 얻게 되었다.[11]

생산성제고의 문제에서 또 하나 빼어 놓을 수 없는 것은 공장새마을 운동이었는데, 이는 노사협조와 생산성 향상에 큰 기여를 하였다. 즉, 모든 건설 회사들이 새마을 운동을 실천하여 작업상의 애로문제를 해결하여 생산성 향상에 이바지하였다.[12]

6) 돌관능력과 공기단축

한국의 시공능력은 1960~1970년대를 통해 향상되었는데 이 기간은 한국 업체에게 제반공사 여건이 정비되는 과정이다. 말하자면, 전근대식 경영방식이 존재하는 속에서 국가적 사업 환경이 우위에 있는 여건을 통해 돌관능력을 배양했으므로 사간자본이 미비하고 시공여건이 꽤 까다로운 중동건설공사를 가능케 하여 중동제국의 경제개발계획의 최대애로인 다급한 사간자본 확충에 숨통을 터주게 되었으며 그들로부터

---

[10] "Korea's crucial link to the Middle East", *Business Week*, August 1, 1997 참조.

[11] Roy Rowan, "There's also some good news about South Korea", *Fortune*, September 1977, p.171.

[12] "South Korea: Challenge and Change", *Business Week*, September 11, 1978, pp.24~29.

한국인 최고라는 찬사를 곁들여 받게 되었다.

IV. 국민 경제적 효과

한국의 해외건설은 일종의 경제적 호황에 대한 분석 방법을 적용할 수 있다. 호황에 대한 분석은 주로 Dutch disease 이론에[13] 바탕을 두고 있다. 따라서 호황과 불황의 경제적 영향을 동시에 고찰해 보고자 하였다.

해외건설의 호황이 국민경제에 미치는 효과는 긍정적인 것과 부정적인 것으로 나눌 수 있는데 이를 살펴보기에 앞서 호황기간의 구분이 있어야 하겠다. 해외건설의 호황기는 보는 입장에 따라 1974~1982년간으로 볼 수도 있고 1978~1982년간으로 볼 수도 있다. 여기서는 앞에서의 기간구분과 같이 호황기간을 확장기(1974~1982)로 보고 공사수주규모, 해외건설인력송출규모, 해외건설외화수입을 기준으로 보고자한다. 그리고 세 가지 지표의 전년대비 증가율이 100% 이상으로 절정

---

[13] Dutch disease란 용어는 "The Dutch disease"(*The Economist*, 26 November, 1977, p.83)에서 처음 사용하였다. 그리고 Dutch란 용어를 네덜란드에서 Schlochteren 지역의 천연가스의 발견으로 1960년대의 실질환율의 절상(real appreciation)을 경험한 것과 관련되었기 때문이다. 이 글에서는 Dutch disease라고 원어를 그대로 사용하기로 한다. Dutch disease란 이론은 북해유전의 발견이 영국경제에 비티는 영향에 대해 논할 즈음인 1975년 경제 소개되었다. 북해의 원유로부터 야기되는 경제문제, 말하자면, 북해원유의 수출호황이 영국경제에 미친 영향을 분석한 것이 대표적인 것이다. 그리고 호주에서는 R .G. Gregory(1976)의 연구가 대표적인 것이라 할 수 있다. 그는 1970년대 초 호주의 광물 수출 호황은 실질적인 관세감면정책과 마찬가지로 호주의 수입 경쟁적 공산품생산과 농산물 수입에 부정적인 영향을 미쳤다고 주장하였다. 이것은 소위 Gregory Thesis라는 것으로서 독자적인 Dutch disease 문제의 발견이라고 재평가하게 되었다.

기를 이룬 해는 송출인력과 외화수입의 경우는 1977년도, 공사수주는 1978년도이다. 그러나 외화수입은 선수금 입금이 포함된 점을 감안할 때 실제적인 호황을 반영하는 해는 한해를 늦출 수 있으므로 1978년도를 호황의 시발년도로 보고자 한다. 그리고 호황의 종식은 세 지표의 전년대비 증가율이 현저히 떨어지기 직전인 1982년도로 보아 호황기간을 1978~82년간으로 보고자 한다.[14]

〈표 2〉 해외건설의 총량종합지표*

		호황전기(1975~77)	호황기(1978~82)
연평균 수주규모	백만달러	2,283.6	9,964.0
대 건설수주 비중	%	54.5	62.4
1인당 해외공사 수주액	달러	63.3	260.9
해외건설 취업자	명	24,546	131,211
해외건설취업자 비중**	%	51.5	86.8
해외건설 외화수입액	백만달러	594.1	2,544.5

주 : * 기간중 년평균치. ** 대 해외진출인력 비중.
자료: 심의섭, 『한국의 해외건설』, 명지대학교 출판부, 2007, 155쪽.

호황기간과 호황직전기간과의 해외건설의 총량종합지표를 보면 〈표 2〉에 나타난 바와 같다. 아래에서는 해외건설이 국민경제에 미친 영향을 먼저 긍정적인 측면에서 살펴보기로 하자.

1. 긍정적 효과

해외건설산업은 일종의 건설서비스를 수출하는 경제활동으로서 생

---

14) 자세한 것은 심의섭, "국민경제의 발전과 해외건설의 역할", 『현대주택』, 현대공론사, 1988.9 참조.

산기지가 해외기지가 국외로 이동하고 자본, 노동, 기술들의 생산요소의 해외이동이 있게 되므로 국민경제의 여러 부문에 영향을 미치게 된다. 해외건설의 긍정적 요인은 국제수지개선, 국민소득증대와 경제성장, 고용유발, 투자기반의 조달, 관련 산업의 발달, 기술 향상 등 여러 가지가 있다. 여기서는 국제수지 개선효과, 국민소득 증대효과, 고용변동 등을 살펴보기로 하자.

1) 국제수지 개선효과

해외건설의 수입은 경제사회의 수입금, 현지취업한 자국인 근로자, 기능공, 기술자 및 관리직원 등 건설관련 진출 인력의 송금, 건설공사 수행에 따른 공사용 국산기자재 수출에 따른 수입이 있으며, 지급으로는 공사수행에 필요한 현지경비, 외국산기자재구입비용, 기타 보험, 운송 등이 지급에 포함된다. 이러한 수입과 지급의 차액은 해외건설의 총수입 또는 해외건설의 외화 가득액이 된다. 이러한 해외건설의 총수입의 증가는 국제수지 중에서 무역외수지의 개선에 기여한다.

국제수지 개선효과를 해외건설수입의 대 무역 외 수입비중을 비교해 보면 호황기(53.52%)가 호황전기(29.96%)와 호황후기(28.62%)에 비해 훨씬 높게 나타나고 있다. 이 같은 현상은 해외건설의 총수입의 대 무역 외 수입비중을 보아도 같은 현상을 보이고 있으므로 해외건설의 국제수지 개선효과는 호황기에 훨씬 두드러지게 나타나고 있다.

2) 국민소득 증대효과

해외건설의 수입이 국민소득 증대에 미치는 효과는 해외건설 총수입에 의한 직접적인 소득증대와 유발소득의 증대로 나누어진다. 해외건설과 관련된 외호가득은 긍정적으로 국민소득을 증대 시키는데, 이러한 국민소득의 증대는 바로 투자승수를 통하여 국민소득증대를 유발시

키게 된다. 뿐만 아니라 해외건설공사의 시공 중에 발생하는 국산건설
기자재의 수출은 기자재생산을 유발하여 국민소득을 증대시킨다.

국민소득 증대효과를 해외건설총소득과 해외건설순소득의 대 GNP
비중을 볼 때에도 호황기의 효과가 크게 나타나고 있다. 국민소득의 총
소득효과는 호황기(6.63%)가 호황전기(3.61%), 호황후기(2.90%)에 비
해 월등히 높으며, 국민소득의 직접효과 또는 순소득 효과인 경우에도
유사한 결과를 보여준다.

3) 고용변동효과

고용효과는 직접고용효과와 유발고용효과로 나누어 볼 수 있다. 해
외건설공사장에서의 현장취업과 같은 직접적인 고용증대를 가져온다.
그리고 해외건설수입의 증가에 따른 유발고용이 있으며 반출용 기자재
생산을 위한 유발취업이 있게 된다. 그러나 이러한 기자재 생산을 위한
고용이나 현지취업인력은 순수한 고용창출이라고 보기는 어렵다.[15] 왜
냐하면 이는 국가의 인력수급상황과 관련된다고 하겠는데, 만약 노동
시장에서 노동력의 공급이 무한하다면 이 같은 고용은 바로 고용창출
이라고 볼 수 있을 것이다. 그러나 노동시장이 균형상태에 있다면 이는
고용창출이 아니라 노동력의 부문간 이동이라고 해석할 수 있다. 그러
나 만약 실업이 있는 경우에는 건설인력의 해외진출은 실업 율의 감소
에 기여한다고 하겠다.

고용부문에서의 효과를 보면, 해외건설 현지 취업과 유발취업을 포
함한 총고용이 총취업자에 대한 비중을 보더라도 호황전기가 호황전후

---

15) 왜냐하면 이는 국가의 인력수급현황과 관련된다고 하겠는데 만약노동시장에서의
노동력 공급이 문한하다면 이 같은 고용은 바로 고용 창출이라고 볼 수 있을 것
이다. 그러나 노동시장이 균형상태에 있다면, 이는 고용창출이 아니라 노동력의
부문간 이동이라고 해석할 수 있다.

기에 비해 모두 높게 나타나고 있다. 이처럼 고용효과가 높게 나타나고 있는 현상은 중동해외건설이 노동집약적인 토목 공사에 집중되었던 결과라 볼 수 있다.

4) 총 효과

이와 같은 국제수지 개선효과, 국민소득 증대효과, 고용변화효과에 대해서 호황기(1978~82), 호황전기(1975~77)와 호황후기(1983~86)로 비교해 보면 〈표 3〉과 같다.

〈표 3〉 해외건설 호황의 긍정적 효과

	(1) 총 효과			(2) 직접효과		
	(3) 국제수지	(4) 국민소득	(5) 고용	(6) 국제수지	(7) 국민소득	(8) 고용
1975	7.04	0.17	0.32	7.04	0.10	0.06
1976	36.15	3.52	0.90	30.05	2.08	0.17
1977	46.65	3.71	1.12	40.53	2.20	0.36
1978	72.25	7.09	2.92	64.47	4.20	0.63
1979	55.12	5.38	2.58	47.06	3.19	0.78
1980	47.78	6.25	2.95	40.12	3.71	0.96
1981	46.68	6.75	3.35	38.46	3.99	1.16
1982	45.78	7.69	3.58	39.23	4.50	1.19
1983	40.98	5.71	3.10	35.87	3.32	1.12
1984	32.68	4.33	2.55	27.94	2.54	0.89
1985	19.16	1.32	1.09	16.21	0.76	0.64
1986	21.67	0.22	0.46	12.32	0.13	0.38
1975~77	29.96	3.61	0.78	25.87	2.14	0.20
1978~82	53.52	6.63	3.08	45.87	3.92	0.94
1983~86	28.62	2.90	1.80	23.09	1.69	0.76

주: (1) 총 효과= (2) 직접효과+간접효과
  (3) 해외건설총수입/수출; 해외건설 총수입=해외건설수입+해외건설기자재
    수출수입.
  (4) 해외건설 총소득/GNP; 해외건설총소득=해외건설순소득+ 해외건설 유
    발소득
    해외건설 유발소득+해외건설 순수입의 유발소득+해외건설기자재 수출
    의 유발소득
  (5) (해외건설 현지취업+유발고용)/총 취업인구
  (6) 해외건설수입/수출.
  (7) 해외 건설 순 소득/GNP.
  (8) 해외건설 현지취업/총 취업인구
자료: 심의섭, 『한국의 해외건설』, 명지대학교 출판부, 2007, 157쪽.

2. 부정적 효과

해외건설의 부정적 효과는 공업위축효과(de-industrialization effect)
와 지출효과로 두 가지로 나눌 수 있다.

1) 공업부문 위축효과

공업위축효과는 해외건설의 호황이 발생하게 되면 비 해외건설부문
에서의 생산요소의 이동으로 공업부문의 생산이 감축되는 현상이다.
산업을 교역재 부문과 비교역재 부문으로 나눌 때 교역재 부문이 해외
건설과 공업부문으로 구성된다고 하면 공업부문에서 생산이 감소되는
현상을 말한다.

공업부문 위축효과는 해외건설의 호황이 발생하게 되면 비 해외건설
부문인 공업부문에서 해외건설부문으로 생산요소가 이동되어 공업부
문의 생산이 감축되는 현상이다. 산업을 무역 부문인 해외건설과 비 무
역 부문인 공업부문으로 구성된다고 하면 공업부문에서 감소되는 현상
을 말한다.

2) 지출효과

지출효과는 해외건설수입의 국내송금으로 국민소득과 소비지출이 증가되어 물가상승으로 나타나는 효과를 말한다. 이 같은 효과는 비교역재 가격 대 교역재 가격의 비율로 나타나는 상대가격의 상승으로 나타난다. 상대가격은 수입과 수출 교역단가 지수의 비교, 수입과 수출의 교역물가지수의 비교로 볼 수 있으며, 통화의 평가절상으로도 나타난다. 뿐만 아니라 국내임금의 상승으로도 나타난다. 이 같은 비교는 국내 건설노동자나 제조업 부문의 노동임금 상승이나, 국내 건설업 노동자의 임금과 해외건설 진출 노동자의 임금을 비교해 보면 보다 명확히 알 수 있다.

이 같은 효과의 분석은 〈표 4〉에 타나나도 있다. 앞에서 본 긍정적 효과에서와 같이 부정적 효과에서도 호황기간 중의 지출효과가 명백히 나타난다. 공업위축은 호황기의 생산증가율이 10.6%인데 이는 호황전기(24.7%), 호황후기(12.4%)에 비하여 특히 호황전기에 비하여 낮게 나타나고 있으므로 공업위축현상을 느낄 수 있다.

상대가격을 보기 위한 교역단가나 비교역 물가변동을 보아도 호황기는(+)로서 호황전후기의 (−)부호와는 달리하고 있어 지출비교가 명확히 나타난다.

임금지수를 비교하면 건설업의 임금 상승률은 호황전기에는 건설업 부문이 제조업보다 높게 나타나고 호황후기에는 제조업부문에서 상대적으로 높게 나타나고 있어서 해외건설의 호황전기에는 해외건설부문이 임금상승을 유도했다고 해석할 수 있다.

이 같은 현상은 해외진출 건설근로자의 임금과 국내건설노동자의 임금을 비교해 보아도 알 수 있다. 즉, 호황전기와 호황기에도 해외건설 근로자의 임금이 높았으나 호황후기인 현재에는 국내외 건설노동자의 임금이 큰 차이가 없는 것으로 나타나고 있어서 여기서도 해외건설 노

동자의 임금이 역시 국내 건설노동자의 임금상승에 영향을 미쳤다고
보겠다.

〈표 4〉 해외건설 호황의 부정적 효과

	공업위축	상대가격지수		임금지수		
	(1) 제조업생산	(2) 교역단가	(3) 교역물가	(4) 제조업	(5) 건설업	(6) 임금대비
1975	19.6	1.09	0.96	26.2	40.4	3.65
1976	31.7	0.95	0.88	35.2	45.6	2.41
1977	20.3	0.89	0.83	47.2	60.6	1.96
1978	23.8	0.85	0.76	63.3	92.1	1.26
1979	12.1	0.87	0.82	81.5	100.	1.38
1980	-1.9	1.00	1.00	100	100	1.77
1981	13.4	1.02	1.01	120.1	92.1	1.64
1982	5.3	0.98	0.99	137.8	90.2	1.53
1983	16.4	0.97	0.98	154.6	88.9	1.53
1984	15.5	0.95	0.96	167.2	97.9	1.41
1985	4.0	0.94	1.06	183.8	102.9	1.35
1986	19.3	0.87	0.80	200.8	-	1.31
1975~77	24.69	-2.53	-7.2	58.34	10.08	8.02
1978~82	10.62	1.78	4.10	41.86	10.08	1.52
1983~86	12.37	-2.63	-4.23	9.03	4.63*	1.04

주: (1) 제조업생산지수 대 전년증가율. 기간중 분석은 제조업생산지수의 3개
년 이동평균증가율
(2) 수입단가 지수/수출단가 지수, 1980=100
(3)수입 재 물가지수/ 수출 재 물가 지수, 1980=100
(2),(3),(4),(5)의 아래 부분은 기간중 년 평균 증가율임
(6) 해외건설근로자 월급 여 액/국내건설근로자 월 급여액
* 1983~85년간 평균치임
자료: 심의섭,『한국의 해외건설』, 명지대학교 출판부, 2007, 158쪽.

V. 해외건설의 역사적 평가

지난 20여 년간 한국의 해외건설의 역사를 뒤돌아보면 해외건설이 국민경제에 미친 영향은 긍정적이든 부정적이든 지대한 것이며, 종합적으로 평가할 때 부정적인 효과보다는 긍정적인 효과가 컸으므로 한국의 해외건설의 성과는 일단 성공적인 것으로 평가할 수 있다. 그러나 이러한 진출역사를 통하여 우리가 본받아야할 점과 고쳐야할 점, 그리고 아쉬웠던 점들을 간단히 요약하면 다음과 같다.

먼저, 본받아야 할 점으로서는 크게 두 가지를 들 수 있는데 하나는 공사경험의 축적이요, 둘은 국민경제의 국제화를 위한 선도적인 역할이었다고 할 수 있겠다. 한국의 해외건설은 동남아와 같은 비교적 사업이 수월한 국가에서의 공사경험은 물론 베트남, 이란, 이라크와 같은 전장에서의 공사경험도 있고 중동과 같은 열사의 극지에서도 공사를 하였고 선진국과 개도국에서의 공사경험을 갖고 있다. 다양한 공종에서의 경험과 공동시공, 합작의 경험 등도 갖고 있다 특히 중동에서의 장기간에 걸친 토목집중공사의 경험은 국제적인 비교우위를 갖게 되었으므로 계속 특화할 수 있는 부문으로 고찰하게 되었다.

해외건설의 한국경제의 대외진출을 위한 기존 진출시장을 확대 심화시키고 신 시장을 개척하는데 막중한 역할을 하였다. 상품수출시장은 물론 플랜트시장의 개척, 국제금융시장의 개척, 해운산업과 항공산업의 발전 보험시장의 확대 인력진출시장의 확장 등 사업의 국제적 경영과 사업경영의 국제적 기술을 배양하여 한국경제의 국제화를 앞당기는데 크게 기여하였다.

한편 고쳐야 할 점으로는 진출집중과 과당경쟁, 그리고 부실 공사 등을 들 수 있다. 해외건설의 진출집중은 지역집중과 공종집중을 들 수 있다. 베트남과 중동에의 진출이 그러하였다. 그러한 집중적인 진출은 필연적으로 국내진출업자간의 과당경쟁을 야기 시키게 되어 부작용이 없지 않았다. 그리고 공종 집중도 토목, 건축분야에서 심하게 나타났던 것이 주지의 사실이다. 이러한 진출지역이나 수주 공종의 집중은 해당 지역이나 해당 공종의 경기가 위축될 때에는 해외건설의 진출 역시 감소되는 진출구조상의 취약약점을 갖게 되었다.

부실공사문제도 역시 진출집중에서 연유되는 바가 크다. 소위 한탕주의나 소나기 식 수주는 부실공사를 가져오게 되어 사회의 파국은 물론 다른 사회에도 영향을 미치고 손상시키는 경우도 없지 않았다. 부실공사는 자연히 금융시장의 질서에도 상당한 영향을 미치고 국민경제에도 커다란 부담을 안겨주지 않을 수 없었다. 이러한 문제는 중동진출 후기에 나타났던 두드러진 현상이었는데 이는 비단 해외진출시장의 국제적 환경변화에서도 그 요인을 찾을 수 있겠지만 어디까지나 이차적인 책임은 진출업체 당사자들에게 있는 것이므로 앞으로는 적격업체의 진출과 성실한 시공을 위해 부단한 노력을 기울여야 할 것이다.

끝으로 해외건설의 역사에서 아쉬웠던 점과 개선이 부진하였던 점은 외국 인력의 활용과 기술개발문제로 압축할 수 있다. 그동안 저임경쟁체제에서의 한국 인력의 해외 현장 동원은 큰 문제가 없었지만 이제 고임경쟁체제에서는 이는 다시 반복될 수 없는 여건이라 하겠다. 해외공사 현장에서는 자국화 시책에의 협조적 차원에서뿐만 아니라, 국내 인력의 공급부족으로 당연히 현지 인력은 사용하여야 하는데 그동안 수많은 공사 경험이나 사례에서 충분한 기회를 활용하지 못했던 점이 아쉽다고 하겠다. 식민지지배경험과 같은 극단적인 경험이 없었던 우리로서는 외국인력 활용이란 면에서의 노하우가 다른 선진국에 비하여 열세에 있었고 지금도 이 문제의 해결이 시급한 과제로 대두되고 있는 실정이다.

그리고 기술개발문제는 늘 소홀히 할 수 없는 부문이지만 그동안 기술개발투자에 적극적 이었다고만은 할 수 없다. 물론 기술이 단기간에 단축될 수 없는 성격이긴 하지만 기술축적과정을 효율적으로 단축시킬 수 있는 방향에서의 노력은 좀 더 기울였어야 하는 아쉬움이 따른다. 선진업체와의 합작이나 공동수주, 해외건설경영의 선진기법의 터득, 기술개발에 대한 투자 등에 대한 다각적이고도 종합적인 대응을 하였다면 중동의 건설불황에 동행하는 한국해외건설의 불황과 부실의 강도는 약화시켰을 것이며 이를 새로운 시장과 업체의 개척에 활용할 수 있었을 것이다.

VI. 맺음말

우선 거시적인 평가로서 지난 50여 년간의 한국의 해외건설의 역사 속에서 70년대란 짧은 시대를 뒤돌아보면 해외건설이 국민경제에 미친 영향은 긍정적이든 부정적이든 지대한 것이며, 종합적으로 평가할 때 부정적인 효과보다는 긍정적인 효과가 컸으므로 한국의 해외건설의 효과는 일단 성공적인 것으로 평가할 수 있다.

그러나 이러한 진출역사를 통하여 그 역할과 과제를 살펴보면 다음과 같다. 먼저, 역사적 역할의 하나는 석유위기의 회복이요, 둘은 공사경험의 축적이요, 셋은 한국경제의 국제화를 위한 선도적인 역할이었다고 할 수 있겠다. 이러한 역할의 성공적 수행을 한국해외건설의 국제화는 물론 한국경제의 개방화를 촉진시키게 되었다.

한국의 해외건설은 동남아와 같은 비교적 사업이 수월한 국가에서의 공사경험은 물론 베트남, 이란, 이라크와 같은 전장에서의 공사경험도 있고, 중동과 같은 열사의 극지에서도 공사를 하였고, 선진국과 개도국에서의 공사경험도 갖고 있다. 특히 중동에서의 장기간에 걸친 토목공사중의 경험은 이 부문에서의 국가적인 비교우위를 갖게 되었으므로 계속 특화할 수 있는 부문으로 고려하게 되었다.

해외건설은 한국경제의 대외진출을 위한 이미 진출한 시장을 확대 심화시키고 새로운 시장을 개척하는데 막중한 역할을 하였다. 상품수출시장은 물론 플랜트 시장의 개척, 국제금융시장의 개척, 해운산업과 항공산업의 발전, 보험시장의 확대, 인력진출시장의 확산 등 사업의 국제적인 경영과 사업경영의 국제적 능력을 배양하여 한국경제의 국제화를 앞당기는데 크게 기여하였다.

다음으로 비건설 산업분야에서의 평가를 보면, 우선 해외건설은 시대적 경제위기를 이겨내는 역사적 기회로 전환시키는데 크게 이바지하였다. 당시 시대상황을 몇 가지 들자면 보릿고개를 넘기기는 하였지만 한미의 갈등으로 미국의 식량원조가 정치적 배경에서 원활하지 못하자 보리밥 먹기 운동이 벌어지는 와중에서 오늘날 까지도 그 흔적이 남아있는 분식센터가 생기게 되었는바 공사대금이 들어옴으로서 해외건설은 바로 식량문제의 해결에 숨통을 열어주었다.

식량뿐 만이 아니고 석유위기가 지속되었고 한 때는 땔감이 모자라서 평택평야의 볏 그루까지 뽑아다가 말려서 때는 경우가 있었을 정도로 에너지난이 심각해지면서 산유국과의 관계개선이 절실하였던바 중동 산유국의 건설시장에의 참여하게 되면서 에너지 문제까지 해결할 수 있었다.

그리고 경제개발자금의 원천이 미국을 비롯한 외국의 원조와 차관, 대일청구권 자금, 해외인력파견을 통한 외화 수입, 월남참전관련 외화확보 등이었는데 바로 해외건설자금이 들어옴으로써 경제개발자금의 조달을 지속적으로 또 원활하게 하였다. 그러한 난제들이 해결됨으로써 남한은 대북열세를 극복하고 북한과의 체제경쟁에서의 역전의 계기를 마련하였다.

　이러한 해외건설사업의 성공적 결과는 정치적 민주화의 정돈(停頓)과 퇴행이란 비판에 대척(對蹠)되는 경제적 리더십으로 자리매김이 될 수 있었다. 바로 일본의 명치유신과정에서의 만주진출과 이태리 건설사들의 아프리카 진출과 같은 선진국의 선험적 사례를 벤치마킹한 성공적 사례로서 평가 받을 만하다. 이러한 해외건설의 주역을 담당한 현대건설의 정주영, 대우건설의 김우중, 신원개발의 김창원, 삼환기업의 최종환, 대림산업의 이준용, 동아건설의 최원석과 같은 CEO 들이야말로 한국해외건설사에 빛나는 주역들이라 평가할 수 있다.

　해외건설사업의 역할은 외교적 측면에서도 평가할 수 있다. 당시 한국의 편향적 한미 동반외교노선을 열린 실리외교로 전환시키는 계기를 마련하였다. 한미동반외교는 친이스라엘 외교, 할슈타인 원칙에 따르는 반공외교에서 친아랍외교, 친사회주의권 외교로 한국 외교의 외연을 확대하는 실리외교로 외교의 지평을 확대하였다.

　당연한 사실이지만 해외건설사업은 한국경제의 글로벌화를 위한 기반을 조성하였다. 기업인들의 글로벌 마인드의 배양하였다. 국제사업의 수행과 및 국제사업가의 양성은 물론 대수로 공사와 같은 대형 프로젝트를 수행함으로써 한국건설업의 선진화와 글로벌 기업으로의 성장을 밑받침하였다.

　끝으로 국민의 폐쇄적 문화의식을 개방적 문화 의식으로 전환시키는데 크게 기여하였다. 서양은 바로 미국이라는 단순한 의식, 흑백과 양단이란 편협적이고 폐쇄적인 강화된 도식 속에서 제3세계의 체험이야말로 우물 안 올챙이가 개구리로 자라면서 우물 밖을 동경하는 의식구조를 체험하는 기회가 되었다. 바로 반공의식과 같은 흑백논리, 제3세계와의 공존논리의 체험, 이슬람 문화의 접근이란 새로운 시간적이며 공간적 지평을 인식하는 의식의 전환에 크게 기여하였다.

〈참고문헌〉

심의섭, "국민경제의 발전과 해외건설의 역할", 『현대주택』, 현대공론사, 1988.9.

심의섭, "아랍사회주의 제국의 개발사업에 관한 연구: 동구권과의 건설협력을
　　　중심으로", 『무역학회지』, 한국무역학회, 1980.3.

심의섭, "한·이의 해외건설 비교연구", 『한국무역학회지』, 한국무역학회, 1984.2.

심의섭, "한국 해외건설의 성장과 과제", 『제2차 조선학 국제학술토론회 자료집』,
　　　중국·연변대학, 1991.8.

심의섭, "한국해외건설의 성장과 과제," 『한국산업경제연구』 창간호, 1989.

심의섭, 『한국의 해외건설』, 명지대학교 출판부, 2007.

심의섭 외, 『해외건설 민간백서』, 해외건설협회, 1983.

전낙근·김재준, 『프로젝트 중심 해외건설사』, 기문당, 2012.

SHIM Ui Sup, *Korea's Participation in the Middle East Construction Market:*
　　　An Introduction, Asian Economies, No. 47, December 1983.

대한건설협회 http://www.cak.or.kr/

해외건설협회 http://eng.icak.or.kr/

〈부표 1〉 지역별 해외공사수주 추이

(단위: 백만 달러)

	중동	동남아	태평양	기타	합계
1965~73	24	300	96	3	423
1974	89	145	23	4	261
1975	751	43	5	16	815
1976	2,429	35	17	21	2,502
1977	3,387	119	10	0	3,516
1978	7,982	91	10	62	8,145
1979	5,958	378	14	1	6,351
1980	7,819	409	4	27	8,259
1981	12,674	838	2	167	13,681
1982	11,392	1,291	4	66	13,383
1983	9,023	979	9	433	10,444
1984	5,911	568	-	23	6,502
1985	4,285	300	50	56	4,691
1986	1,242	872	83*	42	2,239
1987	1,314	298	68*	31	1,711
1988	1,251	240	62	49	1,602
합 계 (%)	75,544 (89.8)	7,541 (9.0)	450 (0.5)	628 (0.7)	84,163 (100.0)

* 북미 포함 자료: 심의섭 외, 『해외건설 민간백서』, 해외건설협회, 1983.
* 자료: 심의섭, 『한국의 해외건설』, 명지대학교 출판부, 2007, 178쪽.

〈부표 2〉 국내 및 해외건설노동자 월급여액

(단위: 달러)

	국내(A)	해외(B)	국내외비교(B/A)
1974	113.12	366.34	3.24
1975	131.38	479.74	3.65
1976	240.90	579.38	2.41
1977	325.76	638.40	1.96
1978	550.81	692.40	1.26
1979	535.26	740.28	1.38
1980	441.47	781.91	1.77
1981	483.61	793.75	1.64
1982	511.55	780.85	1.53
1983	507.25	774.00	1.53
1984	521.20	736.95	1.41
1985	515.96	697.01	1.35
1986	521.15	682.70	1.31
1987	611.07	706.30	1.16

* 자료: 노동부, 『노동통계연감』(연도별 각호) 해외건설협회.
* 자료: 심의섭, 『한국의 해외건설』, 명지대학교 출판부, 2007, 178쪽.

〈부표 3〉 연도별 해외공사수주 추이

(단위: 백만 달러)

	국민총생산 (억 달러)	수출	해외건설 수주	해외건설 외화수입액
1965	30	175.1	5.6	-
1966	37	250.3	5.6	-
1967	43	320.2	15.6	-
1968	52	455.4	20.6	-
1969	66	622.5	14.4	-
1970	81	835.2	48.0	-
1971	95	1,067.6	55.7	-
1972	106	1,624.1	83.2	-
1973	134	3,225.0	174.3	-
1974	187	4,406.4	260.6	-
1975	208	5,081.0	862.9	62.0
1976	286	7,715.1	2,501.7	493.7
1977	366	10,046.5	3,516.2	1,226.7
1978	513	12,710.6	8,145.0	2,828.8
1979	614	15,055.5	6,351.3	2,271.4
1980	603	17,504.9	8,259.4	2,151.6
1981	662	21,253.8	13,681.0	2,527.6
1982	693	21,853.4	13,383.4	2,933.1
1983	760	24,445.1	10,443.9	2,574.9
1984	824	29,244.9	6,502.4	2,044.0
1985	837	30,283.1	4,690.9	1,080.5
1986	951	34,714.5	2,239.1	992.2
1987	1,186	47,280.9	1,711.2	1,505.1

* 1969년 이전 계열은 1975년 불변시장가격지수이며, 1980년 이전 계열은 신국
민경제체계에 의함.
* 자료: 심의섭, 『한국의 해외건설』, 명지대학교 출판부, 2007, 179쪽.

〈부표 4〉 한국의 글로벌 건설 경쟁력 종합평가결과 (2012)

순위	2012		2011	
	국가명	점수	국가명	점수
1	U.S.A.	100.0	U.S.A.	100.0
2	China	88.0	China	91.4
3	Germany	78.0	Italy	81.1
4	Italy	76.5	U.K.	79.1
5	Austria	75.4	Germany	79.0
6	Spain	74.7	France	77.9
7	S. Korea	73.8	Netherlands	76.2
8	France	73.6	Australia	74.8
9	U.K.	72.9	S. Korea	73.7
10	Japan	71.6	Belgium	73.5
11	Netherlands	70.5	Japan	73.1
12	Sweden	66.6	Spain	71.8
13	Denmark	63.5	Austria	71.3
14	Canada	62.0	Portugal	70.5
15	Belgium	61.2	Sweden	67.9
16	Ireland	61.0	Taiwan	67.9
17	Turkey	60.8	Canada	66.6
18	U.A.E.	60.6	Greece	66.3
19	Greece	60.6	Ireland	65.7
20	India	59.3	Turkey	65.4

* 종합평가결과는 국가별 건설인프라 경쟁력 평가(35%), 국가별 건설기업 역량 평가(65%)의 가중치를 계산하여 합한 값임.
* 자료: "2012년 건설산업 경쟁력 세계 7위", 국토해양부 보도자료, 2013.1.9.

〈부표 4〉 해외건설 수주 총괄현황

총괄 (단위: 천미$

구분	총누계	2012년 동기	2013년 현재	증감율(%)	구분	2012년 동기	2013년 현재	증감율(%)
계약금액	552,825,335	5,477,178	7,951,780	✦ 45%	진출국가	63	66	✦ 5%
공사건수	9,172	129	150	✦ 16%	진출업체	127	136	✦ 7%

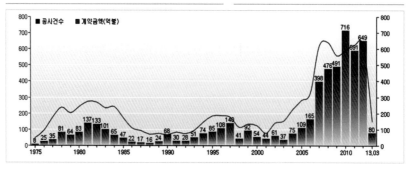

공종별 (단위: 천미불)

구분	합계	토목	건축	산업설비	전기	통신	용역
2013년도 현재	7,951,780	752,474	602,532	5,865,890	71,583	227,099	432,202
2012년도 동기	5,477,178	1,110,417	746,735	3,175,305	119,233	18,477	307,011
2012년도 전체	64,880,678	8,794,516	14,322,773	39,549,259	1,322,215	73,677	818,238

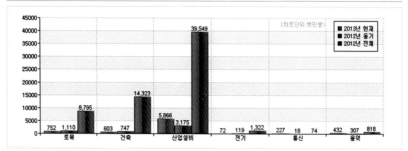

지역별 (단위: 천미불)

구분	합계	중동	아시아	태평양·북미	유럽	아프리카	중남미
2013년도 현재	7,951,780	2,045,581	5,381,895	173,428	127,379	172,181	51,316
2012년도 동기	5,477,178	2,705,753	1,542,492	6,831	190,117	484,895	547,090
2012년도 전체	64,880,678	36,872,421	19,438,867	226,094	533,516	1,615,089	6,194,691

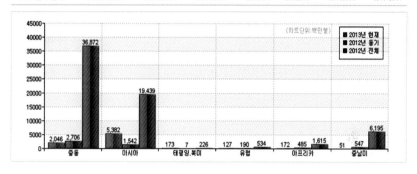

70년대 중동진출에 대한 재조명

조 수 종

충북대학교 명예교수, 경제학

Ⅰ. 천재일우로 다가온 중동

우리가 처음 중동으로 외화벌이를 나간 40여 년 전만 해도 사는 게 매우 어려웠지만 지금도 어렵기는 마찬가지다. 즉 고용률 70% 달성, 청년 일자리 창출, 그리고 연 평균 경제성장률 3~4% 달성 등을 위해 각계가 안간힘을 쓰지만 결코 쉽지가 않다. 각종 여건이 훨씬 어려웠던 1970년대에도 우리는 년 평균 7~10%대의 경제성장률을 실현했지만 지금은 옛 이야기처럼 들릴 뿐이다. 여건은 무시한 채 두 시점 간의 성장률만 비교하는 것은 무리다. 그럼에도 불구하고 양 시점 간의 가장 큰 차이점은 경제 난국을 이겨내려는 '국민적 의지'가 있느냐?의 문제일 것이다.

당시 경제사정은 5·16군사정부의 혁명공약에도 잘 나타나 있다. 군사정부는 쿠데타를 정당화하기 위해 '우리도 하번 잘 살아 보자'는 구호를 혁명공약으로 내 걸고 5개년 경제개발계획을 시작 했다. 그러나 성공을 위한 기본요소라 할 수 있는 투자재원은 거의 없는 상태였다. 부존자원이 빈약한 데다 민족상잔의 참담한 6·25전쟁을 치른 후라 그나마 축적된 자본마저 모두 잿더미가 되고 말았기 때문이다. 그럼에도 불구하고 국내 정치권은 허구한 날 극한적 정쟁을 치르면서 사회적 혼란만 가중시키다 보니 민생은 도탄에 빠진 채 헤어날 기미를 보이지 않았다. 자유당 독재를 무너뜨린 4·19의거나 도탄에 빠진 민생을 구하겠다고 나선 5·16혁명도 국민들의 경제적 욕구를 채워 주기에는 역부족이었던 것이다.

어느 나라나 경제개발 계획을 추진함에 있어 가장 중요한 것은 투자재원의 확보이다. 60년대 초 우리정부는 축적된 자원이 거의 없는 상태에서 경제개발을 추진하다 보니 국내외적으로 투자재원 확보에 특단의 노력을 기우리지 않을 수 없었다. 우선 수출입국(輸出立國)이란 국정목표를 세워 놓고 수출 증대에 전력투구하는 한편 외자도입에도 온갖 노력을 다 쏟았다. 그러나 제조업 기반이 거의 없는 당시로는 수출증대를 위해 노력한다 해도 구체적으로 '내다 팔 물건'이 없었다. 그나마 초기의 수출상품 중에는 오징어, 김, 떡갈나무 잎 등 주로 채취형의 농·수산물이 대종을 이루고 있었는데 이들 상품으로는 비록 많이 내다 판다 해도 별로 돈이 되지 않았다. 외자 도입 역시 쉽지가 않았다. 당시 우리는 미국이 제공하는 난민 구호용 원조를 받아 겨우 연명하던 시절이라 국제적 신용이 있을 리 없었다. 기업은 물론 정부마저 신용이 없는 데다 경제개발 계획의 성공가능성마저 별로 보이지 않았으니 어느 누구도 돈을 빌려주려 하지 않았던 것이다.

오죽했으면 60년대 초반 정부가 앞장서서 서독에 광부 및 간호사를 송출하고 그들의 임금을 담보로 돈을 빌리려고 했겠는가?[1] 또 1965년에는 일제 36년의 치욕과 울분까지 참으면서 한·일 간 국교를 정상화시키는 대가로 청구권 및 차관자금을 얻어 쓰기로 했겠는가? 이 밖에 월남 전선에 우리 장병을 보내고 그 대가로 받은 전투 수당 등 외화를 챙겨 개발 자금으로 돌려썼겠는가? 그런 몸부림 때문인지 60년대의 우리경제는 제1차 5개년 계획(62~66)의 평균성장률 8.5%와 제2차 5개년 계획(67~71)의 평균 성장률 9.7%를 달성함으로써 당시 정부가 지향했던 '자립경제 기반구축'이란 목표를 어느 정도는 달성했다.

그러나 그 다음이 문제였다. 과열된 성장 일변도의 경제정책은 갖가지 부작용을 낳을 수밖에 없었다. 개발 인프레의 급등을 비롯하여 농공 간, 지역 간 격차 심화, 그리고 외자 의존적 개발정책 때문에 외채가 누적되자 국내외에서는 '외채망국'이라는 달갑지 않은 비아냥거림마저 들려왔다.

70년대에는 기존정책에서 빚어진 이들 부작용을 완화시킨답시고 급기야 정책의 기조를 '성장, 안정, 균형'으로 바꿀 수밖에 없었다. 그러나 60년대의 공업화나 수출 주도적 성장정책은 멈출 수는 없었고 오히려 70년대 초에는 여기에다 중화학공업화를 더 보태는 모험까지 감행했다. 그 결과 중화학 공업화률은 1971년의 37.5%에서 1980년에는 51.0%로

---

[1] 최근 어느 언론이 전하는 바에 의하면 대 서독 인력수출에 따른 임금을 담보로 서독에서 돈을 빌려 왔다는 이야기는 좀 잘못 전해졌다는 것이다. 여하간 당시 우리의 사정은 경제개발을 위한 외화 수요는 컸으나 내다 팔 수출상품은 없고, 대외 신용이 부족하여 외자도입 역시 쉽지 않은 처지여서 온갖 몸부림을 치지 않을 수 없었던 것은 사실이다. 인력수출 역시 당시 처절한 몸부림 중 하나였다고 보면 될 것이다.

높아져서 산업구조가 크게 개선되기도 했다. 물론 이러한 개발계획을 지속함에는 무엇보다 투자재원의 자력조달이 가장 큰 이슈로 등장했다. 이에 대처하기 위해 국내저축을 크게 증강시키는 한편 획기적인 수출증대도 시도해 보았지만 당시 여건으로는 모두 한계가 있었다.

즉 당시 우리나라의 국민저축률은 13.1%(67~71년 평균)로 동기간의 투자율(67~71년 평균 26.4%)의 절반에도 못 미쳤었고, 수출 역시 1971년에야 겨우 10억 달러를 넘는 수준이었다. 특별한 수출자원이 없는데다 제조업기반마저 취약해 소득수준이 낮을 수밖에 없었던 우리에게 있어 획기적인 저축증대나 수출증대를 기대하기란 사실상 어려운 일이었다. 게다가 월남특수나 대일 청구권 자금 유입도 70년대 초반을 지나면서 거의 끝나가고 있었기 때문에 이후의 투자재원 조달이 큰 문제였던 것이다. 당시 우리경제는 그야말로 진태양난의 기로에 서 있었던 것이다.

이때 중동에서 1973년 제1차 중동전이 터진 것이다. 처음에는 우리 역시 크게 당황할 수밖에 없었다. 아직 전통산업단계를 크게 벗어나지 못해 석유 의존율은 낮았으나 기름 값이 폭등한 데다 구매방법도 막막했기 때문이다. 그러나 '죽으란 법은 없는 법', 그때 오일머니가 몰리는 중동에서 특수(特需)가 터졌고 이 기회를 놓치지 않고 우리는 토목·건설을 앞세워 발 빠르게 접근한 것이다. 당시 중동에는 제1차 오일쇼크의 영향으로 오일머니가 쏟아져 들어갔으나 산유국들은 '포스트 오일(post-oil)문제'와 함께 무한정 몰려오는 오일머니(oil-money)의 용처를 잘 몰라 깊은 고민에 빠져 있을 때였다.

우리나라의 대 중동 건설 진출은 양측의 고민이 잘 맞아 떨어진 결과라 해도 과언이 아니다. 즉 우리에게는 필수외화를 획득할 수 있는 기회가 생긴 것이고, 중동 측 입장에서는 오일머니를 활용, 각종 인프라를 확충해야 하는 문제를 풀 수 있게 된 것이다.

우리는 '천재일우'의 기회를 결코 놓치지 않았다. 결과적으로 중동 건설 진출이 처음 이루어졌던 1974년부터 최근에 이르기까지 40여 년 간에 무려 3,020억 달러라는 천문학적 외화를 벌어들였다.[2] 특히 70년 대(66~83년간)의 중동건설 수주는 약 61,541백만 달러를 넘어섰고, 외 화가득액도 66~82년간에 10,822백만 달러에 달했다. 당시 중동으로부 터 벌어들인 이들 건설수출외화가 실로 얼마나 컸는지는 제3차 5개년 계획의 목표연도인 1981년 우리나라 총 수출규모가 200억 달러를 겨우 넘어섰다는 사실과 비교하면 짐작이 갈 것이다. 오늘 날 우리 경제는 이 시기 중동건설수출에서 얻어진 외화가 발판이 되어 도약의 계기를 잡았다고 해도 결코 과장이 아니다.

중동 건설 수출이 우리 경제에 미친 영향은 비단 외화획득에 한정되 는 것이 아니었다. 인력 및 기술 개발과 국제적 경영 노하우의 터득, 그리고 국가 브랜드의 상승 등 그 효과는 이루 다 말할 수가 없다. 비 록 모든 국민이 중동을 잘 알거나 직접 가 본 것은 아니라 해도 중동은 마치 오래전부터 친숙하게 지낸 이웃처럼 여겨지는 곳이다. 9·11 이 후 서구와 중동은 매우 불편한 관계로 변한 채 지금도 앙숙간이다. 그 러나 우리와 중동의 관계는 예나 지금이나 별로 달라진 것이 없다. 오 히려 시간이 지날수록 더 친밀한 관계로 발전하고 있다. 이는 70년대 건설수출과정을 통해 다져진 그들과의 교류와 우정, 그리고 상호 간의 믿음이 빚어낸 결과가 아닌가 싶다. 앞으로 이들 친밀감을 더욱 강화시 켜 나가야 할 것이다.

---

[2] 해외건설협회 자료에 의하면 우리나라 해외건설 수주는 현대건설이 1965년 11월 태국의 파타니—나라티왓 간 고속도로공사를 맡은 이후 최근까지 전 세계를 상 대로 약 5,000억 달러가 넘는 수주고를 올린 것으로 집계되고 있다.

II. 절박했던 외환사정을 구해 준 중동

1. 70년대 한국경제가 맞은 위기

1960년대 양차에 걸쳐 경제개발5개년 계획이 추진된 것은 '자립경제 기반 확충'이란 혁명정부의 정체성 확보와 유관했다. 그러나 5개년계획의 부작용은 의외로 컸다. 이를 시정하기 위해 '70년대에도 5개년계획을 지속은 하면서도 그 기조로는 '성장, 안정, 균형의 조화'를 강조하지 않을 수 없었다. 그런데도 70년대의 성장률 실적치 역시 당초의 목표치를 크게 능가했다. 빈약한 자연자원, 부족한 투자재원, 낮은 소득수준, 상대적 과잉 인구, 안보불안 등을 감안할 때 참으로 선전했다고 할 수 있다.

60년대 우리의 경제개발 전략은 공업화 추진과 그것을 기반으로 하는 증산 및 수출에 집중하는 것이었다. 특히 수출경쟁력 강화에 최우선을 두고 금융, 세제 등 각종 지원정책을 마련, 강화하다 보니 국민 경제의 안정과 불균형이 크게 훼손되는 것은 불가피 했다. 더욱이 60년대 후반의 제2차 개발계획에서는 각종 목표를 앞당기는 등 의욕을 부렸기 때문에 여러 가지 부작용을 낳을 수밖에 없었다. 즉 높은 개발 인프레를 비롯하여 농공 간, 지역 간의 발전격차를 가져왔는가 하면 계층 간의 소득불균형을 심화시키기도 했다. 또 국내저축의 부족에도 불구하고 외자에 의존한 투자증대는 외채부담을 누적시키는 결과를 낳아 국민들 간에는 '외채망국'이란 우려마저 팽배했었다.

때문에 70~72년간의 연 평균 경제 성장률은 6.73%로서 60년대 (61~69)의 평균 성장률 8.5%에 크게 못 미치는 결과를 낳기도 했다. 이는 한국경제가 60년대를 통해 의욕적으로 추진했던 성장정책의 피로감이 70년대 초에 동시에 몰려온 것이라 할 수 있다. 더욱이 60년대를 통해 그렇게도 고대했던 '자립경제 기반확충'은 70년대에 들어와서도 별로 개선되지 않았다. 여기에는 무엇보다 투자재원 부족, 특히 자력 조달 외화 부족이 큰 원인이었던 것이다.

이 무렵 외화는 다음 2가지 이유 때문에 더욱 절박했다. 그 첫째는 월남특수의 종말과 후유증을 미처 예상하지 못했던 것이다.

경제개발에 필요한 외자 조달 때문에 한국이 오히려 미국보다 먼저 월남 파병을 제안했다는 것은 이미 잘 알려진 사실이다.[3] 1964년 9월 12일, 한국은 우여곡절 끝에 의료진과 태권도 교관 등 제1진 파병을 시작으로 1973년 3월 23일까지 무려 10여 년에 걸쳐 총 32만 5,517명(국방부)의 병력을 월남으로 보냈다.[4] 대신 전사 5099명, 부상 1만 962명 등 적잖은 대가를 치르기도 했다. 하지만 한국동란이 '전후 일본경제의 복구'에 크게 기여했듯이 월남참전은 우리 경제의 성장에 큰 보탬이 되었다. 즉 월남참전의 대가로 얻어진 외화수입액을 보면 약 33만여 병력이 직접 수령한 전투수당 등만 해도 약 23억 6천여만 달러였다. 이 밖에도 파병에 따른 미국의 대한 군사원조 증액 10억 달러, 미국의 파병경비지출 10억 달러, 전쟁특수에 따른 외화수입 10억 달러, 기술이전과 수출진흥 지원금 20억 달러 등을 합치면 대략 약 50여억 달러의 외화수입효과가 있었다. 이 돈이 얼마나 큰 돈 인지는 제2차 5개년 개획의 목표연도인 1971년도 우리나라 전체 수출액이 겨우 11억 달러 수

---

[3] 1961년 11월 5·16 정변 후 불과 5개월 만에 워싱톤으로 찾아가 케네디를 만난 당시 국가재건 최고회의 의장은 한국의 경제개발에 필요한 원조를 요청했으나 거절당하자 그 자리에서 월남파병과의 연계를 거론했지만 당시는 월남전이 심각하지 않아 즉답을 듣지 못했다. 월남파병은 그 뒤 존슨 대통령의 정식요청으로 이루어졌다고 한다.

[4] 한국군은 월남전에서 사망자 5099명, 부상자 1만 962명(국방부)의 희생자를 냈으며 이 밖에도 8만 9708명의 고엽제 피해자(2세 64명 포함—2012년 기준)자를 내는 등 크 대가를 치러야만 했다.

준이었던 것과 비교하면 쉽게 이해가 될 것이다. 이에 따라 외환보유액
도 1964년에 1억 29백만 달러에서 1970년에는 5억 84백만 달러 그리고
1973년에는 10억 94백만 달러로 불어날 수 있었던 것이다. 외화기근에
허덕이던 한국경제에 모처럼 숨통이 트인 것이다.

이 시기 월남진출인력은 최고조인 1만 55백 명에 달했고(1969년 기
준)5) 진출 기업체도 79개나 되었다. 비록 직·간접으로 파병의 대가이
긴 해도 우리가 자력으로 조달한 외자였기 때문에 남의 눈치 보지 않고
경제 개발계획 추진에 요긴하게 쓸 수 있었던 것이다. 즉 월남파병으로
얻은 외화를 종자돈으로 우리경제를 일으켜 세운 셈이다. 그러나 이후
의 대안은 없었다.

둘째는 대일국교 정상화 대가로 받은 청구권 자금도입이 75년으로
끝났다는 것이다. 1965년 당시 우리나라의 외환 보유액은 1억 46백만 달
러에 불과했다. 휴전선의 안보불안과 식량의 절대 부족에도 불구하고
공업화에 필요한 각종 시설과 원부자재를 수입해야 하는 우리 처지에
서 보면 외환보유고는 무엇보다 중요한 대외 신용의 지표였던 것이다.
'굴욕외교'라는 국민적 저항을 무릅쓰면서까지 한·일 간 국교를 정상
화시킨 이유 역시 여기에 있었다.

한·일국교 정상화의 전제로 체결된 '한국과 일본 간의 재산 및 청구
권에 관한 문제의 해결과 경제협력에 관한 협정'에서 보면 일본은 우리
에게 무상자금 3억 달러와 유상자금 2억 달러 외에 상업차관 3억 달러
를 별도로 제공토록 되어 있다.6)

---

5) 우리 역사상 남의 나라에 일자리를 얻어 집단으로 움직인 예는 월남 인력송출이
처음이라 할 수 있다. 월남 패망 후 이들이 바로 중동으로 옮겨가 중동건설의
주역이 된 것이다.

6) 제2차 대전 후 패전국인 일본으로부터 배상금을 받은 나라는 대일 평화조약에
조인한 49개국 중 필리핀, 월남, 버마, 인도네시아 등 4개국만 배상금을 받았고
나머지 나라들은 모두 배상금을 포기했다. 우리는 평화조약 14조에 의해 배상금

이때 들어온 청구권 자금은 한국경제에 긍정과 부정의 양면적 영향을 미쳤다.[7] 즉 긍정적 영향으로는 (1) 처음으로 외자 관리의 터전을 마련함으로써 이후 외자도입에 의한 경제개발을 가능케 했다는 점, (2) 청구권 자금을 제2차 경제개발계획의 필수외자로 충당함으로써 이후 공업화와 수출입국을 가능케 했다는 점, (3) 청구권자금이 우리나라 외자도입에 있어 기폭제로 되어 후속된 다른 외자도입이 한결 쉬워졌다는 점 등을 들 수 있다.

반면 부정적 영향으로는 (1) 일본적 경제개발 모형을 그대로 답습함으로써 일본경제가 걸어 온 각종 모순과 병폐마저 시기만 약간 달리했을 뿐 그대로 따라가게 된 점, (2) 10여 년에 걸쳐 10억 달러에 가까운 기자재 및 일본 상품을 도입함으로써 맹아기에 있던 우리경제로 하여금 일본경제에 예속케 했다는 점, (3) 청구권 자금으로 도입한 특정시설을 누가, 어디에 입지시키느냐?에 따라 우리경제에 심한 지역적, 계층적 이중구조와 같은 몸살을 앓게 했다는 점 등을 들 수 있다.

비록 우리의 경제규모가 작다 해도 60년대 중반 2억 달러도 안 되는 외환보유고로는 불안하기 짝이 없었다. 이를 타개하기 위해 절박한 심정에서 시작된 것이 한일 간의 국교정상화라 할 수 있다. 일제 36년간의 폭압정치에 시달린 우리민족으로서는 '국민 정서상 도저히 용납될 수 없는 일본을 몇 푼의 돈 때문에 용서한다는 것은 절대 불가하다'고 해서 전국적으로 커다란 저항을 받았으나 경제개발에 필요한 외화 조달의 시급성 때문에 정부는 밀어붙일 수밖에 없었던 것이다.

을 요구할 수 없는 것으로 규정되어 있다. 다만 한국의 대일 청구권은 영토 분리에서 오는 재정적, 민사적 채권-채무관계로서 그 규모는 정부 대 정부의 채권 채무와 민간 대 민간 사이에서 결제되어야 할 채무의 합으로 결정된 것이다.

[7] 조수종, "대일청구권자금이 초기 한국경제에 미친 영향 : 특히 자금의 성격과 직접적인 효과를 중심으로", 『한국동서경제연구』, 한국동서경제학회, 1996.2 참조.

결국 우리는 일본으로부터 무상 3억 달러를 10년에 걸쳐 나눠받았고, 유상 2억 달러와 무역차관 명목의 3억 달러도 순차적으로 들여왔다. 당시로는 유·무상 5억 달러의 청구권 자금은 놀랄 만큼 큰 액수였다. 정부가 이 자금을 경제개발의 종자돈으로 효과 있게 사용했음은 부인하기 어렵다. 그 결과 1965년까지만 해도 저조하던 성장률이 1966년부터는 10%대의 고도성장시대로 바뀌었으며, 그에 따라 제2차 5개년 계획 기간 중의 연 평균 경제 성장률도 8.5%나 되었다. 이 자금 역시 1975년으로 끝이 났지만 별다른 대안은 마련하지 못했다.

세상만사 밝은 면이 있으면 어두운 면도 있는 법, 사실 청구권 자금과는 달리 월남 파병에 따른 외화수입은, 엄밀한 의미에서 보면 '투입-산출' 구조의 일반적인 경제적 논리에 의한 것이 아니어서 비효율과 낭비가 어느 정도 끼어들었던 것도 사실이다. 즉 외화수입규모에 비해서는 효율성이 낮았던 것이다. 그 결과 인프레가 심화되었을 뿐 아니라 이때부터 한탕주의적 사회풍조가 나타나기 시작한 것이다. 1970년도 우리나라 1인당 국민소득은 미화로 253달러에 불과했다. 여기다 국민의 절반 이상이 농업취업자였고 민간 저축률 또한 12.1% 수준에 머물러 있었다. 그런데도 국민소득대비 총 투자율은 민간저축률의 2배가 넘는 24.3%였으니 인프레 압력은 불가피했다. 여기다 수출의 2배가 넘는 수입으로 인해 매년 무역적자도 눈덩이처럼 불어나고 있었다. 더욱이 수출이래야 1971년 기준으로 볼 때 부가가치가 비교적 낮은 섬유류, 합판 가발 철광석 등 4개 품목이 전체의 약 70%를 점하고 있었다. 이에 필요한 산업적 인프라는 서둘러 갖추지 않을 수 없었으니 인프레 압박은 더욱 심화될 수밖에 없었던 것이다.[8] 이것이 70년대 초반에는

---

[8] 당시는 물가통계도 명확치 않았다. 따라서 여기서는 1962~1972년 기간의 평균 GNP디플레이트를 보면 18.3%에 이를 정도로 인프레 압력이 대단했다. 김신웅 외, 『한국경제신강』, 유풍출판사, 1996, 222쪽.

재정운영에 큰 부담으로 나타난 것이다. 더욱이 대일 청구권 자금 역시 1960대 후반에 집중 집행됨으로써 이 또한 인프레의 원인으로 작용한 것이다.

60년대의 의욕적 성장정책에서 70년대가 넘겨받은 부정적 유산은 비단 인프레 압력만이 아니었다. 지역이나 산업 간의 발전격차, 계층 간의 소득격차도 크게 심화된 것이다. 이 외에 급속한 도시화에 따른 전통가치의 붕괴, 농촌공동체의 몰락 등 기존 공동체와 가치체계의 급변에 따라 사회적 갈등 심화 등 바람직하지 못한 후유증도 폭증한 것이다. 이로 인해 70년대 초 한때는 성장률이 급속하게 감소하는 등 고도성장의 기조마저 흔들리는 듯 했다. 더욱이 중화학 공업화를 지향했던 제3차 및 제4차 경제개발 계획에서는 이미 벌여 놓은 사업의 마무리는 물론 신규 사업 추진을 위해서도 외자 조달이 필수적이었으나 해결방안은 막막하기만 했다.

2. 위기 속에서 찾은 활로

60년 후반과는 달리 70년대 초 우리경제는 한때나마 매우 흔들렸다. 이유는 의욕적으로 추진했던 '공업 제1주의'와 '수출입국(輸出立國)'이라는 목표가 남긴 부작용들이 결코 쉽게 치유될 수 없었기 때문이다. 즉 당시만 해도 우리사회는 원시적 농촌형의 자급자족 경제에서 크게 벗어나지 못 했는데도 급속히 불어 닥친 산업화와 더불어 주택, 도로 등 각종 인프라가 미흡함에도 불구하고 막무가내로 몰려드는 인구의 도시집중화 때문에 몸살을 앓고 있었던 것이다. 즉 60년대에 의욕적으로 추진했던 성장정책의 후유증이 급속한 도시화로 나타난 것이다. 그로 인해 제3차 5개년계획의 연 평균 성장률도 6.1%로 크게 낮아졌다. 특히 3차 계획의 시작연도인 1972년에는 성장률이 4.6%라는 초라한 실적을 보였다. 문제는 성장률만이 아니었다. 제1차 중동전쟁에 따른 오일쇼크로 1973~74년간에 원유 값이 4배로 오르자 우리사회는 크게 흔들렸고, 이를 본 국민들은 '한국경제의 허약'함에 절망의 목소리마저 높이고 있었다. 더욱이 1974년의 국제수지는 무려 17억 1390만 달러의 적자를 보였다. 어떤 식으로든 적자를 매우지 않으면 나라 자체가 부도가 날판이었다. 이때 우리경제를 구원한 것이 기적처럼 나타난 것이 '중동특수'였다.

당시 중동에는 유가 급등의 영향으로 오일머니가 넘쳐나고 있었다. 교전 당사국인 이스라엘과 뒤에서 돕고 있는 서방세계를 향해 아랍 산유국들이 '석유를 무기로 삼겠다'고 별 생각 없이 던진 것이지만 의외로 그 협박이 먹혀들어간 것이다. 서방 각국은 미 달러화를 싸 들고 중동으로 몰려갔지만 정작 중동에는 이를 제대로 활용할 준비조차 되어있지 않았다. 중동 산유국들은 기왕 돈이 들어오고 있으니 이참에 '포스트 석유'를 겨냥, 경제개발 프로젝트라도 벌려야겠다고 막연한 생각만 하는 게 고작이었다.

개발프로젝트의 경우 아이디어의 제안에서부터 타당성 조사, 설계, 시공, 운전 등을 치밀하게 수행한다 해도 성공하기는 어렵다. 그러나 당시 중동의 사정은 이들 전 과정을 남에게 의존하지 않을 수 없을 정도로 허술했다. 반면 비산유국을 비롯한 서방 각국의 입장에서는 석유파동 때문에 거들난 자국의 외화금고를 도로 채우기 위해서라도 달러가 넘쳐나는 중동으로 달려갈 수밖에 없었다. 특히 6·25와 월남전 같은 전쟁특수에 편승하여 이미 큰돈을 벌어 본 경험이 있는 일본, 미국 영국 등이 적극적이었다. 그렇지만 중동은 열대 고온의 사막지역이라 선진국 사람들은 잘 가려고 하지도 않았지만 설사 간다 해도 인건비가 상대적으로 높았다.

우리의 경우 당시의 절박했던 외환사정9) 때문에 이것저것 따질 처지가 아니었다. 더욱이 우리는 60년대 말 월남파병을 따라 상당수 인력 및 기업들[10]이 이미 외국공사를 수행한 값진 경험을 가진 데다 정부 역시 월남에서 철수한 잉여 인력과 장비의 활용문제를 놓고 골머리를 앓던 때였다. 사정이 절박하면 보다 용감할 수도 있는 법이다.[11]

1974년 1월 당시 박정희 대통령은 오원철 경제수석으로부터 다음과 같은 '중동진출전략'을 보고 받는다. 즉 우리에게 있어 중동진출은 다음 3가지 유리조건 때문에 가능하다는 것이었다. 첫째는 선진국들은 나쁜 작업환경 때문에 꺼리겠지만 우리는 우수한 인력을 보유하고 있으므로 오히려 나쁜 작업조건이 유리할 수도 있다. 둘째는 선진국 기술자들은 비록 많은 돈을 준다 해도 열악한 생활여건 때문에 결코 가려 하지 않겠지만 우리는 군인정신으로 무장된 수십만의 제대 장병을 활용할 수 있어 결코 문제되지 않는다. 비록 기술수준 면에서 어려움이 있겠지만 그것은 저임금으로 커버하면 별 문제가 없다. 셋째 우리 기술자나 업체들은 경부고속도로 시공이나 월남 전쟁터에서 익힌 경험과 노하우가 있으므로 공기 단축에는 결코 뒤지지 않는다는 것이었다.[12]

이 밖에도 중동 각국에는 행정질서나 법규, 사회체제 등이 제대로 확립되지 않아 권력자들이 자의로 일을 처리하는 관행이 즐비했다. 즉 권력자의 말이나 의도가 바로 법이요, 질서처럼 통했다. 그러니 부정부패

---

9) 월남특수는 65년 시작된 후 73년 미군의 철수로 대충은 끝이 났다. 한편 대일 청구권자금의 도입 역시 75년 말로 끝이 났다. 그 결과 경제개발에 필요한 외자의 도입 필요성은 여전히 컸지만 그 방법은 막막하기만 했다.

10) 월남에 인력진출이 극에 달했던 1969년의 경우 인력은 1만 5,500명이 넘었고 진출기업도 79개에 달했다.

11) 1965~1973년까지 계속된 월남파병의 경제적 효과를 보면 파월장병들의 수당이 총 23억 55백만 달러(국방부)를 비롯하여 총 50억 달러에 이르는 외화수입효과를 거둔 것으로 되어 있다.(2000년 8월 외교부가 공개한 외교문서=『동아일보』 보도)

12) "김지하와 그의 시대", 『동아일보』 2013.7.30 참조.

와 무질서, 그리고 뒷거래가 공공연히 성행할 수밖에 없었던 것이다. 즉 공사 진행과정에서 왕자 등 권력자가 고비마다 공공연히 커미션을 요구하는 것이 일반적 관행이었고, 그런 관행이 제대로 지켜지지 않는 한 일이 제대로 추진되지 않았다. 당시 우리는 그런 점에 관한 한 이미 국내외, 특히 월남에서의 경험을 통해 비교적 익숙했기 때문에 경쟁국보다 상대적으로 유리했던 것이다.

한국은 이러한 유리요건을 백분 활용하여 중동진출 첫해인 1974년 수주액이 2억 6천만 달러였지만 1975년에는 2.9배가 늘어난 7억 5천만 달러였고, 그 후 계속 폭증하여 1981년에는 127억 달러가 되었다.

물론 이러한 중동건설의 괄목할만한 성장률 뒤에는 정부의 발 빠른 지원과 제도정비가 있었기에 가능했던 것이다. 즉 오원철 수석의 중동진출 전략보고를 받은 박정희 대통령은 1974년 4월 25일 중동에 첫 각료급 사절단을 파견하였고, 이어 9월 18일에는 '오일쇼크로 인한 외환위기는 오일쇼크로 부자가 된 중동에서 찾아야 한다'면서 중동 진출책을 가능한 한 빨리 마련토록 지시했다. 이에 따라 건설부는 발 빠르게 지급보증이나 보험제도를 마련했고, 중앙정보부에서는 중동진출업체들을 철저히 감독하여 부실공사가 나오지 않도록 조치했다. 또 정부가 나서 국내 업자들끼리는 덤핑입찰로 국익을 훼손하는 일이 없도록 지도하기도 했다.

인력진출에서도 정부의 지원책은 빨랐다. 60년대 초 서독으로 광부와 간호사의 머릿수만 맞추어 파견할 때와는 전혀 달랐다.[13] 사실 서독에는 1963부터 1977년까지 14년여에 걸쳐 광원 7,700명, 간호사 및 간호 조무원을 합해 1만 1,000명 정도 파견하였으나 인력송출 전후를 통해 교육 등 체계적인 관리는 전혀 하지 못했던 게 사실이다.

---

[13] 1963~77년까지 독일에 파견된 광원은 총 7900명, 간호사는 1만 1000여 명에 달하는 것으로 보도되었다.(『동아일보』 2013.8.5)

그러나 중동에 진출하는 기능사에게는 군복무 면제, 기능사 자격증 부여, 최고연봉 등의 특전이 주어졌다. 그 결과 한국 근로자들이 지닌 특유의 성실성, 끈기, 기술수준 등이 현지인들을 놀라게 했다. 특히 한국 건설업체들의 공기단축을 위해 서둔 '빨리빨리'정신은 중동을 통해 오늘 날에는 세계적으로 '한국문화의 상징'처럼 굳어졌다. 이 과정에서 한국 건설업체들은 비록 하청이긴 했지만 승승장구하여 중동건설수주에 관한 한 당시 제1위였던 미국을 바로 뒤쫓아 2위를 하는 등 경쟁상 대국의 추종을 불허케 했다.

우리 건설업계의 발 빠른 대처와 정부 당국의 적절한 지원, 그리고 월남에서 경험을 쌓은 전문 인력 등이 조화롭게 작동한 결과 75~79년 간의 GNP증가율 7.2%나 수출증가율 25.0%를 훨씬 능가하는 연평균 수주증가율은 76.1% 달러를 시현했다. 이 밖에도 동 기간 중 대 중동 냉장고 판매증가율이 89%에서 148%로, 흑백 TV는 31%에서 46%로, 그리고 자동차가 65%에서 111%로 증가한 것만 보아도 중동 건설 수출로 인해 한국경제가 얻은 활력의 정도가 어떠했나를 짐작케 한다.

이상에서 볼 때 한국경제는 70년대 초반 성장 후유증과 오일쇼크 때문에 한때 고전하는 듯 했으나 중동건설 진출 덕분에 다시 일어서기 시작한 것이다. 따라서 1977년에는 '가당치도 않은 목표'인 수출 100억 달러와 국민소득 1,000달러를 달성하였음은 물론 국제수지 흑자까지 이루어 냄으로써 온 나라가 축제분위기에 휩싸이기도 했다. 이는 무엇보다 중동건설 수출에 따른 외화가득증대가 밑거름이 되었음은 더 말할 필요가 없다.

60년대에는 월남특수와 청구권 자금 도입이 한국경제의 성장기반을 마련했다면 70년대에는 중동건설수주가 한국경제의 도약을 가능케 했던 것이다.

III. 70년대 중동건설 진출의 실태

1. 단기간에 제2위의 수주강국으로 발 돋음

제1차 석유파동 이전, 한국의 대 중동관계는 경제는 물론 외교 면에서도 매우 소원했었다. 무역관계라 해도 내수용 원유수입이 고작이었다. 그러나 1974년부터 폭증하기 시작한 대 중동 건설 수주는 당시 어려웠던 우리나라의 외환부족 극복에 크게 기여했을 뿐 아니라 고용증대, 고도성장, 기술혁신 등 국민경제의 양적, 질적 발전에 상당한 역할을 했다. 이 밖에도 간과할 수 없는 것은 우리나라로 하여금 세계화에 대처하는 각종 기법과 경험을 축적케 함으로써 이후 정부와 기업들이 용기와 자신감을 가지고 해외활동을 전개할 수 있었다는 점이다.

해외건설은 시공 장소가 해외라는 점 외에도 시공방식이나 내용면에서 국내 건설과는 많은 차이가 있다. 때문에 해외건설 촉진법 시행령에서는 해외건설의 구체적 내용인 건설공사를 비롯, 전기공사, 건설용역 등에 대해 구체적 내용을 별도로 정하고 있다.

우리나라 건설업의 해외진출은 60년대 중반 월남파병의 후광을 업고 월남을 비롯하여 동남아지역으로 진출함으로써 비롯되었다. 그러나 진출초기인 65~73년간에는 총 계약고가 겨우 4억 달러에 불과할 정도로 미미했다. 그나마 현대건설의 태국 도로공사, 경남기업의 태국 방송국 공사, 공영건업의 요꼬하마 미군 공사 등 동남아 및 태평양지역 수주가 전체의 93%를 차지했다. 이들 대부분은 세계은행 등에서 자금을 제공하고 국제입찰에 붙여진 공사였다.

우리의 중동건설은 1973년 12월 삼환기업이 사우디의 카이바—알울라 간 고속도로공사를 수주한 게 효시다. 그러나 월남에서 이미 체득한 해외건설의 경험과 기술, 인력과 외산장비 등 유ㆍ무형의 자산도 1975년

4월 월남이 공산화되면서 모두 잉여 또는 '무용지물'이 되고 말았다.
　업계로서는 다른 신 시장개척이 참으로 절실했다. 이런 업계의 절박
한 사정은 1973년 삼환의 사우디 시장 개척으로 새로운 전기를 맞았다.
제1차 석유파동의 반작용으로 미 달러화가 중동으로 몰렸고 중동각국
이 이를 바탕으로 각종 인프라 공사를 발주하기 시작하자 우리 건설
업체들은 발 빠르게 중동으로 몰려갔다. 그 결과 1980년의 경우 수주
고가 무려 100억 달러를 넘기는 등 중동에서는 미국 다음인 세계 제2
위의 수주강국으로 전성기를 맞은 것이다. 이에 따라 74~81년간의 대
중동 건설은 수주액만 해도 411억 달러에 이르렀다(〈표 1〉 참조).

〈표 1〉 연도별. 지역별 해외 건설 수주 추이(74~81)

(단위: 미천 달러, %)

	중동	동남아	태평양	중남미	아프리카	합계
1974	88,812	145,048	22,540	4,028	143	260,572
1975	751,210	42,513	5,345	566	15,062	814,786
1976	2429,112	34,631	17,116	14,135	6,745	2,501,739
1977	3,387,000	119,273	9,678	136	149	3,516,236
1978	7,982,393	91,041	10448	35,924	25,216	8,145,022
1979	59,58,383	378,010	14,377	-	566	6,351,336
1980	7,819,404	498,996	4,497	-	26,477	8,259,374
1981	12,670,601	838,200	2,262	-	169,941	3,681,004
65~73	24,059	300,363	94,127	4,161	-	422,710
누계	41,110,975 (93.5)	2,358,075 (5.4)	180,480 (0.4)	58,950* (0.1)	244,299 (0.6)	43,953,779 (100.0)

자료: 건설부, 『해외건설현황』, 1981.12.31.
참고: *알레스카 및 캐나다 공사 포함

　우리가 중동건설에서 이와 같이 괄목할만한 성과를 올릴 수 있었던

것은 OPEC이 1973년 10월과 12월 2차례에 걸쳐 석유공시가격을 배럴
당 3달러에서 11달러 65센트로 올린 유가폭등 때문에 서방 각국의 달
러가 급속히 중동으로 몰린 것에 힘입은 바 컸다. 즉 유가 폭등은 생산
과 소비를 석유에 크게 의존하고 있던 서방 각국의 경제에 큰 타격을
주었을 뿐 아니라 석유감산으로 석유 구득에 혈안이 되게 함으로써 유
가상승은 불가피 했다. 이로 인해 비록 개발초기단계에 있던 우리경제
역시 경기가 침체되는 가운데 성장이 둔화되고 국제수지 적자폭도 크
게 확대되었다.

반면 중동은 유가의 폭등으로 개발재원이 풍부했음에도 불구하고 개
발계획을 추진하는데 필요한 노동력과 기술이 없는 데다 관리 능력마
저 절대 부족한 상태에 있었다.

세계 선진 각국은 빠져나간 달러화의 회수와 동시에 그때까지 거의
무주공산으로 남아 있던 시장 선점을 위해 앞 다투어 중동으로 모여들
었던 것이다. 그러나 우리 건설 업체들은 월남을 비롯하여 동남아 등에
서 쌓은 해외 건설 진출 및 시공경험과 기술축적 외에도 노동규칙을
잘 지키는 훈련된 인력을 대량 확보하고 있었고 여기다 적극적이고 발
빠른 정부의 지원마저 지체 없이 이루어지다 보니 수주에 있어 기선을
잡을 수 있었던 것이다.

한편 우리나라 해외 건설인력 송출은 1975년의 59,151명에서 큰 폭
으로 늘어나다 1982년에는 16만 명으로 거의 절정을 이루었다(〈표 2〉
참조). 그 후에도 연도별로 절대 숫자는 다소 늘어났지만 시공액에 비
하면 그 증가폭은 서서히 줄어들기 시작했고, 1983부터는 절대 수마저
감소하게 되었다. 이러한 현상은 진출기업들이 내국인 기술 인력의 임
금급등을 감안, 국제경쟁력을 높이기 위해 현장 투입인력을 제3국 인
력으로 대체함에 따른 것이었다(〈표 3〉 참조).

〈표 2〉 해외 건설 인력송출추이(78~83)

(단위: 명)

연도	1978	1979	1980	1981	1982	1983
송출인원	83,380	104,666	127,323	153,699	160,002	150,515

자료: 해외건설협회, 『해외건설 민간백서』, 1984.3, 76쪽.

〈표 3〉 중동공사의 외국인 고용현황(79~83)

(단위: 명)

	총투입인력	외국인	점유비(%)	증가율(%)
79	113,762	8,066	7.1	-
80	147,183	16,046	10.9	98.9
81	203,178	40,090	19.7	149.8
82	226,633	55,463	24.5	38.3
83	222,316	60,299	27.1	8.7

자료: 해외건설협회, 『해외건설 민간백서』, 1984.3, 80쪽.

해외건설업체들이 제3국 인력을 점차 선호하기 시작한 것은 외국인 근로자들이 인건비 면에서는 한국인 기술자에 비해 불과 56% 내외에 머물렀으나 생산성에서는 78% 정도인 것으로 판단된 데다 직종별 구인이나 채용절차도 한결 간편해졌기 때문이다14)(〈표 4〉 참조).

---

14) 동 자료는 1982년 주 사우디 대사관에서 조사한 '제3국 인력고용과 관리'에서 『해외건설 민간백서』(해외건설협회, 1984.3) 80쪽에서 인용한 것을 재인용한 것임.

〈표 4〉 국적별 직종별 평균임금 및 생산성 비교

(단위: 임금/월, $. 생산성: $)

	태국	방글라데시	인도	파키스탄	필리핀	스리랑카	외국인평균	한국인	외국인평균생산성
노무직	361.9	247.7	329.0	312.6	-	235.0	297.2	521.3	82
숙련공	450.8	385.0	393.3	479.5	470.0	-	435.7	589.3	77
운전	527.1	454.0	450.6	704.0	639.0	-	554.9	835.7	85
정비	540.0	-	-	-	-	-	540.0	917.3	67
반장	690.0	548.5	561.0	629.2	-	-	607.3	669.8	80
관리	515.6	670.0	767.2	661.0	899.0	-	702.6	2,063.5	76
평균	514.3	461.0	500.2	557.3	669.3	235.0	522.9	933.3	78

자료: 해외건설협회,『해외건설 민간백서』, 1984.3, 80쪽.
* 이 자료는 1982년 11월 주 사우디 한국대사관에서 작성한『제3국 인력고용과 관리』에서 인용한 것임.

　　1970년대의 대 중동 건설 진출 업체수를 보면 1973년에는 삼환기업 1개 업체에 불과했으나 1974년 2월 남광토건의 요르단 상수도공사수주를 계기로 급증하기 시작했다. 그 결과 1981년에는 무려 72개 업체가 중동에서 외화획득을 위해 활동하고 있었다(〈표 5〉 참조). 특히 1977년에는 당시로서는 미수교국인 이라크, 리비아, 수단 등에까지 확대 진출함으로써 건설수출이 중동과의 경제협력강화는 물론 외교관계개선에도 크게 기여하게 되었던 것이다.

〈표 5〉 중동진출업체추이

(단위: 업체)

1973	1974	1975	1976	1977	1978	1979	1980	1981
1	7	20	38	51	74	60	64	72

자료: 해외건설협회,『해외건설 민간백서』, 1984.3, 36쪽.

그러나 수주공사의 금액 규모를 보면 70년대는 물론 80년대 초에도 3천만 달러 이하의 소규모 공사가 주류(55.9%)를 이루고 있었을 뿐 대규모 공사에 속하는 1억 달러 이상 공사 수주는 6.5%(133개 공사)에 불과했다. 이와 같이 우리나라의 중동건설 수주가 소규모공사에 집중되었던 것은 우리 업체의 공사수행능력에도 문제가 있었지만 발주처에서 소규모로 나눠주었기 때문이다. 여기에는 발주국 권력자들의 커미션 문제와도 깊은 연관이 있었다(〈표 6〉 참조).

〈표 6〉 70년대 중동공사의 규모별 수주실적

(단위: 백만$, ( )내는 건수)

	66~75	76	77	78	79	80	81	82	83	합계
천만$ 미만	568 (321)	200 (73)	398 (111)	432 (125)	518 (114)	549 (86)	592 (86)	666 (88)	867 (142)	4,790 (1,148)
천만$~ 3천만$	245 (15)	241 (14)	498 (28)	1,083 (56)	822 (42)	1,217 (66)	1,599 (72)	1,020 (86)	735 (49)	8,460 (428)
3천만$~ 5천만$	146 (4)	121 (3)	359 (10)	733 (20)	708 (18)	1,447 (38)	1,906 (43)	1,194 (27)	925 (16)	7,539 (179)
5천만$~ 1억$	199 (5)	107 (2)	763 (12)	1,196 (19)	1,038 (13)	2,202 (31)	3,022 (39)	2,208 (32)	1,342 (14)	12,077 (167)
1억$ 이상	341 (2)	1,833 (5)	1,498 (8)	4,701 (15)	3,265 (14)	2,844 (17)	6,562 (28)	7,295 (29)	6,575 (15)	34,914 (133)

자료: 해외건설협회, 『해외건설 민간백서』, 1984.3, 57쪽.

중동의 발주공종을 보면 1970년대는 말할 것도 없고 80년대 초까지만 해도 기계, 전기·통신, 용역 등의 비중이 약 40%에 달하고 있었음에도 불구하고 이들 분야에 대한 우리업체들의 수주비중은 11.5%에 머물렀을 만큼 발·수주 구조에 격차가 많았다(〈표 7〉 참조). 이는 우리 업체들이 이때까지만 해도 시공능력은 물론 대외적 신인도가 낮아 부가가치율이 낮으면서도 경쟁이 심한 토목, 건축분야 공사에 머물 수밖

에 없었기 때문이다. 그러나 미국, 독일, 영국, 이태리 등 선진국 업체
들은 프로젝트의 계획·설계를 직접 담당, 높은 부가가치공사를 수행
함으로써 손쉽게 수익을 챙기고 있었지만 우리는 그들이 만든 설계도
나 시방서에 따라 토목, 건축 등 부가가치율이 낮고, 힘 드는 일만 맡아
서 시공하다 보니 '돈은 별로 벌지 못하면서 고생만 하는 꼴'이 되었던
셈이다.

<표 7> 70년대 수주의 공종별 추이

(단위: 백만$)

	66~75	76	77	78	79	80	81	82	83	합계	(%)
도로	443	94	254	286	210	1,087	2,317	752	324	5,767	8.5
항만	479	1,325	727	313	170	496	129	476	-	4,115	6.1
기타	190	29	590	1,420	1,299	2,156	2,577	3,648	5,170	17,079	25.2
소계	1,112	1,448	1,571	2,019	1,679	3,739	5,023	4,876	5,494	25,961	39.8
건축	263	590	1,022	4,979	2,979	3,852	7,608	6,238	3,958	31,489	46.5
기계	98	381	677	469	1,219	392	692	1,677	439	6,044	8.9
전기통신	24	66	219	621	470	271	295	580	501	3,047	4.5
용역	2	17	27	57	4	5	63	12	52	239	0.3

자료: 해외건설협회, 『해외건설 민간백서』, 1984.3, 54쪽.
* 83년 및 합계치는 잠정자료임.

더욱이 당시 우리의 장비 및 기자제 산업 역시 공급 수량이나 품질
면에서 국제수준과는 비교조차 될 수 없을 정도로 초라했다. 따라서 우
리 업체들은 중동에서 땀 흘리며 직접 시공을 하면서도 79년의 경우 전
체 장비 및 자제소요량 중 국산은 겨우 30%만 투입되었을 뿐이고 나머
지 70%는 주로 유럽에서 조달해서 사용하였다. 이러한 현상이 1982년
에는 더욱 심화되어 전체 공사의 장비 및 기자제 중 약 18%만이 국산
이었을 뿐 나머지는 외산으로 충당되는 현상을 보였다. 그러다 보니

'우리는 결국 더운 사막이라는 악조건의 작업환경에서 땀 흘리는 일을 맡아 했지만 그 대가로 받는 보수는 상대적으로 낮은 데에도 만족해야 하는 서러운 신세'였던 것이다. 이를 장비와 자재로 나누어 좀 더 자세히 살펴보면 동 기간 중 장비는 26.3%에서 14.8%로, 그리고 자재는 31.0%에서 18.7%로 낮아진 것이다(〈표 8〉 참조).

이로써 볼 때 40여 년 전 우리의 중동건설공사 진출은 자체 능력이나 가능성을 믿고 이루어졌다기보다는 오직 의욕과 열정만 앞세워 밀어붙였던 것이라 할 수 있다. 이는 당시 우리의 외화사정이 그만큼 절박했던 데다 경부 고속도로 및 월남에서 철수한 유휴장비와 인력의 활용문제가 얼마나 심각했는지를 짐작케 하는 대목이라 할 수 있다.

〈표 8〉 해외공사 현장의 장비 및 기자제 비중추이(79~82)

(단위: 천$)

	국산			외국산			합계
	장비	자재	소계	장비	자재	소계	
79	38,391	163,215	201,606	107,657	363,210	471,867	673,473
80	53,911	357,256	411,167	153,689	1,127,320	1,280,999	1,692,166
81	59,495	483,054	542,549	373,071	1,539,213	1,912,284	2,454,833
82	74,921	414,838	489,759	432,845	1,804,235	2,237,080	2,726,839

자료: 해외건설협회, 『해외건설 민간백서』, 1984.3, 83쪽.

2. 중동 진출에서 얻은 효과

70년대 중동진출을 통해 우리는 많은 것을 얻었다. 중요 몇 가지 효과만 열거해 보자.

첫째는 외화가득효과이다. 중동진출에서 무엇보다 큰 것이 막대한 외화 가득 액이다. 사실 70년대 당시 우리의 중동건설은 '남들이 다 기

피하는 악조건하의 '난공사'를 골라 낮은 보수를 받으면서 어렵게 수행
했음을 부정하기는 어렵다. 그럼에도 불구하고 중동건설이 우리경제의
외화갈증 해소에 끼친 영향은 지대했다. 즉 66~78년간에 중동공사에서
벌어들인 외화금액만 해도 무려 30억 달러를 넘어섰고, 1980년에는 한
해만도 약 18억 달러의 순 외화 소득이 있었다. 이들 외화로 인해 경제
개발 제3~4차 5개년 계획을 차질 없이 추진할 수 있었던 것이다. 만일
중동에서 가득한 이들 외화가 없었더라면 제2차 오일쇼크의 직격탄을
맞은 우리경제가 과연 버텨낼 수가 있었을까? 지금 생각해도 70년대
후반 중동건설 특수는 우리에게 있어 '천우신조'가 있었기에 잡은 '천재
일우'의 기회였음을 부인할 수가 없다(〈표 9〉 참조).

〈표 9〉 70년대 해외공사의 외화 가득실적(66~82)

(단위: 천$)

	66~78	79	80	81	82	합계
중동	3,014,502	1,164,953	1,794,929	2,013,221	2,384,750	10,822,352
사우디	2,591,348	1,313,274	1,449,118	1,574,055	1,606,112	8,533,907
리비아	11,743	26,876	40,110	137,648	341,702	558,079
이라크	861	8,013	50,396	168,737	333,185	561,192
동남아	126,825	16,088	22,807	88,116	235,047	488,883
태평양	14,163	959	4,935	223	883	21,163
중남미	6,091	4,900	753	-773	-870	10,101
아프리카	11,686	1,505	1,749	1,050	12,354	28,344
합계	3,173,267	1,638,405	1,825,173	2,011,837	2,632,164	11,370,836

자료: 해외건설협회, 『해외건설 민간백서』, 1984.3, 69쪽.

1970년대의 우리경제는 의욕적으로 추진하던 5개년계획 때문에 막
대한 양의 외화가 필요했다. 특히 그 시기에는 중화학공업화를 집중 육
성하고자 했으므로 필수적 외화수요는 과거 어느 시기보다 더 많을 수

밖에 없었다. 그러나 국내 민간 저축률이 낮아 내화투자재원마저 태부족한 상황에서 필요외화를 자력으로 조달한다는 것은 실로 지난한 일이었다. 마침 중동에서 특수가 터졌고, 이를 건설수출이란 분야에서 발빠르게 접근한 우리나라는 막대한 양의 외화를 때 맞춰 자력으로 가득[15]할 수가 있었던 것이다. 그 결과 제2차 오일쇼크는 물론 10 · 26과 같은 국내 정치의 엄청난 소용돌이 때문에 경제의 마이너스 성장이 불가피했던 1980년에도 해외건설에서 얻어진 이들 외화는 우리 경제 성장에 막중한 역할을 했다.

해외건설에서 가득한 외화의 성장기여도를 보면 1978년의 경우 전체 경제 성장률이 11.6%였는데 이 중 해외건설은 1.3% 포인트만큼 기여했다. 이로써 볼 때 당시 중동건설은 우리경제의 성장에 더 없이 효자 노릇을 한 셈이다.

둘째는 인력 및 기술발전효과이다. 한국인들이 남의 나라에 일자리를 얻어 집단적으로 움직인 것은 유사 이래 월남에 이어 중동이 두 번째다. 그러나 월남은 파병부대를 배경으로 직 · 간접적인 도움을 받았지만 중동은 달랐다. 현지 물정을 잘 모르는 것은 차치하고라도 선진국이나 과거의 종주국들의 견제와 현지 사회의 '가당치도 않는 무시'[16]도 큰 걸림돌이었다. 다행히 우리는 월남에서 철수한, 시공경험과 '노하우'를 지닌 1만 6천여 명의 기술 인력과 70여 개의 기업이 있다는 게 큰 자산이었다. 이들은 사전 교육이나 훈련 없이 바로 현장에 투입되어 작

---

15) 당시의 국제금융거래는 공급자 중심 시장이었기 때문에 이자율도 높았지만 차관 등에는 용도를 지정하는 등 소위 '꼬리표'가 달려 있어 비록 이자 주고 빌리는 돈이라 해도 차주 마음대로 쓸 수가 없었다. 따라서 외화의 자력조달로 꼬리표 없이 쓴 다는 것은 그 액수 이상의 의미가 있었던 것이다. 그러므로 당시 중동에서 벌어들인 외화는 그래서 더 소중했던 것이다.

16) 1970년대만 해도 한국의 이미지나 국가적 브랜드가치가 너무 낮아 따지고 보면 그럴 처지도 아닌데도 우리를 무시하거나 얕잡아보는 경향이 심했다.

〈표 10〉 해외건살 외화수입의 경제성장 기여도

(단위: 억원, %)

	77	78	79	80	81	82
GNP성장율(A)	10.3	11.6	6.4	-6.2	6.4	5.4
GNP증가율(B)	29,085	36,411	21,986	-20,944	21678	18,311
해외건설외화 수입증가(C)	3,358	3,923	1,653	-4,743	2,233	3,032
GNP성장기여율 (D, C/B)	11.5	10.8	7.5	-	10.3	16.6
GNP성장기여도 (AxD)	1.2	1.3	0.5	-	0.7	0.9

자료: 해외건설협회, 『해외건설 민간백서』, 1984.3, 186쪽.
*1) 1980년 불변가격기준, 2) 환율은 연중 평균 환율 적용.

업을 수행할 수 있었던 것이다. 70년대 중동건설에서 우리가 기선(機先)을 잡을 수 있었던 가장 큰 요인이 바로 이것이 아니었나 싶다.

70년대 해외공사 투입인력을 보면 초기인 1975년에는 불과 5,951명에 불과했지만 1978년에는 84,964명, 1982년에는 171,170명에 달할 정도로 급속히 늘어났다. 이 중 거의 대부분은 중동공사 투입인력이었다.[17] 그러나 동남아 공사와는 달리 중동공사 투입인력은 1982년을 정점으로 절대 숫자마저 감소하기 시작했다. 이는 인건비가 싼 제3국인력투입과 제2차 오일쇼크로 인해 수주량이 줄어든데 따른 것이다.

하여간 70년대를 통해 중동공사의 각 분야에, 특히 많은 기술 인력이 다녀왔다. 이들 인력들에게는 수주, 시공, 준공, 이양의 전 과정을 통해 서구식 경험이 많이 축적되었을 뿐 아니라 당시만 해도 국내에는 구경조차 할 수 없었던 각종 첨단 장비를 현장에서 다룸으로써 기술수준도 크게 향상되었던 것이다.

---

17) 〈표 3〉 참조.

　더욱이 우리나라가 중동에 투입했던 인력은 높은 학력에다 근면, 성실하며 사교적인 중·장년층이 대부분이었다. 이들은 단기간에 중동으로 집단 진출하여 열악한 환경에서 근무를 했음에도 불구하고 조직 내 구성원 간은 물론 현지 주민과의 마찰도 거의 없었다. 이는 무엇보다 위계질서를 중시하는 군필자들을 중심으로 군대식 막사에서 집단생활을 했기 때일 것이다. 하지만 당시 여러 공사장에서 보편적으로 행해졌던 철저한 위계질서 및 '빨리 빨리 문화'야말로 국제사회로부터 우리 인력의 우수성을 인정받는 데 크게 기여했다. 이러한 중동건설에서 숙성된 공사장 문화는 이후 국내공사에도 대부분 그대로 접목되어 우리나라 건설현장 문화를 바꾸는데 크게 기여했다. 그 이전까지만 해도 우리나라의 공사현장문화는 기술 용어를 비롯해서 거의 대부분이 일제시 잔재 그대로를 답습하고 있었던 게 사실이나 80년대부터는 월남, 중동 진출 인력들로부터 영향을 받아 크게 달라진 것이다. 이 점은 역사적으로 높이 평가받아야 할 부분이다.

　결과적으로 70년대 우리의 대 중동건설 진출은 건설인력의 기술수준 향상과 공사현장 문화 개선, 공사현장의 생산성 향상 등에 크게 기여함으로써 80년대 내내 대대적으로 펼쳐졌던 아파트건설 및 고속도로 공사도 무난히 소화해 낼 수 있었던 것이다.

　셋째는 기업들이 국제적 경영경험을 쌓을 수 있었던 것이다. 우리나라 업체들의 건설경험은 일제시기를 지내면서 어깨 너머로 어렵게 배운 것과 미군 부대 공사 수행에서 얻은 게 전부였다. 즉 월남 진출 이전까지만 해도 현대적 건설공사 경험은 거의 없는 상태였다. 그러다 월남 파병의 후광으로 군 관련공사를 수주해서 처리하거나 정부의 지명을 받고 경부고속도로 공사를 수행한 게 고작이었다. 중동공사는 '전인미답의 땅에 뛰어들어 고립무원으로 해쳐나간 격'이라 해도 과언이 아니다. 자본, 기술, 경험이 없었던 것은 물론이고 지리, 문화, 관습 등 현지 사정에 대한 정보도 전무하여 헤맬 수밖에 없는 실정이었다. 그럼에도 불구하고 물불 가리지 않고 인력 및 기업들이 중동으로 달려간 것은 외환 및 일감 부족의 절박함 때문이었다. 1974년 당시 우리나라는 오일쇼크로 인해 국제수지 적자가 17억 1,390만 달러였다. 이를 어떻게든 빨리 해결하지 않으면 국가 부도가 날판이었다. 게다가 추진 중인 제3차 5개년 계획의 지속과 중화학 공업화를 위해서는 외화의 자력 조달이 너무도 절실했다.

기업입장에서도 월남 종전과 경부고속도로 완공으로 인해 유휴화된 장비 및 인력을 활용할 수 있는 '일감' 확보가 절실했다. 이러한 정부 및 건설기업의 절박한 사정이 결국에는 우리 기업들로 하여금 중동으로의 진출을 불가피하게 했던 것이다.

70년대 우리나라의 중동진출업체 수는 최대치인 1978년의 74개에서 1979년에는 60개로 줄어드는듯하다 1981년에는 다시 72개로 거의 회복되었다.[18] 이 수치는 월남에 진출한 최성기의 기업 수 79개에 육박하는 것이었다. 물론 여건은 확연히 달랐지만 당시 중동에 진출한 기업 중 대다수는 이미 월남에 진출한 경험이 있는 기업들이었다. 월남의 경우 비록 국군의 파병에 따라 기댈 언덕이 있었지만 중동에서는 기업들이 현지사정, 언어, 해외에서의 경영기법 등이 모두 생소하여 많은 시행착오를 겪었다. 그러나 중동에 진출한 기업들은 직접·간접으로 월남에서 겪은 실패 또는 시행착오를 감안, 처음부터 하나하나 조심스레 접근하면서 국제수준의 경영기법을 하나씩 터득하기 시작했다. 그 결과 제2차 오일쇼크 이후인 80년대 초부터는 한국기업들이 그동안 쌓아온 '노하우'가 드디어 빛을 발하기 시작했다. 더 이상 현지 정부나 상인

---

[18] 중동진출 업체가 78년을 정점으로 79년에는 60개, 80년에는 64개로 감소했다. 81년에 72개로 늘어난 것은 이란의 팔레비 왕정 붕괴로 인해 제2차 오일쇼크가 벌어지는 등 현지 사정이 급박한 데에 기인한 것이었다.

들의 농간이나 사술(詐術)에 말려들지도 않았고, 수주계약, 시공, 완공 후 이양 등 현지의 경영활동에서 더 이상의 시행착오를 겪지 않을 수 있게 된 것이다.

오늘 날 우리 기업들이 세계를 상대로 각종 경영활동을 활발하게 펼치고 있는 것도 사실 따지고 보면 월남과 중동에서 얻은 경험과 '노하우'가 그 밑거름이 되었다 할 것이다. 특히 세계 어디에서건 움츠려 들지 않고 적극적으로 나설 수 있는 그 자신감이야말로 중동에서 치른 '값진 대가의 소산'이라 하지 않을 수 없을 것이다.

넷째는 국가 브랜드의 급상승이다. 우리나라는 70년대 전반까지만 해도 개발도상의 후진국, 빈국, 반공 이데올로기에서 벗어나지 못하고 미국에 종속되어 있는 작은 나라쯤으로 알려져 있었다. 국제사회에서는 멸시의 대상이었고 중동 각국에서도 아는 사람이 많지 않았다. 서구의 교육받은 지식인마저 남북한을 제대로 구분하지 못하고 혼돈하는 사람이 많았다. 특히 당시 중동은 이념적으로는 제3세계, 종교적으로는 이슬람, 지리적으로도 우리와 멀리 떨어져 있어 우리에게는 매우 생소했다. 그들도 마찬가지로 한국을 잘 알지 못했다.

70년대 초반 오일쇼크가 일어나고 우리의 적극적인 중동건설 진출로 인해 이러한 상황은 완전히 바뀌었다. 지금 그들과 우리는 아주 좋은 상생(相生)의 관계에 있다. 경제적으로는 보완관계에 있고, 정치적으로도 상치되는 이해상황이 별로 없다. 이스라엘−팔레스타인관계, 9·11테러 등을 겪어 면서도 그들과 우리간의 관계는 비교적 초연했다. 현재 중동에서 우리나라의 국가 브랜드 가치는 매우 높은 편이다.[19] 특히 사우디의 주베일 항구 공사나 리비아의 대수로 공사 등 대형공사를 통해 중동에 심어 놓은 한국의 이미지는 '상상을 초월하는 것'이다.

---

[19] 최근 IMD발표에 의하면 우리나라의 국가 브랜드 순위는 2012년의 10위에서 2013년에는 8위로 2계단 상승한 것으로 나타났다.

물론 이들 모두가 국력신장에 기인한 것이지만 그중에서도 중동에 관한 한 건설수출이 기여한 바는 지대하다 할 것이다.

IV. 70년대 중동진출의 성공요인

70년대의 성공적인 중동진출은 지금 생각해도 하나의 기적이라 하지 않을 수 없다. 우선 중동은 우리나라에서는 거의 알려지지 않은 먼 곳에 위치한 지역인 데다 객관적으로 보았을 때도 당시 우리의 진출여건은 전혀 갖춰져 있지 않았기 때문이다. 그럼에도 불구하고 결과적으로는 성공적 진출을 통해 천문학적 외화를 가득함으로써 제3~4차 경제개발 5개년계획을 제대로 추진할 수 있었던 것이다.

당시 객관적 여건이 불리했음에도 불구하고 우리가 대 중동진출에서 크게 성공할 수 있었던 요인은 과연 무엇인가?

그 첫째는 외환사정의 절박함 때문이었다. '궁즉통(窮則通)'이란 말이 있다.당시 우리는 제3차 5개년 계획에서, 특히 중화학공업화를 지향하고 있었기 때문에 막대한 양의 필수외화 조달이 급선무였다. 그러나 월남 참전과 한·일 국교정상화를 통해 들어올 수 있는 외화자금은 1973년을 전후해서 거의 다 끌어다 쓴 상태였다. 즉 70년대 중반부터는 필수외화의 자력조달이 실로 난감한 시기였다. 당시 수출은 금액자체가 적은 데다 (1971년의 수출규모가 겨우 10억 달러를 약간 넘는 수준이었음) 수출 품목도 그 대부분이 원시 채취적 농수산물이거나 외화 가득률이 낮은 경공업품이어서 별로 도움이 되지 않았다. 따라서 1974년의 경우만 해도 무역수지 적자가 20억 달러를 넘어서게 되어 외자도입도 여의치 않았다. 어떻게든 시급히 외자조달 방안을 찾지 않으면 안되는 상황이었다. 이런 절박한 상황에서 나타난 것이 중동특수였으니

물불 가리지 않고 중동으로 달려갈 수밖에 없었던 것이다.

둘째는 중동의 당시 상황이 우리를 필요로 했다는 점이다. 당시만 해도 중동은 근·현대적 산업국가로서의 체제를 갖추지 못하고 있었다. 즉 다수 주민의 생활방식은 원시적 유목생활을 예나 별 다름없이 답습하고 있었고, 국민소득수준도 매우 낮았다. 정치 역시 왕정(사우디, 쿠웨이트, 이란 등)이 아니면 일당독재체제에서 벗어나지 못한 상태(이라크)로 있었다. 이때 제1차 중동전쟁이 터진 것이다. 비록 국지전이었지만 '석유무기화' 선포로 전 세계가 직격탄을 맞은 것이다. 유가가 일시에 4배가량 오르고, 돈을 가지고도 석유구득이 어려워지자 선진 각국은 앞다투어 달러화를 싸들고 중동으로 몰려가지 않을 수 없게 된 것이다. 그러나 중동은 쏟아져 들어오는 이들 달러화를 제대로 활용할 준비가 되어 있지 않았다. 즉 중동의 경우 돈은 있지만 그 돈으로 무엇을 할 것인지에 대한 '아이디어'는 물론 기획, 건설인력, 운전기술인력, 관리인력 어느 것 하나 제대로 갖추어진 것이 없었다. 그러다 보니 '포스트 석유'를 위한 산업화에 필요한 각종 투입요소 중 자금을 제외하고는 모두를 외국에 의존하지 않을 수 없었다. 때마침 우리는 월남에서 철수한 많은 수의 인력 및 장비를 비롯하여 해외 건설공사에 경험 있는 많은 기업들을 보유하고 있어서 이들 상황들을 적기에 활용할 수 있었던 것이다.

셋째는 때마침 중동이 월남 등지에서 철수한 유휴장비의 재활용처로 떠오른 것이다. 실제 우리가 월남에서 철수한 것은 1973년이다. 이때부터 주로 건설 분야의 막대한 인력과 장비가 부득이 후송된 것이다. 1971년에는 경부고속도로 공사도 일단 끝나 여기서도 많은 건설관련 인력과 장비가 갈 곳을 찾지 못해 유휴화 되고 있었다. 이들 인력과 장비를 재활용하기 위해서는 주로 토목, 건설 관련 '일감'을 빨리, 그것도 많이 만들어 내야만 했다. 그러나 국내에는 그만한 일거리 찾기가 쉽지 않았다. 정부는 물론 민간에서도 재원 부족으로 쉽사리 공사를 만들어 낼 형편이 아니었다. 이때 중동 특수(特殊)가 터진 것이다. 타 선진국 들이 미처 준비 중이거나 망설이고 있을 때 우리는 이미 준비되어 있는 인력과 장비를 지체 없이 투입함으로써 기선(機先)을 잡을 수 있었던 것이다. 더욱이 선진국들은 열악한 작업환경을 이유로, 또 인건비가 상 대적으로 높아서 쉽사리 용기를 내지 못하고 있을 때 우리는 열악한 작업환경과 저 임금을 감수할 수 있는 월남공사 경험인력과 위계질서 에 익숙한 수많은 제대 장병이 있어 오히려 경쟁력 요소로 활용할 수 있었던 것이다. 우리만의 공사판 문화인 병영식 막사생활과 엄격한 위 계질서 등에 의한 철저한 작업관리와 공기엄수 등은 현지인들의 호평 을 받아 계속 수주에 긍정적 영향을 미쳤던 것이다.

　넷째는 정부의 발 빠른 지원이다. 당시 경제개발 계획은 앞에서 정 부가 연차계획을 세워 이끌고 민간 기업이 뒤를 따라가는 형국이었다. 물론 당시를 놓고 뒷날 지나친 독재방식이었다고 비판하는 사람도 있 지만 특정된 목표를 위해 제한된 국민역량을 한곳으로 모으기 위해서 는 불가피했던 측면도 없지 않았을 것이다. 정부는 해외건설을 위해 당 시 할 수 있는 모든 지원은 다 했다. 우선 197년12월 해외건설을 지원 하기 위한 법적 뒷받침으로 해외건설촉진법을 제정·공표했다. 여기에 는 각종 지원제도는 물론 관련 기구의 설치·운영 등을 담고 있었다. 특히 중동건설을 챙기기 위해 국무총리와 건설부장관을 주축으로 하는 '중동경제협력위원회를 비롯, 경제기획원에 중동협력관실을 두었으며 주무부처인 건설부에는 해외 건설국을 설치, 해외공사 업무를 전담토 록 했다. 또 금융지원으로는 선수금, 하자보수, 관세담보 등과 관련된 지급보증을 비롯하여 현지 금융, 국내금융 등의 지원을 아낌없이 제공 했고 세제 면에서도 외화획득이란 측면에서 각종 면세 또는 경감을 마 다하지 않았다.

그중에서도 무엇보다 중요한 것은 소위 유신체제하에서 최고 권력자인 대통령이 해외건설에 지대한 관심을 갖고 업계의 애로나 문제점을 즉석에서 해결코자 노력했다는 점이다. 그 결과 우리나라 해외건설은 중동건설 수주에서 미국 다음의 제2위국이 될 수 있었던 것이다.

다섯째는 새마을 운동에 의한 국민의식의 개혁의 영향도 컸다는 점이다. 70년대 초는 '새마을 운동'이라는 국민정신 개조운동이 전국적으로 일어나던 시기다. 이 운동의 핵심은 '근면, 자조, 협동'의 3대 지표가 의미하듯 '가난탈피'를 위한 의식개혁 및 국론의 결집에 있었다. 이러한 새마을 운동의 기풍은 당시 중동의 현지 공사장에도 그대로 전파되어 근면, 자조, 협동을 강조했던 것이다.[20] 그 결과 현지의 열악한 작업환경에도 잘 적응하면서 생산성 향상을 기하고, 또 현지의 규범을 지키고 주민과의 융화에도 많은 도움이 되었던 것이다. 더욱이 당시 중동공사 현장에서 일했던 우리 근로자들은 최소한의 개인적 소비마저도 절약하여 경제개발용 외화공급에 큰 공을 세웠을 뿐 아니라 남보다 먼저 솔선수범 하는 기풍 역시 크게 진작되어 있었는바 이 모두가 새마을 운동의 영향이라 할 것이다.

V. 70년대 중동건설에서 우리가 얻은 교훈

우리에게 있어 중동진출은 천우신조로 다가 온 '국운융성의 기회'였다고 할 수 있다. 그 기회가 결코 우리의 노력이나 막연한 운(運)에 의

---

[20] 해외건설협회에 의하면 새마을 및 반공정신교육을 위해 당시 해외현장에 새마을 관련 V.T.R, 잡지·신문을 주기적으로 송부하였는가 하면 1979년부터는 교육단을 파견, 현지에서 직접 새마을 및 반공교육을 실시하기도 했다고 한다. 해외건설협회, 『해외건설 민간백서』, 1984.3, 152쪽.

해서 만들어진 것은 결코 아니다. 만일 당시 중동진출이 없었더라면 3~4차 경제개발에 필요한 필수외자의 조달, 특히 중화학 공업화에 필요한 외자를 어떻게 자력으로 조달할 수 있었을까? 또한 그 시기 외자 부족 때문에 중화학공업화에 실패했다면 과연 오늘날 우리가 세계 10위권의 경제대국으로 발돋움 할 수는 없었을지 모른다. 물론 '역사에 있어 가정은 무의미한 일'이지만 그런 생각을 하다보면 70년대의 중동건설은 '천우신조'이기도 하지만, 한편으로는 '천재일우'의 기회였다고도 할 수 있다. 또 지금과는 차원이 다른 국민적 의지와 결속이 있었던 것도 결코 간과할 수 없다. 여하간 우리는 그토록 귀한 기회를 결코 놓치지 않고 잘 활용하였으며, 결과적으로 대 성공을 거두어 오늘에 이른 것이다.

우리는 과거의 성취에 만족만 해서는 곤란하다. 역사적 경험에서 볼 때 정말 중요한 것은 '성공한 사실' 그 자체가 아니었다. 그 보다는 성공의 요인 등 냉철한 상황분석을 통해 장래의 교훈으로 삼지 않아서는 성공 그 자체가 한낱 '신기루'로 끝나고 만다는 사실을 간과해서는 안된다는 것이다.

우리가 70년대 중동건설에서 얻은 교훈은 다음 2가지로 요약된다. 즉 첫째는 국민의 '단합된 굳은 의지'만 있으면 '하늘이 무너져도 솟아날 구멍은 있게 마련'이라는 점이다. 당시 우리에게 있어 외화부족 문제는 참으로 절박했다. 3~4차 5개년 개발계획의 계속추진과 중화학공업화, 1976년까지 100억 달러 수출~1,000달러 소득을 달성키로 한 대국민 약속 등을 이행함에 있어서는 투자 재원, 특히 필수외자의 조달이 심히 난감했다. 1~2차 5개년 때는 대 서독 인력 수출, 월남파병, 한·일 국교 정상화에 따른 청구권 자금 등의 도입으로 큰 어려움은 면할 수 있었다. 그러나 이들 개발초기의 외화조달 창구는 1973년을 전후해서 거의 완료된 상태여서 계속 기대할 형편이 못 되었다. 물론 이 시기

제한된 범위에서나마 외자도입이 약간씩 이루어지긴 했어도 정부의 100% 상환보장 요구 또는 꼬리가 달린 차관(trailed loan)이 대부분이어서 이자를 주고도 빌리기가 어려웠지만 설사 빌린다 해도 마음대로 쓸 수조차 없었다. 이미 시작해 놓은 사업, 꼭 해야 하는 사업 등 돈 쓸 곳은 많았지만 돈 나올 데가 없으니 정부나 기업 모두 딱하기는 매한가지였다. 정부가 나서서 백방으로 노력은 했지만 뾰족한 성과는 없었다. 이때 천재일우로 나타난 것이 중동특수였다. 물론 이들 중동기회는 누구에게나 열려 있었지만 유독 우리만이 그 특수를 움켜잡을 수 있었던 것은 그 당시 우리에게는 '가난극복'을 위한 국민적 의지가 충만해 있었기 때문일 것이다. 그런 국민적 의지는 먼저 민간에서 '근면, 자조, 협동'이란 구호를 내걸고 자연발생적으로 표출된 정신개혁운동에 힘입은 바가 컸다. 요원의 불꽃처럼 번져가던 당시 새마을 운동의 기세로 보았을 때 설사 중동특수라는 진귀한 기회가 없었더라도 어떻게든, 무언가를 이뤄내고야 말았을 것이다.

지금 우리경제가 어려운 건 사실이다. 그러나 70년대 초반과 같은 '난국타개'를 위한 국민적 의지의 결집이 있는지는 깊이 성찰해 볼 필요가 있다.

둘째는 기회가 오면 놓치지 말고 어떻게든 움켜잡아야 한다는 사실이다. 70년대 중동 특수는 우리에게만 찾아온 기회가 아니었다. 당시 여러 여건으로 보면 유독 우리가 중동건설에서 기선을 잡을 입장은 결코 아니었다. 그런데도 우리는 그야말로 불문곡직하고 중동공사에 뛰어들었고, 그 결과 한때지만 중동에서 미국 다음의 제2위 수주국까지 되었던 것이다. 지금은 그런 기회가 잘 오지도 않겠지만 비록 온다고 해도 기선을 잡아 수주 2위국으로 발돋움 하기는 어려울 것이다. 우선 중동이나 다른 선진 경쟁국들이 손 놓고 앉아서 그걸 보고만 있지는 않을 것이지만 우리 측 여건도 그때와는 많이 달라졌기 때문이다. 여기서 우리는 '기회는 항상 오는 게 아니고, 만약 기회가 오면 비록 여건상 다소 미흡함이 있어도 물불 가리지 말고 쟁취해야만 비로소 내 것이 된다'는 사실을 알아야 할 것이다.

중동 아랍권에는 현재 22개국 18억의 인구가 살고 있다. 사실 우리는 중동과 아랍을 하나로 보고 있지만 모로코에서 오만에 이르는 방대한 지역에 소재하는 22개국은 정치, 경제 사회, 문화면에서 각기 다른 나라다. 이집트처럼 공화정 국가가 있는가 하면 사우디처럼 왕정국가도 있다. 또 걸프만 국가들처럼 산유국이 있는가 하면 예멘과 같이 석유 한 방울 나지 않는 나라도 있다. 더욱이 이스라엘처럼 반 이슬람 국가가 있는가 하면 터키처럼 정교(政教)를 분리해 놓고도 모자라 세속화로 급전하고 있는 국가도 있다. 산업면에서도 이집트와 같은 관광대국이 있는가 하면 요르단, 예멘과 같은 상업국가도 있다. 따라서 우리의 대 중동 접근도 각기 다른 국가별 다양성과 차이를 인정하고, 존중하면서 서서히 다가가야 할 것이다. 특히 중동은 어느 모로 보아도 근대적인 산업국가, 문화국가, 복지국가와는 다소 거리가 멀다. 우리의 접근방법 여하에 따라서는 호혜(互惠), 상생(相生)의 여지가 매우 큰 지역이기도 하다. 특히 중동 사람들이 가진 문화적, 철학적 바탕을 보면 서양보다는 동양에 가깝고, 이슬람의 실용적 교리는 유교와도 맥을 같이 하는 측면이 강하다. 이 점이 우리에게는 매우 유리하다.

그러므로 우리는 70년대의 중동진출에서 얻은 값진 교훈과 그동안 우리가 이룩한 국제적 위상을 잘 활용한다면 제2의 중동진출의 전성기를 맞을 수도 있을 것이다.

〈참고문헌〉

경제기획원, 『청구권 자금백서』, 1976.12.

김신웅 외, 『한국경제신강』, 유풍출판사, 1996.

조수종, "대일청구권자금이 초기 한국경제의 발전에 미친 영향 : 특히 자금의
　　　　성격과 직접적인 효과를 중심으로", 『한국동서경제연구』, 한국동서경
　　　　제학회, 1996.2.

조수종, "중동의 석유 및 석유경제와 한국의 대응", 『중동연구』, 한국외대 중동
　　　　연구소, 1983.10.

해외건설협회, 『해외건설 민간백서』, 1984.3.

허문명, "허문명기자가 쓰는 '김지하와 그의 시대'" 18회-월남파병, 79회-중동
　　　　특수, 『동아일보』.

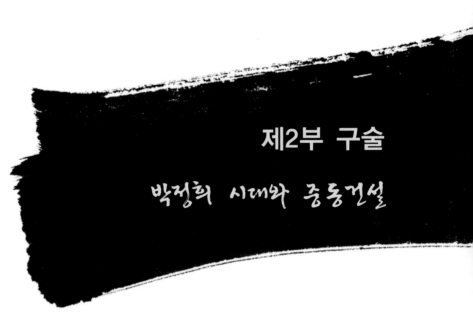

제2부 구술

박정희 시대와 중동건설

주동하 (작가, 시인)

전낙근 (한양대 건축공학부 CM/CIC 연구실 수석연구원,
        건축학)

조지홍 ((주)시험과 측량 고문, 전 대우건설 이사)

❏ 사회자 : 김택호 (명지대 국제한국학연구소 연구교수)

김택호 : 지금부터 제68회 명지대학교 국제한국학연구소 정기학술포럼을 시작하도록 하겠습니다. 아시다시피 올해에는 중동건설문제를 주제로 다루고 있는데요. 지난달에 심의섭 교수님이 오셔서 말씀해주셨구요. 오늘은 주동하 선생님을 모셨습니다. 유인물을 통해서 선생님과 관련된 정보들을 이렇게 좀 제공해드렸는데 주동하 선생님에 대해서 좀 말씀드리면요, 55년에 서울에서 태어나셨습니다. 연세대학교에서

정치외교학을 공부하셨고, 주요 경력에서 보실 수 있는 것처럼 대학 졸업 전인 1981년에 대우건설에 입사하셔서 리비아(Libya), 우즈베키스탄(Uzbekistan), 사우디아라비아(Saudi Arabia), 몽골(Mongolia) 등 여러 해외 건설현장에서 직접 일을 하신 분이십니다. 그래서 연구자들이 이런 문제를 바라보는 것하고는 좀 다른 각도에서 혹은 그것을 훨씬 더 뛰어넘는 차원에서 중동건설 문제에 대해서 말씀을 해주시지 않을까 싶은 생각이 들구요. 또 선생님 그런 경험이 있으신 동시에 또 작가이시기도 하고 시인이시기도 하시거든요. 그런 점에서 저희들이 또 느끼지 못했던 그런 감성 등을 충분히 말씀해주실 거라고 기대를 하고 있습니다. 편안하게 말씀해주실 거구요. 여러분들도 편안하게 들어주시면 될 거 같습니다. 제가 우선 선생님께 여러 가지 좀 여쭙고 말씀을 듣고 그렇게 하겠고 그다음에 여러분들께도 뒤에 또 선생님께 여쭤볼 내용이 있으시면 기회를 드리도록 하겠습니다. 선생님 안녕하세요?

주동하 : 네. 안녕하세요?

김택호 : 바쁜 시간에 이렇게 참석해주셔서 감사드립니다, 선생님. 우선 근황을 좀 여쭙고 싶습니다. 선생님께서는 방금 전에 말씀드린 것처럼 작가이시고 또 시인이시지만 대학 졸업 후부터 건설사에서 오랫동안 일을 하셨습니다. 사실은 굉장히 독특한 경력이시거든요. 글을 쓰시는 분 중에 건설현장에서 이렇게 오랫동안 일을 하셨던 분은 별로 없습니다. 그 유명한 황석영 선생님 정도가 이른바 노가다 판에서 경험을 가지고 글을 많이 쓰시고 하셨는데, 여기 있는 것처럼 뭐 책도『인생 속으로의 여행』그다음에 또 말씀드린『꽃이여』라는 시집도 내고 하셨는데 최근 근황에 대해서 좀 소개해주시지요.

주동하 : 제가『인생 속으로의 여행』을 낸 게 지금부터 한 3년 전이지요. 2010년도 겨울에 냈어요. 그거를 내게 된 동기는, 사실은 제가 대학 다닐 때 정치학을 했지만, 문학 쪽에 관심이 많았어요. 그래서 언

제 한번 소설을 한번 써야겠다고 생각을 했는데 나이 들다 보니까 그런, 나한테 공백이 주어졌어요, 시간의 공백이. 그래서 그 기회를 타서 제가 소설을 쓰기 시작했습니다. 그래서 나온 게 『인생 속으로의 여행』인데 중동 얘기도 나오고 죽음에 관한 얘기도 나오고 뭐 여러 가지 테마를 가지고 썼어요. 그리고 나서 간간히 인제 저하고 같이 일하는 사람들이 도와 달라. 그러면은 가서 파트타임으로 일을 해줬는데, 인제 아버님이 쓰러지셨어요, 2년 전인가. 그러니까 인제 집에 뭐 집을 돌볼 사람이 없으니까 제가 집안을 돌보면서 주로 집필하는데 전념을 하게 됐지요. 시도 쓰고 소설도 쓰고 아버지도 돌보고, 지금 그렇게 지내고 있습니다.

김택호 : 지금 현재 지내고 계신 모습이라든가, 또 선생님께서 내셨던 책과 관련된 얘기는 중간 중간에 계속 언급이 되리라고 생각이 됩니다. 우선 구술에 대한 이해도, 그러니까 선생님께서 말씀해주시는 내용에 대한 이해도를 높이기 위해서 선생님의 생애를 간략하게 좀 들어야 될 것 같습니다. 1955년 서울에서 출생하셔서 경성고등학교를 졸업하셨습니다. 연세대에 입학하시기 전까지의 성장 과정에 대해서 편안하게 말씀해주셨으면 고맙겠습니다.

주동하 : 저희 부모님은 둘 다 실향민이세요. 6 · 25 때, 1 · 4후퇴 때 함경도에서 거제도로 넘어오셨는데, 아버님은 거제도로 오시자마자 국군에 징용돼서 나갔고 그다음에 제대하고 말단 공무원을 하셨어요. 그러면서 6형제를 낳았는데 말단 공무원에 6형제가 크니까 경제적으로 무척 쪼들렸지요. 저는, 그래서 제가 어렸을 때는 주로 어디서 살았냐면 홍릉산, 홍릉을 아시는지 모르겠어요. 경희대 앞, 고대 앞쪽이 인제 거기가 홍릉인데 주로 초등학교, 중학교를 그 지방에서 지냈습니다, 그 동네에서. 그 동네가 그 당시, 요새는 뭐 다 개발이 돼가지고 아파트가 많지만 그 당시만 해도 그게 개발이 안 돼서 작은 산들이 많았어요.

어렸을 때, 초등학교 때 그 산들 엄청 쫓아다녔지요 뭐. 곤충도 잡고 새도 잡고 뭐 물고기도 잡고 가을에는 별도 보고 겨울에는 눈썰매도 만들어서 타고 그렇게 지냈습니다. 그러다 보니까 어렸을 때 좀 감성이 좀 많아졌어요. 아마 내가 지금 50대 후반에 작가가 된 감성이 아마 그때 쌓이지 않았나, 이런 생각이 들어요. 그리고 나서 중학교는 왕십리에 있는 성동중학교를 다녔는데 그것도 같은 동네지요 동대문구. 청량리에서 왕십리까지 왔다 갔다 그렇게 다녔지요. 그래서 고등학교는 제가 경성고등학교 다녔습니다. 청량리에서, 경성고등학교가 어디 있는지 아시는 분은 아시겠지만, 경성고등학교가 연희동에 있어요. 청량리에서 연희동까지 다니기 엄청 힘들지요. 그런데 경성고등학교를 왜 왔겠어요. 고등학교 시험을 봤다가 고등학교를 낙방했습니다. 그래서 그때만 해도 동계진학의 마지막이었기 때문에 갈 고등학교가 없었어요. 그래서 간 게, 막차 타고 간 게 경성고등학교를 왔습니다. 그래서 청량리에서 이 연희동 신촌 쪽으로 그때부터 10년을 다니게 됩니다. 왜냐 하면 대학도 신촌에 있는 연세대학을 갔으니까. 그러니깐 버스 통근 시간이 엄청 길지요 한 시간이 넘으니까. 10년 동안 그러고 다녔습니다. 그러니까 버스 타고 오면서 혼자 앉아서 이 생각 저 생각하게 되잖아요? 우리. 혼자서 버스 타고 어디 시외로 나가거나 그러면 이 생각 저 생각하게 되는데 아마 그것도 제가 지금 이렇게 글을 쓰는데 감성을 갖다 준 거 같습니다. 그래서 이 신촌하고 연희동에 자리를 잡게 됐고. 그래서 그 두 가지 감성이 어렸을 때에 수풀에서 놀던 감성하고 차를 타고 길게 통학하던 개인적인 이 생각 저 생각하면서 다니던 감성이 결국은 나이 들어서 글을 쓰게 만들지 않았나 이런 생각이 드네요.

   김택호 : 선생님 6남매 중에서 몇째셨어요?

   주동하 : 제가 위에는 누이 한 분이 있고 저보다 밑에 여동생들이 있습니다.

김택호 : 남자 형제 중에선 장남이셨던 셈이네요.

주동하 : 그렇죠. 남자는 저 혼자였어요.

김택호 : 예전에도 연세 많이 드신 소설가 선생님으로부터 그런 말씀을 들은 적 있었는데, 선생님 말씀하신 거하고 비슷한 말씀을 하세요. 그 어렸을 때 이렇게 자라서 내가 감성이 그때 생긴 거 같다 말씀하셔서 제가 그게 아니라 원래 타고 나셨을 겁니다, 이런 말씀을 드린 적 있었는데 선생님께서도 아마 타고 나셨을 겁니다. 지금 말씀하시면서 재미있는 게, 경제적으로 어려운 시기에 성장을 하셨잖아요. 근데 그런 말씀보다 낭만적인 기억을 먼저 말씀하신 게 이채롭네요. 어렸을 때 많이 경제적으로도 모두들 힘들 때 뭐, 그러셨을 텐데 그런 어려움 같은 건 많이 없으셨나요?

주동하 : 힘들었지요. 가정적으로 저희 아버님이 제가 국민학교 때 결핵에 걸리셨어요. 전화국에 다니다가. 체신부에 다니셨는데. 그래가지고 공무원을 휴직을 하고 수술을 했어요. 폐가 한 쪽이 지금 없으세요. 그때 수술을 해가지고. 그러니까 엄청 경제적으로 힘들었지요. 그래도 우리 어머니가 떡 장사도 하고 좌판도 벌리고 그렇게 해가지고 어려운 시기를 넘겼지요 사실은. 그때는 전부 다들 먹고 살 게 없었으니까 다 어려운 시대였으니까.

김택호 : 월남하신 실향민이잖아요? 부모님께서. 그런 경우에는 대체로 반공의식이 굉장히 투철한 경향이 많으신데, 그러셨던가요? 선생님 댁에서도?

주동하 : 그렇지요. 우리는 아버님하고 저하고 정치적으로 얘기하면은 색깔이 다르지요. 그러니까 내가 옛날에 젊었을 때 투표를 하러 가면은 나는 이해를 못하는데, 우리 아버님은 무조건 김대중(金大中) 씨는 빨갱이다 찍지 마라. 내가 듣기에는 참 웃기는 얘기지요 그게. 왜 저렇게 생각을 하실까. 김대중이 쟤는 빨갱이야 찍지 말어, 이런 식의

사고방식을 가지신 분이 우리 노인네입니다. 근데 이미 김대중 씨는 대
통령이 되고 김대중 씨 대통령이 됐다 그래서 우리나라 뭐 공산화 된
건 아니잖아요. 다 세상이 변했으니까. 그래서 우리 아버님 이 생각이
변했는 줄 알았는데 그것도 아니에요. 아직도 그런 만무한 생각을.

김택호 : 1975년도에 연세대 정치외교학과에 입학하셨잖아요? 근데
정치외교학을 전공으로 선택하시게 된 이유는 뭐였습니까?

주동하 : 살다 보면 우리가 어떤 우연한 기회가 생기는데 자기가 꼭
마음먹은 방향으로 안 가더라구요 보니까. 저도 고등학교 때는 참 공부
를 좀 열심히 해서 서울법대 가서 판검사를 하고 싶다 이런 생각에서
공부를 열심히 했지요. 그래, 이게 결과가 좋았으면 괜찮았을 텐데, 사
실 그때 뭐 판검사, 남들이 판검사, 판검사 그러니까 그걸 하고 싶었지
내 스스로가 판검사가 뭔 줄 아나요? 모르지. 그래, 공부를 열심히 해
서 서울법대 갈 수 있는 실력이 됐었으면 좋았을 텐데, 그게 안 되니까
고등학교 졸업하고 대학에 가는데 선생님이 너는, 니 실력은 연세대 불
문과 가면 맞는다. 그래서 시험을 봤지요. 근데 떨어졌어요. 전혀 예상
못하게. 그래서 재수를 했습니다. 그래서 대성학원에, 광화문에 대성학
원을 한 1년을 다녔는데 다음해에 시험 때가 되니까 학원 선생이 부르
더니 3개를 찍더라구요. 사대 갈래, 상대 갈래. 정외과 갈래 그러더라
고. 보니까 정외과가 좀 참신한 느낌이 나요. 만날 법, 상대, 법, 상대
하다가 보니까 정외과가 뭔지도 모르면서 좀 참신한 느낌이 나요. 그래
서 정외과 가지요. 그렇게 해서 선택의 길이 거기서 바뀌었습니다.

김택호 : 입학해 보시니까 선생님께서 상상하시던 그런 참신성이 정
치외교학과에 있던가요?

주동하 : 전혀. 전혀 없는 거지요.

김택호 : 그럼 전공에 대한 어떤 집중력이라든가 이런 것들은 많지
않으셨던 건가요? 학교 다니시면서?

주동하 : 공부는 정치학을 공부한다는 건 참 재미있어요. 재밌게 공부를 하고 뭐 동양사상 뭐 정치사상 이런 거 다 재미있게 듣고. 법학이나, 상과대학 공부하는 거하고는 전혀 다르게 뭐 시사성이 있고 재밌는 과목이지요.

김택호 : 연세대 정치외교학과는 명문이지 않습니까?

주동하 : 남들이 그렇게 생각하고 있지요. 명문인가요? 저도 잘 모르겠어요.

김택호 : 미리 선생님께서 주셨던 답변서에도 이런 내용들이 있긴 하지만 다시 한 번 좀 여쭙자면요, 선생님 대학 생활하셨던 시기는 유신 말기하고 딱 겹쳐집니다. 유신 말기는 대학생활을 학구적으로 하지 못하는 일들이 많았던 시기인데 유신 말기 대학생활 당시 선생님은 어떤 생활을 하셨고 또 그 과정에서 어떤 생각들이 있으셨는지요?

주동하 : 제가 대학교를 75년도에 들어갔는데 75년도 한 달도 다니지 못해서 데모가 났어요. 뭐 전 해도 데모가 났다는 얘긴 들었지만 한 달도 안 다녔는데 뭐 교문에 스크럼 짜고 막 나가고 으쌰으쌰 그러고 경찰들 쫙 오고, 몰랐지요, 뭔지. 그래서 저는 신입생이니까 항상 앞에, 신입생들을, 데모 나면 신입생들을 그때는 앞에 세워서 데모를 하는데 모르니까 정문을 향해서 스크럼 짜고 나가다가 보니까 경찰들이 최루탄을 막 쏘는 거예요. 아차 싶더라구요 보니까. 뭐 최루탄 터지고 그러니까 사람들이 스크럼이 흩어지고 뒤로 도망가고 그러니까 저도 도망가야지요. 그래서 뒤에 연세대학교 뒤에 보면 청송대가 있는데 그리 막 도망가다가 보니까 최루탄을 한번 맞았는데 눈이 따가운 거예요. 그래서 상대 앞에서 이렇게 눈을 씻고 있는데 곤봉 하나가 어깨에 빡 하는데 보니까 뒤돌아보니까 경찰이에요. 안 되겠다 싶어서 냅다 뛰어서 도망갔지요. 그러고서 매년, 매년 그 일이 반복되는 거예요. 휴강하고 또 개학하면 데모하고 휴강하고 그렇게 3년을 보냈어요. 그러니

깐 3년을 그러고 나니까 아이 뭐 재미도 없고, 돈도 없고, 공부도 안 되고, 군대나 가야겠다. 그래서 제가 군대를 가게 됐어요. 근데 그게 78년에서 80년이니까. 그때 그 시절에 뭐 박정희(朴正熙) 대통령 시해 사건 나고 뭐 이렇게 막 시끄러운 판에 저는 군대라는 울타리 안에 있었으니까, 역사의 뭐 제가 어떤 흐름을 탈 수 있는 게 아니고 그냥 지켜보는 수밖에 없었지요. 그렇게 해서 저는 유신정권의 몰락 이런 것들은 밖에서 지켜볼 수밖에 없었습니다.

김택호 : 대략 선생님께서 어떤 생활을 하셨는지 말씀해주셨는데요. 선생님께서 건설현장에 투신하시게 된 것은 1980년대부터입니다. 사실 이 포럼은 박정희 시대를 재조명하는 게 목적인데 1980년대라면 그 시대하고 좀 차이가 있습니다. 그러나 1980년대 건설현장도 역시 1970년대 연장선상에 있는 것이기 때문에 그와 관련된 또 말씀도 좀 들을 수 있도록 하겠습니다. 선생님께서는 벽산건설에 입사를 하셨다가 그다음에 대우건설에 옮기셨다고 말씀하셨습니다. 선생님께서 나는 건설사에 들어가야겠다, 이렇게 판단하고 입사를 하신 건가요?

주동하 : 제 전공이 정치학이다 보니까 졸업할 때 신문사나 뭐 이런 글 쓰는 쪽으로 가려고 했지요. 근데 제가 군대에서 제대를 하고 4학년 복학을 막 했으니까 공부할 시간이 없었잖아요. 그래도 신문사 몇 개는 시험을 봤어요. 근데 결국은 안 되더라고. 공부한 사람하고 공부 안 한 사람하고 똑같으면 안 되니까 안 되더라구요. 그래서 먹고는 살아야겠고 취직을 하자, 그래서 택한 게 건설회사. 왜냐면 그때 당시에 건설회사 해외 나가면 돈을 많이 줬어요. 내 봉급이 한 20만 원이면 3배, 4배, 뭐 한 90만 원 100만 원은 받았으니까. 그래서 그거 한 2년 가서 벌어오면은 그걸로 집도 사고 좀 여유롭게 살겠다, 그래서 택한 게 건설회사지요. 그것도 다행히 건설에서 받아주니까 들어갔지 안 받아줬으면 못 들어갔겠지요.

김택호 : 해외에 나가시면 그렇게 급여도 많이 주고 그렇다면 해외로 나가려고 하는 의지를 가진 분들이 건설사 내에 많으셨겠네요.

주동하 : 그럼요. 그때 당시에 그러니까 돈 있는 사람들은 종합상사, 집안이 좀 여유로운 사람들 그런 사람들이 종합상사에 많이 갔지요. 그리고 돈이 없는 저희 같은 사람들은 건설회사에 다녔지만, 그리고 기능 공들도 있잖아요? 기능공들. 건설이 어떻게 보면 기능공들 인건비 가지고 중동에 갔는데, 그 사람들은 막 돈 싸들고 해외인력부, 각 회사에 건설회사에 해외인력부라는 게 있거든요. 그런 데 가서 보내달라고 돈 주고 이런 것도 많았지요.

김택호 : 그런데 외국으로 나가려면 그때 당시만 해도 출국이 자유로울 때가 아니지 않습니까? 그러면은 여러 가지 심사라든가 이런 것들도 하지 않습니까? 신상에 대한 심사라든가.

주동하 : 그런 거 많이 하지요. 그러니까 우리가 근로자들이라고 얘기하는 기능공들은 그런 게 굉장히 엄격하게 심해요. 그런데 건설사 정식 직원들이야 다 이미 퀄리파이(qualify) 되고 다 신원조회 끝나서 회사에 들어온 사람들이니까, 그 사람들에 대해선 그렇게 터치를 안 해요. 근데 현장에서 직접 근로자로 뛸 기능공들은 실제로 뭐 비자(visa) 불합격돼서 못나가는 사람도 많고 그거를 해결하려고 또 돈을 쓰는 사람도 많고 그런 형국이었지요.

김택호 : 그러면 기능직으로 나가시는 분들은 그러니까 요즘 말로 치면 뭔가 협력업체 직원들 이런 분들이신 건가요?

주동하 : 협력업체가 아니고 그 일을 위해서, 예를 들어서 각 건설사에서 뭐 어디 뭐 파이프를 용접을 한다든가 아니면 철근을 뭐 콘크리트에 철근을 박는다든가 이렇게 직종이 있어요, 그 사람들. 그 사람들만의 고유의 잘할 수 있는 게 뭐냐. 나는 뭐 시멘트를 잘 바른다든가 미장 같은 거 그런 직종이 있지요. 그런 사람 직종별로 뽑아가지고 그런

사람들이 필요한 현장으로 투입을 하는 거예요.

김택호 : 인제 그 말씀은 아마 좀 뒤에 또 플로어(floor)에서도 말씀이 있을지도 모르겠구요. 이제 무대를 준비한 곳으로 옮겨보도록 하겠습니다. 1981년부터 1984년까지 리비아에 즐리텐(Zliten) 시멘트공장 프로젝트(project)에 참여하셨습니다. 그 즐리텐은 트리폴리(Tripoli)로부터 한 150km 정도 떨어진 지중해 연안에 있는 항구도시이다, 이 정도가 저희들이 알 수 있는 정보입니다. 두 가지를 여쭤보고 싶은데요. 하나씩 좀 여쭤보겠습니다. 즐리텐 시멘트공장 프로젝트[1]는 구체적으로 어떤 사업이었고, 그 사업에서 선생님께서는 어떤 업무를 주로 하셨는지요?

주동하 : 즐리텐, 트리폴리, 이 지역의 배경 설명을 잠깐 하죠. 트리폴리, 튀니지(Tunisia), 즐리텐 이게 고대 시대에 카르타고(Carthago)가 한니발(Hannibal) 장수가 났던 카르타고가 번성했던 지역이에요. 그리고 카르타고가 망하면서 그다음에 거기 로마가 그 땅을 지배했던 지역이구요. 그래서 그 지역에 가면 로마 유적지들이 꽤 있어요. 원형경기장, 대중목욕탕, 이런 유적들이 그대로 있습니다. 아주 해변이 굉장히 아름답고 그래요. 근데 거기 즐리텐에 왜 시멘트공장을 짓게 됐느냐. 즐리텐에 가까운 데서 석회석광산이, 노천광산이, 노천광산이라는 건, 땅을, 동굴을 파는 게 아니고 그냥 바닥에서 긁어내는 걸 노천광산이라 그래요. 그런 광산이 발견됐으니까 리비아 중공업성에서 시멘트공장을 만들어야겠다는 생각이 생겼겠죠. 시멘트 원료가 석회석이거든요. 그

---

[1] 이 사업은 연 1백만 톤의 시멘트를 생산하는 프로젝트였다. 리비아 경제개발 제5차 5개년 계획에 포함된 사업으로, 리비아 중공업성이 발주자이고, 일본 가와사키 중공업(川崎重工業株式会社)의 산업플랜트부에서 원도급으로 수주한 것을 대우건설이 하도급으로 계약하여 시공한 공사였다. 대우건설은 리비아에서 토건 중심의 공사에서 탈피하여 처음으로 수주한 플랜트공사라는 데에 큰 의미를 부여하고 있다.(전낙근·김재준, 『프로젝트 중심 해외건설사』, 기문당, 2012, 144~145쪽.)

래서 리비아 중공업성이 일본(日本)의 가와사키 중공업(川崎重工業株式会社)하고 얘기를 해서 시멘트공장을 짓기로 하는 턴키(turn key)계약을 체결했어요. 그러니까 일본 애들이 거기 와서 이미 다 조사를 끝내고 엔지니어링(engineering)도 끝내고 기자재도 발주를 하고 그런 상태지요. 그러니까 일본 애들 입장에서는 공장을 짓는데 원가를 떨어뜨려야 되는데 자기네 나라 사람들을 데리고 가면은 원가가 엄청 비싸잖아요. 인건비가 비싸니까. 옆에 보니까 한국이 있는데 한국 사람들이 일도 잘하고 인건비가 싼 거야. 그래서 거기에 대우가 가와사키한테 프로포잘(proposal)을 낸 거지요. 같이 일 좀 합시다. 그러니까 가와사키 입장에서야 인건비 떨어뜨리는데 노(no) 할 이유가 없지요. 그래서 대우가 즐리텐 시멘트에 그래서 가게 됐습니다.

김택호 : 그러니까, 적절한 표현일지 모르겠지만 일종의 하청 형식이었다는 건가요?

주동하 : 그렇지요 하청. 그때 당시만 해도, 1980년도 초만 해도 우리나라가 해외에서 플랜트(plant)를 짓고 공장을 짓는 그런 실력이 없었지요. 1970년대 말에 100달러짜리 임금을 가지고 중동을 갔으니까 80년 초에 뭐 갑자기 기술이 된 게 아니잖아요. 그러니까 이런 거를 통해서 하청을 통해서 남의 기술을 배우는 거지요. 지금 현재 많이 배워서 물론 자체적으로 지을 수 있고 그렇지만 그때 당시에는 이런 게 힘든 거였지요.

김택호 : 궁금한 것이 말씀 중에, 리비아하고 우리가 국교를 수립한 게 아마 80년인가 81년, 이 언저리인 걸로 알고 있습니다.[2] 사실 리비

---

[2] 리비아는 한국과 1978년 5월 영사관계를 맺고 1980년 12월 29일 대사급 외교관계를 수립하였으며, 북한과는 1974년 1월부터 수교하여 대사관을 개설하였다. 우리나라와 1977년 의료협력협정, 1990년 문화협력 · 무역협정 · 경제기술협정에 가서명하였고 1999년 경제과학기술협정과 문화협정에 서명하였다.

아는 북한과의 관계가 더 가까웠던 국가잖습니까? 그러면은 1980년에 어떤 방식으로든 한국 업체가 리비아에 진출한다고 할 때 상당히 민감하게 정부에서 바라보지 않았을까 이런 추측이 드는데 그런 건 못 느끼셨나요?

주동하 : 국내에서는 그런 감을 가지고 바라보지요. 저도 즐리텐에 나갈 때 사실 제 친구가 해군 정보부에 있었는데 "야 너 가면 거기서 북한 애들 동향 좀 적어서 좀 보내라." 그래서 제 몇 번 보낸 적 있어요. 그래서 저는 가와사키랑 즐리텐 시멘트에서 일을 할 때 뭘 했느냐 하면, 그 현장에서 가와사키 애들이 저한테 코디네이터(coordinator)라 그랬어요. 공장을 짓는데 잘 돌아가기 위해서 뭐든지 다 하는 거예요. 영국 감리회사하고 커뮤니케이션(communication)도 하고 그다음에 가와사키하고 주로, 일본사람이지만 영문으로 공문을 주고받아요. 그러니까 영문으로 청구하고 뭐 하여튼 영어로 할 수 있는 일은 다 나한테 오는 거야. 뭐 클레임(claim)도 나한테 치라 그리고 그다음에 계약서 해석하는 것도 나한테 하라 그리고. 그러니까 그런 일들을 가와사키하고 많이 했지요. 그러면서 그 일하는 간간이 휴일 날 이런 때 뭐 트리폴리에 출장가거나 이럴 때 보면 북한 애들 현장을 보게 돼요. 현장을 지나가게 되지요. 그 현장에 보면 그 현장 안에 뭐 '김일성(金日成) 수령 만세 천리마운동 만세' 그리고 붉은 걸로 엄청 써놨어요. 내가 볼 땐 야 저거 웃긴다. 저거 뭘 한다고 저기다 저렇게 써놓나. 우리 현장에 그런 걸 써놓은 데를 보지를 못했거든요. 전두환(全斗煥) 대통령 만세 뭐 이런 거 써놓은 걸 보지를 못했지. 그러니까 북한 애들이 참 웃긴다고 생각이 든 거지요. 그리고 이미 해외에 거기 있으면서 보니까 서로 행동하는 거며 뭐 먹는 거며 이렇게 차이가, 가끔 보면 차이가 많아요. 이미 북한하고 우리하고는 경쟁이 안 되는 그런 상태로 된 거지요. 그리고 거기서 만약에 우리가 거기서 북한 애들하고 직접 부딪친다

면 리비아 당국이 가만히 안 있겠지요. 그러니까 서로 쳐다보기만 하고 백화점에 가서 만나면 그냥 인사나 할 정도고 그렇지요.

김택호 : 그때 동시수교였지요? 리비아에서도 남북한 동시수교.

주동하 : 그렇지요. 그리고 걔네들 건설현장은 정말 초라해요. 조그맣고. 우리는 크고 뭐 몇 억, 진짜 억 달러짜리 하는 큰 프로젝트였으니까. 억 달러짜리 프로젝트였는데 걔네들은 조그맣게 뭐 천 달러도 될까 말까, 조그만 현장을 가지고 있으니까 상대가 안 됐지요.

김택호 : 북한 쪽도 일종의 하청 형식으로 와있는 거였던 건가요?

주동하 : 북한, 글쎄요 어디 하청 받을 게 있었을까요? 근데, 하긴 뭐 조금 조그마한 일들이 많지요 뭐. 건설 일이라는 게 1억 달러짜리도 있고, 100만 달러짜리도 있고, 1,000만 달러짜리도 있고, 이런 거잖아요. 걔네들은 100만 달러짜리 일을 직접 수주를 할 수도 있는 거고 아마 걔네들한테 누가 하청을 주겠어요? 하청 줄 사람 없을 거 같은데. 리비아 정부에서 야 요거 조그만 공사 있는데 니네 와서 해라 뭐 이런 정도가 되지 않았을까요?

김택호 : 선생님 방금 전에 조금 언급을 해주셨는데 선생님께서 하셨던 일들이 상당히 다양했다고 말씀하셨는데 주로 어떤 일들이셨는지요? 초기에 가셨을 때부터 또 1년 2년 지나면서 바뀌었을 수도 있을 거 같고요. 혹은 또 일관됐을 것 같기도 한데.

주동하 : 프로젝트라는 게 항상 이 건설회사 사람들은 당장 프로젝트별로 쫓아다니니까. 그러니까 프로젝트라는 게 뭐 길어야 3년, 4년, 뭐 2년, 3년, 4년, 이렇게 되잖아요. 그러니까 요 프로젝트 끝나면 요 프로젝트 가고, 요 프로젝트 끝나면 요 프로젝트로 가고, 뭐 이런 거지요. 그런데 즐리텐 마치고 들어와서 결혼을 했어요, 85년도에. 그래가지고 회사에서 외국대학교 불어 연수 받으라 그래서 한 6개월 외국어대학교 출퇴근하다가 들어와서 미주파트에 앉았는데 그때.

김택호 : 말씀 중에 죄송합니다만 리비아 문제에 대해서 또 궁금한 게 있어서요. 그 즐리텐 시멘트공장 프로젝트에 한국인 인력이 한 몇 명 정도가 참여했었지요?

주동하 : 그때 천 명, 천 명 안 되나. 하여간 그때는 기능공이 지금처럼 뭐, 기능공이 다 커피 따르고 뭐 이런 거까지 한국 사람이 다 했으니까요.

김택호 : 천 명 정도면 상당한 규모인데요.

주동하 : 상당히 많지요 현장이.

김택호 : 이분들은 어디서 주거하시지요?

주동하 : 현장에 숙소를 만들어요, 현장에. 간이 프레임(frame)으로. 컨테이너(container)나 프레임으로 해서.

김택호 : 그럼 음식 같은 건 또 어떻게.

주동하 : 식당 현장에 많이 있지요.

김택호 : 그럼 한국에서 요리하시는 분들이나 식재료들이 공급되는 건가요?

주동하 : 그렇지요. 그때 당시에 사람이 많으니까. 지금은 그거 안 되지만 사람이 많으니까 그거 가능하지요.

김택호 : 그러면 공사현장에서뿐만 아니라 생활에서의 어떤 룰(rule)이랄까 이런 것들을 정립시키고 이런 것들도 굉장히 중요한 일이었겠네요.

주동하 : 현장이 기능공하고 정식 직원하고는 엄격하게 구분이 돼야지요. 그렇지 않으면 룰이 깨지니까. 기능공 숙소 따로 있고 직원들 숙소 따로 있고. 기능공들 숙소에서는 가끔 다툼도 일어나요. 그러니까 돈을 위해서 온 거기 때문에 군대 같으면 의무적으로 연수를 채워야되지만 여기는 돈을 위해서 온 거기 때문에 사고 치면 가야 되니까 스스로 안 하는 거지요 뭐. 스스로. 사고 치면 돈 못 버니까. 스스로 안

하게 되는 거고. 그게 자율적으로 규제가 되는 거지요.

김택호 : 해외 건설현장에서의 노무관리가 가지고 있는 특수성이라 든가 이런 것들이 분명히 있을 텐데 그런 부분에서 발생하는 걸까요? 어떤, 집단적으로 이렇게 거주도 하고 이런 차원에서.

주동하 : 그렇지요. 집단으로 거주하니까 집단행동이 발생할 수가 있 겠지요. 그런 사태들이 전에 뭐 이명박(李明博) 대통령도 그런 사태가, 주베일(Al-Jubayl) 있을 때 사태가 있어갖고, 저 있을 때 몇 번 그런 사 태가 있었어요. 그건 집단적으로 행동하니까. 뭐 예를 들어서 부식이 나쁘다든가 뭐 봉급을 적게 준다 그러면 집단행동을 하겠지요. 그런 일 들이 벌어지고. 그러니까 그런 거를 이 기능공들이 나오니까 건설관들 이 나와 있는 거예요. 기능공들이. 그런 일이 벌어지니까 대사관의 건 설관들이 파견돼서 그런 걸 감독하고 그러는 거지요. 지금처럼 기능공 이 안 나가면, 하여튼 기능공이라는 말을 쓰면은 좀 이게 또 무슨 뭐 차별을 한다 그러니까 근로자라고 쓰는데, 지금처럼 이렇게 안 나가면 은 그런 일이 벌어질 이유가 없는 거지요. 그때는 1970년대, 1980년대 초까지만 해도 기능공 그 저임금을 가지고 결국은 중동에 간 거니까. 임금이 싸니까 간 거지. 그거 외에 한국이 갈 수 있는 방법이 없었지 요.

김택호 : 즐리텐 현장에서도 그런 조그마한 분규라든가 대규모 분규 라든가 이런 것들이 좀 있었습니까?

주동하 : 그런 거 있지요. 그런 거는 관리하시는 분들이 그런 거 있 으면 빨리 빨리 싹을 잘라줘야지 그러니까 그냥 강제 귀국을 시키는 거지요. 그렇지 않으면 그게 커져가지고 막 폭동이 일어나고 그러니까 관리부장들이 잘해야지. 그런 거를 빨리 빨리 싹을 잘라줘서 정리를 잘 해줘야죠.

김택호 : 리비아 현지 치안당국하고의 협조나 이런 것들도 이루어지

나요? 아니면 거긴 그냥 리비아 현지 치안당국은 그냥 내버려두는 편인가요?

주동하 : 한국 사람들이 와있으니까 그건 리비아 치안하고는 관계가 없고, 예를 들어서 현장 밖으로 나간다, 그러면 문제가 발생하겠지만 현장 내에서 하는 것들이야 다 한국 사람들이 알아서 해야 되는 일이지 그게 리비아 관에서 할 일은 전혀 아니지요. 리비아하고는 전혀 관계없는 얘기지요 그건.

김택호 : 아까 잠깐 선생님 말씀 중에 제가 결례가 되게도 말씀을 끊었었는데요. 인제 오셔서 결혼하시고 외국어대 다니면서 이야기를 하시다가 멈추셨는데 그 무렵의 말씀 좀 이어서 해주십시오.

주동하 : 그래서 제가 갔다가 왔더니 이제 미주파트라는 데 앉게 됐어요. 그런데 87년도 그때만 해도 미국 건설시장에 간다 그러는데 아까 조금 전에 얘기했듯이 그런 저가의 임금을 가지고 중동에 갔던 사람들이 무슨 미국에 가서 무슨 프로젝트를 해. 기술도 하나도 없고 그런데. 그래서 거기서 앉아서 그냥 하는 일이 만날 책보는 거지요. 프로젝트 파이넨싱(project financing). 지금 요새 한국에서 말썽이 되는 프로젝트 파이넨싱 기법이라든가, 이런 프로젝트 메니지먼트 시스템(project management system) 이런 것들을 앉아서 하루 종일 책만 보는 거였어요. 근데 어느 날 내가 뒤에 이사분이 새로 오셨는데, 전경환(全敬煥) 씨 아시는지 모르겠어요. 전경환 씨를 잘 아시는, 전두환이 형님.

김택호 : 동생분이지요.

주동하 : 전경환 씨 잘 아시는 분이 이사로 왔어요. 어떻게 하다 보니까 미국의 프로젝트가 하나 걸린 거예요. 그게 인제 프로젝트 파이넨싱 기법을 사용하는 거야, 나중에 지나놓고 보니까. 미국 콜로라도(Colorado)에다가 감옥을 지어서, 인제 자기 돈 내고 감옥을 짓는 거예요. 근데 그 감옥을 짓는 방법이 프로젝트 파이넨싱을 하는 기법이지요. 감옥을

지어서 그걸 연방정부에 리스(lease)를 해줘서 돈을 받아내는 그런 프로젝트였거든. 그래서 그걸 감옥을 짓기 위해서 호텔 뭐 시행사할 분들해서 모여서 회의를 했는데 결국 시행사를 미국에 만들고 그다음에 감옥 지을 땅을 샀어요, 대우에서. 그래서 프로젝트 파이낸싱을 하려고 시행사에서 여러 가지 추이를 했는데 결정적인 게 리스, 연방정부하고의 리스, 어그리먼트(agreement)가 있어야지 인제 PF(Project Financing)가 될 거 아니에요. 근데 이게 연방정부하고 리스 계약이 안 되니까 그래서 중단이 된 거지요. 대우 입장에서 보면 속은 거지요. 파트너(partner)가 이렇게, 이렇게 하면 이렇게 하면 다 될 줄 알았는데 그게 안 된 거야. 그러니까 땅만 사놓고, 땅만 사놓고 끝난 그런 프로젝트가 있지요.

김택호 : 결과적으로 실패한 프로젝트가 돼버린 건가요?

주동하 : 그렇지요. 나중에 또 그 땅에 뭐 다른 사업을 벌였다고, 저는 인제 딴 데로 갔는데 다른 뭐 주택사업을 벌였다고 뭐 이런 얘기도 들리고 그랬어요. 그게 뭐 실패라기보다는.

김택호 : 선생님께서 참여하신 프로젝트들이 상당히 많습니다. 하나하나씩 제가 여쭤보겠습니다. 콜로라도(Colorado) 프리즌(prison) 프로젝트인데.

주동하 : 지금 한 게.

김택호 : 예. 방금 전에 해주셨던 게요. 그게 90년대 초에는 우즈베키스탄 자동차 공장 건설하는 또 프로젝트에 참여를 하셨습니다. 이건 어떤 내용이었습니까?

주동하 : 대우의 창원에 있는 창원의 자동차 공장에서 티코, 다마스 이런 거 생산하는데, 그때가 대우가 세계적인 회사로 급성장을 해가지고 자동차 공장을 전 세계에 만들 때야. 창원에 있는 대우자동차 공장을 우즈벡 안디잔(Andijan)이라는 데로 옮겨서 자동차를 생산해서 팔계획이었어요. 그게 왜냐면 그때 소련연방이 해체가 됐잖아요. 그래서

뭐 우즈벡도 생기고 뭐 중앙아시아 여러 국가가 생겼으니까 그 동네가 아직 소련차가 다닐 때니까. 대우자동차를 거기 옮겨서 생산을 하면은 성공을 하겠다, 그래서 생산라인을 안디잔으로 옮겼어요. 옮겨가지고 생산을 하고 좀 여기저기 마케팅(marketing)을 하다가 또 회사가 그거 참, 이렇게 되고 그런 프로젝트지요. 공장 옮기는 건 정공에서 자동차는 제대로 생산을 했습니다.

김택호 : 지금 현재 그 공장은 어떻게 되어있지요?

주동하 : 아직 생산하고 있겠지요. 그러니까 생산을 하더라도 거기 마케팅을 어떻게 하느냐 어떻게 투자를 해서 어떻게 뻗어나가느냐가 문제지 그게 지금 공장이 완성돼서 예를 들어서 대우의 김우중(金宇中) 씨가 계속 거기 관여를 했다 그러면 무진장 커졌겠지요. 그 사람 거기 손 떼고 그 현지 사람들이 그걸 관리하고 그러면 장사도 안 되고 그러니까 조그마해지겠지. 자꾸 줄어들겠지요, 굉장히 노후화되고. 새로 신규 투자가 없으면 또 줄어들고 뭐 이렇게 되겠지요. 그러니까 어떤 사람이 그 공장을 운영하느냐가 참 중요한 거겠지요.

김택호 : 또 2007년부터 사우디아라비아 정유공장 프로젝트에도 또 참여를 하셨습니다.

주동하 : 예. 그건 조그만 회사에 어떤 단종회사에 법인 양해로 거길 나갔었거든요. 근데 사우디 주베일이 어디 있냐면 담맘(Dammam), 알 코바(Al Khobar) 그 동부 쪽에 있거든요. 옛날에 이명박 대통령이 거기 있던 데인데.

김택호 : 예전에 노동자들 분규가 일어났다고 했던 데.

주동하 : 예. 그렇지요. 그 동네. 이명박 대통령 뭐 노동자 분규가 일어나고 했던. 거기에 사우디에서 엄청나게 큰 정유프로젝트를 기획을 해요. 왜냐 하면은 정유를 파서 그대로 수출하다 보니까 이게 부가 가치가 없는 거야. 그러니까 얘네들이, 이제 얘네들도 눈을 뜬 거지요.

아 석유를 파서 1, 2차 정제를 해서 석유 가지고 또 만드는 제품들이 많잖아요. 플라스틱 가지고. 이런 것도 만들어서 그렇게 팔자 이렇게 계획을 한 거예요. 그래서 사우디 동부 쪽에 지금 정유공장이 1단계, 2단계, 3단계, 계속 나가고 있습니다. 그런데 1단계 할 때 제가 갔는데 단지가 어마어마하게 커요. 거기 뭐 한국의 삼성도 나오고 GS, 대림, 뭐 미국의 KBR, 영국의, 거기도 유명한 업체인데 그렇게 쭉 나와 있었어요. 그런데 그 단지에다가 뭐를 이렇게 설치를 하고 뭐 건물을 지으려 그러면 토목공사, 말뚝을 박아요. 우리 아파트 지을 때도 말뚝 박지요. 파일(pile)로 기초. 그거를 제가 있던 단종회사에서 그걸 했는데 단지가 어마어마하게 크다 보니까 한 3만 개를 갖다 박았어요. 때려 박았어요. 3~4만 개를. 그리고 또 2단계가 또 있어요. 옆에 또 해. 또 파일만, 콘크리트 파일만 전봇대 같은 거 있지요. 그것만 3만 개를 박았으니까. 엄청 큰 단지지요.

김택호 : 그러니까 그런 부분에 참여를 하셨던 거군요. 프로젝트 한 개를 좀 더 여쭤보고 다음 얘기로 넘어가겠습니다. 2009년에 또 몽골에서 시멘트공장 프로젝트 참여하셨습니다. 이것도 리비아에서 때와 비슷한 프로젝트였던가요?

주동하 : 아니, 이건 제가 그렇게까지는 한 건 아니고 공장을 지으려면 우선 공장을 지었을 때 이 공장이 제대로 가동되고 잘 운영이 될 거냐 이런 타당성 검토가 있어야 프로젝트를 진행을 하지요. 그러니까 이 공장을 지었을 때 기술적으로 짓는데 문제가 없고 다 짓고 나면은 이게 물건 팔아서 돈이 남는 거냐, 이런 거를 우선 타당성 검토를 하거든요. 그러니까 테크니컬(technical)하게 원가 분석을 하고 그다음에 테크니컬한 검토를 하고, 그다음에 마케팅을 어떻게 할 거냐를 검토를 하고, 그다음에 그거에 따른 캐시플로(cash flow)가 파이넨셜 어널리시스(financial analysis)가 어떻게 될 거냐를 검토를 하거든요. 그런걸, 몽골

에다가 시멘트공장을 결국 했는데 나는 FS(feasibility study, 타당성조
사)만 해주고 빠졌는데 몽골에서 그걸 해달라고 요청이 왔어요. 그러니
까 아시는 분이 네가 지금 와서 재무 분석하고 마케팅에 관한 거만 좀
만들어줘라, 그래서 만들어줬지. 제가 책을 가지고 왔는데, 그런 리포
트(report)를 만들면은 이런 책이 하나 나와요. FS에 관한 책이 쭉 이렇
게 해서 FS에 관한 책이 나와서 이거에 따라서 OK 하면은 시작을 하는
거지요. 프로젝트를.

김택호 : 몽골에서 사업은 발주처가 어디였죠? 정부였나요?

주동하 : 몽골에 발주처가, 걔네들이 금광을 갖고 있었어요, 금광. 몽
골이 금이 많이 나요. 그러니까 걔네들이 금광을 갖고 있기 때문에 돈
에 대해서는 그렇게 걱정을 안 하는데 돈, 그래도 돈이 있는데도 자기
정부 돈을 쓰려 그런다고. 자기 정부에서 돈을 쓰려고 저런 거를 만들
고 뭐 해서 제출을 하더라고요.

김택호 : 굉장히 빠르게 프로젝트 수행하셨던 경험에 대해서 말씀해
주셨는데 저는 해외 건설현장에서 일하신다고 하면 거기에 구체적인
일들도 있겠지만 고국을 두고 멀리 떠나와 있다는 점이 강하게 인상에
남거든요. 그래서 해외 건설현장에서 종사하시는 분들의 감성적인 상
황이라든가 혹은 함께 가족 단위가 아니라, 직장 동료들이 생활공동체
가 돼서 살아가는 건데 그 과정에서 특수성 같은 것들이 좀 있을 거
같습니다. 어떤 게 있을까요? 그러니까 대규모 현장이면 음식 같은 것
도 좀 편할 거 같긴 한데 그렇지 않을 경우에는 음식이라든가 현지 문
화와의 충돌 이런 것도 있을 거 같은데요.

주동하 : 보통 건설현장들이 지금은 기능공들이 안 나가니까 그렇지
만, 그때 당시만 해도 건설현장에 거의 기능공이 뭐 100명 이렇게 뭐
많이들 나갔으니까요. 근데 건설 현장이라는 게 저는 그렇게 생각해요.
돈 받고 군대 생활하는 거랑 똑같은 거지요. 돈 받고. 저도 1978년도에

군대 갔지만, 리비아 또 2년 가니까 그것도 군대 생활이에요. 왜냐하면 군대라는 거는 목적이 있어서 어떤 시간을 정해놓고 가는 거겠지만, 이것도 리비아 현장도 같이 생활하고 똑같은 사람 매일 보고 똑같이 잠자고 현장 울타리에서 거의 벗어날 수 없는 그런 상황이었거든요. 그런데 우리가 군대에서 만약에 탈영을 했을 때 잡아가지 않는다면, 어떤 형법이 없다, 그러면은 탈영 다 할 거라고. 여기도 현장도 내가 현장에서 떠나서, 떠나도 돈을 준다 그러면 다 가버릴 거예요. 그런데 현장을 나가면 월급이 없으니까 현장을 못 떠나고 있는 것뿐이지요. 그러니까 해외에서 그러니까 현장생활을 한다는 게 군대 생활을 한 번 더 하는 거예요. 돈 받고. 근데 다행인 거는 그러면서 그렇게 돈 받으면서도 개인적으로는 좀 많은 거를 느꼈지요. 왜냐면 오지에 대한 생활도 쓸 수 있고 내가 글로써 표현할 수 있고 이슬람(Islam)이라는 것도 표현할 수 있고 남들이 겪지 않은 것들을 돈을 받고 겪었기 때문에 어떻게 보면 내 입장에서는, 딴 사람은 어떻게 생각할는지 모르지만 내 입장에서는 참 돈도 벌고 감성도 좀 생기고 참 잘 한 거다 이런 생각이 들더라구요.

김택호 : 선생님 군대에 비유해주셨는데 그럼 거기서도 그 조직에서의 어떤 위계질서라든가 이런 것들이 상당히 강조되고 있나요?

주동하 : 그거는 군대처럼 그렇게 뭐 고참이 있고, 그런 게 아니고 거기도 분명히 보이지 않는 위계질서는 있지요. PM(Project Management), 부장, 과장, 뭐 이런 거 다 있지요. 그 조직에서의 위계질서는 뭐가 지켜주느냐면 인사고과지요, 인사고과. 군대에서야 병들이 자동으로 진급하고 그러잖아요. 거기는 위계질서라는 게 인사고과고, 인사고과라는 게 결국은 돈이고, 돈이 위계질서를 지켜주는 거지요. 질서는 있지요. 군대처럼 엄격하지는 않지만.

김택호 : 건설 현장 경험도 많으시지만 또 작가이시기도 하고 시인이

시기도 한 선생님을 모신 이유 중에 하나는 외국에서, 해외 건설현장에서 일을 하시면서 느끼셨던 여러 가지 감성이랄까 느낌 같은 것들을 함께 여쭤보려고 하는 의도가 사실은 컸습니다. 그래서 이제부터는 그런 부분과 관련된 내용들을 좀 여쭙도록 그렇게 하겠습니다. 먼저 아까도 다 들으셨지만 미국 콜로라도 프로젝트를 제외하고는 대체로 무슬림(muslim)들이 거주하는 이슬람 지역에서 일을 많이 하셨습니다. 저희들은 한 데 묶어서 중동이라고 표현하긴 하지만, 리비아는 북아프리카(North Africa) 지역이구요 또 대표적인 반서방주의적인 노선을 걷던 국가이고, 사우디아라비아는 또 아주 친서방적인, 친미적인 국가이지 않습니까? 그래서 중동 지역 현장에 계실 때 우리가 한 데 묶어서 중동이라고 표현은 하나 각 국가나 지역별로 여러 가지 차이점들도 느끼셨을 테고, 또 그 안에서도 역시 이슬람 사회라고 하는 보편성도 또 느끼셨을 거 같고, 또 현지인들하고 또 접촉도 많이 있으셨을 것 아닙니까? 당시에 중동 지역에 대해서 느끼셨던 느낌, 지역별로도 그렇고 보편적으로도 그렇고, 그런 내용에 대해서 어떤 느낌을 가지셨는지 경험을 좀 말씀해주시면 고맙겠습니다.

주동하 : 중동은 이슬람을 빼놓고는 얘기를 할 수가 없지요. 이슬람이라는 자체가 하루에 메카(Mecca)를 보고 다섯 번을 예배를 봐요. 점심시간에도 예배를 보기 때문에 식당에 갔다가 점심시간에 예배시간에 걸리면 예배가 끝날 때까지 식당 앞에서 기다려야 돼요. 그뿐만이 아니고 1년 중에 또 라마단(Ramadan)이라는 게 있어가지고 한 달을 금식을 해야 되는 때도 있고, 이슬람은 돼지고기도 못 먹고, 술도 못 먹고, 여자들은 우리나라 조선시대 때처럼 이렇게 다 뒤집어쓰고 아바야(Abaya)[3]라는 걸 뒤집어쓰고 외출을 해야 되고. 한국 사람이 그런 이

---

3) 히잡(hijab)의 가장 전통적인 종류의 복장이다. 대개 검은색이며, 어깨나 머리로부터 낙낙하게 주름 잡히는 커다란 사각형 형태이거나, 소매가 긴 기다란 카프탄

슬람을 이해를 못한다면 중동에서 생활하는 게 굉장히 어렵지요. 근데 현장은 동떨어져있기 때문에 사실 그런 영향을 안 받아요. 이슬람의 영향은 잘 안 받습니다. 하지만 밖에 나가면 백화점에 가거나, 아니면 시장에 가거나 그러면, 휴일 날, 평소 일할 때는 그런 것들을 영향을 안 받지만, 그런 휴일 날이나 이런 때 잠깐잠깐 외출할 때는 그런 이슬람들의 이질 문명을 많이 접하게 됩니다. 리비아의 문화와 사우디의 문화가 뭐가 차이가 나느냐. 이슬람은 똑같은데 하나는 사회주의를 채택하고 하나는 친서방을 채택하고 있다는 차이지요. 그러니까 리비아는 사람들이 제가 보기에는 좀 호전적으로 보였어요. 호전적으로. 카다피(Muammar Gaddafi)를 생각하면은 좀 호전적인 그 한니발(Hannibal)처럼 생각이 들고, 사람들이 보면 사회주의 사회에 있어서 그런지 좀 터프(tough)하다 그러나 좀 그런 느낌을 받았습니다. 리비아는 석유가 나는데, 돈이 많은데, 석유가 나서 돈이 많은데도 백화점 같은 데 가면은 물건이 없어요. 물건 들어오는 날이 따로 있는 거야. 항상 물건이 전시돼있고 그런 게 아니고. 어느 날 물건 들어옵니다, 그러면 그날 가야지 줄서서 인제 물건을 사고 그래요. 돈이 그렇게 많은 나라인데도. 사우디는 좀 분위기가 다르지요. 항상 백화점이나 이런 데 가면 풍요롭게 뭐가 다 진열돼있고 항상 즐길게 풍부하고 그렇지요.

김택호 : 리비아에 소비재 물건이 사우디에 비해서 부족하다는 것은 이른바 뭐 경제 봉쇄 정책이라든가 이런 것들하고 관련이 있는 걸까요?

주동하 : 그런 거보다는 아마도 내가 보기에는 사회주의 경제는 통제, 계획경제 아니에요? 그러니까 이렇게 계획해서 뭐 백화점에 어느 날 물건, 물건 뭘 주고 배급하는 식으로 이런 식의, 이게 자유경제가

형태이다. 얼굴·발·손을 제외한 온몸을 가리며, 눈 외에 얼굴을 모두 가리는 베일인 니캅(niqab)과 함께 입기도 하며, 일부 여성들은 손이 덮이도록 기다란 검은색 장갑도 낀다.

아니니까 국가에서 통제를 하니까 어느 날 물건 백화점에 들어올게 이게 아니잖아요. 보면 자유경제인 사우디 같은 데는 항상 물건을 비치해 놓고 사가는 대로 사가게 하는데, 이 사람들은 그거를 자기들이 계획 하에 나눠주는 거나 똑같은 거지요. 그래서 그런 느낌이 나요.

김택호 : 그러면은 리비아와 사우디를 보시면서 보통 우리가 생각할 수 있는 계획 경제체제와 자본주의 경제체제의 차이 이런 걸 느끼셨다는 말씀이신 거죠?

주동하 : 그렇지요. 똑같이 석유 팔아서 돈이 있는데 한쪽은 풍부하고 한쪽은 좀 빈곤해보이잖아요. 이게 왜 그럴까요? 내가 보기엔 누가 독재자가 독재를 해서 자기 마음대로 통제를 하니까 사회가 그렇게 빈곤해 보이는 거고, 여기는 서방주의라 그냥 니네들 해라, 자유롭게 해라 그러니까 그게 물건이 시장에 돌아다니는 거고. 그 체제의 차이인 거 같아요.

김택호 : 요전에 답변서 먼저 보내주신 거에도 그런 내용이 조금 언급되어 있는데 리비아는 이탈리아하고 좀 특별한 관계를 맺고 있는 나라잖아요?

주동하 : 그렇지요. 바다 건너가 이태리니까.

김택호 : 네. 또 뭐 역사적으로도 리비아가 이탈리아의 식민지이기도 했었고. 그럼 이탈리아(Italia) 물건들이 많이 리비아에 수출이 되는 편인가요?

주동하 : 그렇지요. 대부분이, 백화점에 가면 거의 이태리 물건들이 많이 깔려있지요. 가죽장갑, 가죽점퍼, 부츠(boots), 다 이태리제. 이태리제가 많아요, 리비아는.

김택호 : 리비아의 시멘트공장 얘기를 다시 거슬러 올라가서 죄송하기는 합니다만 아까 여쭤봤어야 되는데, 그 시멘트공장 건설에서 리비아는 거기서 나오는 시멘트 생산물을 내수용으로 다 활용하고 했던 건

가요?

주동하 : 그렇지요. 그래서 걔네들은 원유만 팔아도 먹고사는 거니까. 시멘트 수출하고, 이런 거는 다른 데 수출하는 거는 신경 안 써요, 걔네들은. 원유만 팔아도 먹고사는데. 그러니까 그 시멘트공장을 지어서 도로도 만들고, 건물도 짓고 이런, 자기네 나라에. 내수하는 데, 자기네 내수에도 시멘트가 모자라니까, 시멘트 수입해서 쓰니까. 그렇게 되니까 시멘트공장 만드는 거지요.

김택호 : 1980년대에는 1970년대 한창 중동 건설 붐이 일던 때하고는 조금 차이가 시기적으로 있지 않습니까? 선생님께서는 주로 1980년대에 일을 하셨는데 그래도 1970년대 현장 경험을 하셨던 분들, 이런 분들하고 정보교류나 이런 게 많이 있으셨을 것 같은데, 그러면 1970년대와 1980년대 현장의 분위기나 환경 같은 게 다르다거나 혹은 유사하다든가 이런 이야기는 많이 안 들으셨습니까?

주동하 : 1970년대, 1980년 초는 1970년대에 이어지는 얘기지요. 그러니까 중동 건설현장을 굳이 구분한다면 기능공이 나갔느냐 안 나갔느냐 이걸로 구분해야지 연도의 의미는 없어요, 사실. 1970년도에 100달러짜리, 우리나라 임금이 뭐 10만 원 20만 원할 때 사람들 데리고 나갔잖아요. 1980년대 초에도 20만 원, 1,000달러 미만인 사람들이 다 중동에 나가는 거예요. 경쟁력이 있으니까 인건비에 대해서. 그런데 인건비가 오르면 그 사람들을 데리고 나갈 수가 없지요. 그러니까 중동시장을 굳이 획을 긋는다면 우리나라 봉급체계가 어떻게 됐느냐. 1,000달러가 언제 넘었느냐가 기능공을 데리고 나갈 수 있느냐 없느냐의 차이지요. 그러니까 기능공이 나가면, 그러니까 1980년대 초도 1970년대하고 똑같은 패턴(pattern)으로 간 거예요, 이 중동 건설현장이라는 게. 그런데 1980년대 말에 가면은 갑자기 올림픽 되고, 아파트 값 뛰고 인건비 뛰니까 인제 그다음부터는 한국 기능이 못 가는 거지요. 아마

인건비가 안 올라갔으면 지금도 한국 기능공이 중동에 가서 일을 하겠지요. 근데 지금은 한국에 가만있어도 뭐 1,000달러, 2,000달러 이렇게 되니까 못 데리고 가는 거지요. 지금 중동에서 일하는 사람들은 다 1,000달러 언더(under), 밑에서 일하는 사람들이 다 현장에서 일을 해요. 그렇게 획을 그으려면 중동시장에 중동 건설인력에 획을 그으려면 임금을 가지고 따져야지 연도 가지고 따지면 그건 획이 안 되지요.

김택호 : 정부 정책이나 이런 문제도 사실은 굉장히 부분적인 요소일 수밖에 없다는 말씀이시군요.

주동하 : 그렇지요.

김택호 : 그러면 2000년대하고는 많이 차이가 나겠군요. 선생님 2000년도에도 또 나가셨잖아요?

주동하 : 예.

김택호 : 그러면은 한국에 건설, 선생님께서 기능공이라고 표현을 한 그분들이 중동 지역에 나가지 않게 되면서 빈자리가 생긴 건데 그 빈자리를 채운 건 누구입니까?

주동하 : 그 빈자리를 차지하는 사람이, 우리보다 인건비가 싸야겠지요. 그 사람이 누구냐면 인도(India), 파키스탄(Pakistan), 방글라데시(Bangladesh), 네팔(Nepal) 이런 사람들이 다 우리보다 임금이 싸요. 1,000달러 언더에요. 1,000달러 밑에. 100만 원을 못 받는 거지. 뭐 200달러짜리 300달러짜리 뭐 500달러짜리 뭐 좀, 그 사람들 사회에서도 또 그 사람들 직종에서도 봉급이 이렇게 갈라지겠지만 다 보면 1,000달러 미만이지요. 그러니까 우리는 이미 1,000달러 넘었기 땜에 거기 못 가는 거지요. 그 사람들이 다 중동을 차지하고 있어요. 네팔, 최근에 또 네팔이 워낙 인건비가 싸니까 네팔 사람들이 많이 오는데 인도 애들은 영어를 잘하니까 사무실 보조 인력으로 많이 써요. 800달러, 700달러 이렇게 주고. 그다음에 뭐 파키스탄, 방글라데시 이런 애

들 다 데려다가 현장에서 그 뜨거운데 일을 하지요.

김택호 : 선생님 제가 우리 포럼을 준비하면서 중동 건설과 관련된 연구들을 보면서, 물론 저는 전문가가 아니지만, 최근에 중동 진출의 가능성들을 모색하는 보고서들이라든가 관련된 논문들이 상당히 많이 나오고 있는 걸 확인을 했거든요. 그러면은 지금 현재 추진하고 있는 중동 건설이라든가 이런 것들은 어떤 차원인가요? 그때 선생님 말씀하신 1970년대, 1980년대 역시 저렴한 인건비를 바탕으로 거기서 일종의 사업성이 있었다면 지금은 어떤 사업성을 보고 그런 것들을 추진하는 걸까요?

주동하 : 그 70~80년대 거치면서 우리가 그래도 조금 노하우(knowhow)를 중동에서 쌓으니까 1980년대 말쯤 가면 자체적으로 기술력을 갖는 거예요. 옛날에는 토목건축, 그러면 도로 닦는 일 같은, 아주 저급한 토목건축이었는데 1980년대 말로 가면서 그래도 고급적인 거, 댐을 만든다든가하는, 고급의 토목건축을, 빌딩도 옛날엔 10층짜리 지었다면, 50층짜리 빌딩 짓고. 쌍용에서 싱가포르(Singapore)에 짓고 있는 식으로 토목건축이라도 좀 고부가가치 있는 거를 좀 짓게 됐지요. 그러면서 그때 인제 그런 시대에는 이미 기능공이 못 나가고 엔지니어(engeneer)들이 나가서 전문 건설인들이 나가서 그걸 플래닝(planning)하고, 컨트롤(control)해서 현지인들과 일을 하는 거지요. 근데 요즘에는, 요즘 2000년도가 넘어가면 그런 거 가지고, 단순 토목건축 가지고는 인제 안 되지요. 중동에 워낙 플랜트들을 많이 발주를 하기 때문에, 그런 데 가려면 고도의 엔지니어링, EPC(Engineering, Procurement & Construction)라고도 얘기도 하고 뭐 이러는데, 엔지니어링이 없으면 그 사회에 갈 수가 없어요. 그러니까 이미 중동시장은 현장에서 일하는 이들은 인도 이런 애들이 다 차지했고, 그다음에 우리는 그렇게 고도의 기술력이 있는 게 아니니까 한때 어려웠지요. 근데 지금은 그래도 많이 따라잡은

겁니다. 그러니까 뭐 미국의 KBR이라든가 세계적으로 내로라하는 엔지니어링 회사하고 수주 경쟁을 해서 따내니까. 근데 그런 사람들이랑 같이 하려면 그런 사람들의 수준이 돼야지요. 수준이 돼야지. 아주 옛날에는 아주 로우(low)하게 갔다면 인제는 하이엔드(high end)로 가야지 건설시장도. 아주 고급 인력만 나가서 현지인들 데리고 그렇게 해야지 되는 거지요. 지금 시장이 그렇게 변했어요. 그러니까 앞으로는 건설하는데, 근로자 얘기를 꺼내면 이건 안 되는 거야. 기능공 얘기 꺼내면, 인건비 얘기 꺼내면 안 되는 거야. 그런 거는, 그런 시대는 이미 다 가버렸어요. 그러니까 건설시장 연구한다면 인건비 연구하고 이런 거는 이미 지나간 얘기지요. 지나간 얘기.

김택호 : 그러면 처음에 대우건설 즐리텐 프로젝트처럼 일본 기업이 이걸 원청기업이고 대우가 일종의 하청기업처럼 갔는데 그런 방식으로 우리도 지금 진출하고 있기도 합니까?

주동하 : 그럼요. 당연하지요.

김택호 : 1980년대부터 그런 모습이 보였는지요?

주동하 : 그렇지요. 우리가 공사를 따면 그 서브콘트롤(subcontrol)을 인제 현지 업체나 로우코스트(low cost)의 국가에 발주를 주지요. 그 사람들이 와서 하고 부분적으로 나눠서 해주지요.

김택호 : 제가 또 선생님께 여쭤보려고 했던 것이 건설현장에서 현지 노동자들을 많이 고용하는지를 여쭈려고 했었는데, 그런 경우는 그럼 별로 없었겠군요. 리비아 건설현장에 리비아인들이 참여한다든가, 그러니까 관리직이 아닌 노무직으로.

주동하 : 리비아인들은 돈을 버는 나라에서, 국가에서 돈 주는 나라에서 근로 노동은 절대로 안 하지요. 그러니까 주인으로서 집을 지킨다거나 사무실을 지킨다거나 뭐 이런 경계라 그러나 어떤 그, 주인으로서의 역할을 하려 그러지 걔네들이 차 타서 차 날라다 주고 뭐 땅 파고

이러는 것들은 절대로 안 하지요.

　김택호 : 사우디도 비슷했겠고요.

　주동하 : 사우디도 마찬가지지요. 자기네 나라에서 하다못해 문지기는 하지요. 지네 집이니까. 현장의 문지기는 하지만 뭐 사무실에 차 날라줘라 이런 것들은 지네들 안 하지요.

　김택호 : 우즈베키스탄이나 몽골은 상황이 다르지 않았나요? 그러니까 몽골 같은 경우에도 최근이라 모르겠는데 과거 사회주의국가였으니까 상대적으로 교육수준이 높은 노동력이 풍부했을 거 같은데 그쪽 지역은.

　주동하 : 예. 우즈벡 얘기를 하지요. 우즈벡은 일단 이슬람이 없으니까, 이슬람 종교가 그렇게 종교적으로 그렇게 이슬람의 교리에 빡빡하지 않으니까 생활하기가 편하지요. 거기는 고려인들도 많아요, 한국 사람들도. 고려인들. 연해주(沿海州)에서 그쪽으로 이주해간 사람들 많아요. 그 집에 몇 번 초청해서 갔는데 식사도 하고, 이렇게 했는데 거기 보면 고려인들 사는 지역에는 보신탕도 팔고 그래요. 요즘 보신탕 혐오감을 갖는 사람도 있겠지만. 근데 음식 스타일(style)이 다 북한이야 북한. 이북스타일. 우리처럼 보신탕 먹는데 이렇게 맵고 이런 게 아니고 아주 싱겁게 지리(맑은 탕) 이런 식으로. 거기 고려인들은 참 고생을 많이 한 사람이에요 그 사람들은. 소련시대에. 그래, 고려인들끼리 또 연합해서 뭐 신문사도 만들고 그렇게 해요. 저희는 거기 안디잔이라는 데서 현지인들 데리고 공장을 만들었는데, 그런 사회에서는 별로 중동처럼 그렇게 이질감을 안 느껴요. 그냥 가서 뭐 우리하고 비슷하다. 뭐 술도 마음대로 먹으니까.

　김택호 : 거기도 무슬림들인데.

　주동하 : 무슬림도 인제 술도, 무슬림 중에서도 술 먹는 데가 있고 안 먹는 데. 이 중동 지역은 아주 엄격하지요.

김택호 : 제가 차이점 여쭤보려고 했는데 차이점 지금 말씀 방금 전에 해주셨습니다. 다소 감상적인 내용을 좀 여쭙겠습니다. 선생님께서는 글을 쓰는 분이시기 때문에 낯선 곳에서 생활하는 어떤 특수한 환경에 대해서 독특한 감성이나 이런 느낌을 가지시고 계시지 않을까 싶은데요. 업무 수행하는 차원을 떠나서 한 전문인이자 지식인으로서 자기 고국이 아닌 곳에 나가서 일을 한다는 것이 어떤 의미일지 말씀 좀 부탁드릴까요?

주동하 : 예. 경제적인 문제지요 역시 경제적인 게. 사실 돈이 풍족하다면 누가 현장에 나가겠어요. 어느 정도 그런 데 갔다 오면 돈이 쌓이고 여유롭게 살 수 있다고 생각하니까 그런 데 나가는 거지요. 저는 돈을 벌면서 그렇게 오지에서 아까 얘기했듯이 생활할 수 있었기 때문에 제가 글을 쓰는 데 폭이 넓어졌다고 생각해요. 언제 한번 석회석 광산의 현장소장하고 사이트 서베이(site survey)를 나간 적이 있었는데 거기서 인제 돌을 줍게 돼 있었어요. 그 소장이 나이든 소장인데 돌을 몇 개 들추는데 거기 전갈이 있는 거야. 그러니까 이 소장이 "어, 여기도 가재가 있네." 그리고 딱 집으려 그러니까 주위 사람들이 놀라가지고 "소장님, 그거 잡지 마세요." 뭐 이런 일화가 있거든요. 그런 거는 정말 그런 낯선 데 그런 지역 아니면 경험을 못 하는 거지요. 그러니까 그런 낯선 경험들 특수한 경험들을 그런 데서 많이 한 거예요. 그러니까 그런 특수한 경험들이 결국은 저한테는 좀 많이 감성을 자극하는데 도움이 됐어요.

김택호 : 선생님 종교가 있으신가요?

주동하 : 저는 종교는 인제, 저희 어머니는 불교를 믿었고 아내는 기독교를 믿어요.

김택호 : 선생님께서는.

주동하 : 저는 아직 결정을 못 했습니다.

김택호 : 그러면은 이슬람에 대해서, 이슬람 지역의 관습이라든가 이런 거에 대해서 그냥 우리하고 다르구나, 이런 정도의 감성으로 그냥 끝나셨나요? 아니면 좀 이상하다라든가 혹은 저건 좀 흥미롭다 혹은 저런 건 좀 좋은 거 같다 뭐 이런 느낌 같은 거는 없으셨나요?

주동하 : 종교, 하여튼 그 사람들 생활이 금욕적인 거 아니에요 금욕적인 거. 나는 그런, 중동 사람들이 참 나는 대단한 사람들이라고 생각하는 게 그 금욕적인 생활을 하면서 자기들이 살아가고 있는 거 아니에요. 얼마나 참 좋은, 나는 중동에서 왜 알카에다(Al-Qaeda)가 나와서 그렇게 싸움을 거는지 모르겠는데, 사실 그렇게 금욕생활을 하면서 살 수 있다는, 산다는 건 참 모범적인 생활 아닌가요? 누가 그렇게 살 수 있어요? 종교적으로 그렇게 하라 그러면? 우리나라 나가보면 기독교도 우리나라 기독교도 무슨 어떤 엄격한 종교 그게 있을 거예요. 지키는 사람들은 아주 철저하게 지킨다고 그러더라고 그거를. 그래, 우리가 풀어놓고 살고 그러니까 그렇지. 그래서 중동 사람들은 대단히 아주 모범적인 사람들이라고 생각을 해요.

김택호 : 그런 반면에 또 이슬람이라고 하는 종교 체제가 그쪽 사람들을 지나치게 체제 순응적으로 만들어 나가고 있다는 그런 관점들도, 특히 사우디 같은 나라가 그렇다고 하지 않습니까?

주동하 : 예. 그렇지요. 이슬람이 아주 그. 그런데 그거를 나쁘다고는 할 수 없을 거 같아요. 그러니까 좀 그 사람들을, 중요한 거는 그 사람들을, 거기서 일을 하려면 그 사람들을 이해해야 된다는 게 중요한 거 같아요. 이해를 해야 된다.

김택호 : 저희 연구소에서도 지난해에 독일 파독 광부 간호사 분들과 관련된 포럼을 쭉 진행을 했었는데 올해는 또 중동이고요. 이 두 가지가 가장 대표적인 해외 인력 파견 정책이었습니다. 근데 그 건설 인력들이 해외에 나가는 과정이라든가, 개인적인 차원을 좀 떠나서, 선생님

께서는 1960년대, 1970년대, 1980년대 인제 해외 건설 정책이 한국 경제라든가 한국 사회에 미치는 어떤 영향이 있다는 걸 느끼셨을 거 같은데요. 해외에서도 계셨고 또 한국에서도 계셨으니까요. 해외 건설 정책에 대해서 어떻게 판단을 하고 계시는지요?

주동하 : 1960년대, 1970년대, 1980년 초까지만 해도 저임금으로 해서 중동에 갈 수밖에 없었지요. 다른 초이스(choice)가 없었던 거 같은데요. 중동 정책, 정책이라기보다는 팔아먹을 게 그때 당시에는, 그거밖에 없는 거예요. 물건이 있어, 자원이 있어 뭐가 있어. 그러니까 싼 인건비만 가지고 밖에 나가서 자기 몸 파는 거지요. 그게 무슨 뭐 정책이, 아마 박정희 대통령이 그런 해외 정책을 썼다 그러는데 아마 제 생각에는 다른 대통령이 했어도 그거는 선택의 여지가 없는, 초이스가 아니지요. 가서 팔아야, 몸을 팔아야 먹고 사니까. 그래, 제가 보면 박정희 대통령이 잘했다고 생각하는 거는 그렇게 벌어온 거를 투자를 잘한 거지요. 그걸 기술도 개발하고, 인재도 키우고, 공장에도 투자하고 그렇게 했으니까, 지금 이런 경제 체제가 됐지 그걸 가지고 돈을 몸뚱어리 판 거 가지고 돈을 오늘 벌어서 뭐 먹고 또 가서 또 벌어서 먹고 그러면은 단지 먹고 쓰는 데만 썼다면 오늘 같은 경제 대국이 안 되지 않았을까. 그러니까 이 경제 정책을 그렇게 중동 정책이 그렇게 됐다기보다는, 사람을 내보내는 정책이었다기보다는 어쩔 수 없이 가서 몸을 팔아야 되는데, 그거를 벌어온 돈을 잘 투자한 게 결국은 정책을 잘 한 거 아니냐, 이런 얘기지요.

김택호 : 그러니까 엄밀하게 말하면 이른바 중동 특수가 한국 경제 성장에 굉장히 중요한 변수로 작용했다고 생각을 하시는 거군요.

주동하 : 그렇지요. 엄청나게 돈을, 인건비 저임금을 통해서 돈을 벌었고, 또 건설시장에 그 아까 얘기했던 가와사키 하청업체 이런 데 이렇게라도 참여를 해서 기술도 배우고, 그러니깐 중동 건설시장 정책을

통해서 대한민국이 엄청 큰 거지요. 그 플랜트, 정유 플랜트도 할 수 있고 그러니까.

김택호 : 중동 지역이라고 하는 문제에 대해서 좀 여쭙고 싶은데요. 지난 포럼에서도 언급이 됐지만 중동 지역에 건설 진출이 베트남전 (Vietnam War)하고도 관련이 있다. 그러니까 베트남전 현장에 있었던 건설 장비라든가 인력들이 중동 지역으로 옮겨가면서 또 거기 중동 특수가 발생하고 이러면서 어떤 초석이 놓인 것이라고 이야기를 하는데 선생님께서도 동의하십니까? 그런 결과에 대해서.

주동하 : 그건 전적으로, 그거는 시장의 흐름이지요, 시장의 흐름. 예를 들어서 베트남에서 전쟁을 했는데 베트남에 다 수요가 죽었어. 그러면 거기다 장비니 뭐니 썩혀둘 수 없잖아요. 그러니까 딴 시장으로 가야 되잖아요. 그러니까 그러면 새로운 시장으로 가자 그래서 중동으로 간 거고 그 중동시장도 또 잘 안 되면 동남아시장으로 가는 거고. 그건 시장의 흐름이기 때문에 그건 막을 수도 없는 거지요. 앞으로도 계속 시장은 바뀌는 거니까. 그건 잘했다기보다는 어쩔 수 없이 가야, 그렇게 가야 되는 그런 흐름이라고 봐야지요. 누가 선택하는 거가 아니고 자연히 그렇게 흐를 수밖에 없는 거지요.

김택호 : 선생님께서도 직접 베트남 쪽 현장에 계시다 중동 쪽으로 옮겨오신 분이라든가 이런 분 만나신 적이 있으신가요?

주동하 : 아 그럼요. 지금 주위에 많지요.

김택호 : 아, 많은 분들 있습니까?

주동하 : 예. 많이. 지금도 베트남에 있는 친구들도 많이 있고 연락, 카톡(Kakaotalk)으로 연락하는 친구도 있고 그렇습니다.

김택호 : 인제 이어지는 이야기는 그 해외 건설 현장에 나가셨다가 그게 전부다 한국에 가족이 있는 분들만 가는 게 아니라 총각들도 있을 테고 그럴 것 아닙니까? 가서 아 나는 한국 안 가고 여기서 살겠다, 이

런 쉽지 않은 결정을 하신 분들도 계셨나요?

주동하 : 그럼요. 옛날에 즐리텐에 같이 있던 양반인데 전기전문가예요. 전기를 전공한 사람을 전기쟁이라 그래. 기계를 전공한 사람을 기계쟁이라 그러고 그랬어요. 그 양반이 서울공대를 나왔는데 현장에 나와서 일을 했어요. 딱 2년 일하고 들어가서 사표를 내더라고. 그러고 미국 유학 가버렸어요. 그런 사람들 많아요. 자기의 어떤 목적을 위해서 단지 짧은 시간에 많은 돈을 벌기 위해서 그때 나온 사람들이 많아요. 근데 또 시간이 지나다보니까 동남아시장 같은 데는 나가서, 자기들이 나가서 그냥 거기 인건비도 싸고, 집도 싸고, 우리나라에서 거긴 뭐 하인 거느리고 산다고 그러기도 하던데 같은 돈이라도. 그러니까 거기서 그냥 눌러 앉아서 장사하는 사람도 있고, 이런 사람들 많이 있더라고요.

김택호 : 중동 지역은 아무래도 현지에 남는 것이 쉽지 않았겠지만 이를테면은 우즈베키스탄이나 몽골 같은 데는 난 현지에 그냥 남아서 살아야겠다, 이렇게 생각하는 분도 좀 안 계셨나요?

주동하 : 여건이 살기 좋은 여건이 되면 자동적으로 그쪽에 가서 사는데, 그것도 시장하고 똑같은 거지요. 조건이 낮거나 여건이 맞으면 흐름이 글로 가는데, 시장이 별로 안 좋으면, 사는 여건이 별로 안 좋으면 떠나겠지 거기 안 살겠지. 너 여기서 살아라 그래도 여기서 안 살겠지요. 거기서 어쩔 수 없이 뭐 사랑하는 여자라도 생겼다거나 그러면 거기 살겠지만 그렇지 않은 다음에야 거기 뭐 무슨 좋은 게 없으면 거기선 안 살겠지요. 지금은 세계 어디든지 가서 살 수 있는 시대잖아요.

김택호 : 선생님께서도 해외 건설 현장에 많이 계시니까 가족들과 떨어져 계신 시간이 많으셨지요? 이제 그런 어떤 애환 같은 것 등 이런 게 많이 있으셨을 거 같은데요, 물론 열심히 일하시지만, 또 그 반면에 이렇게 너무 가족들과 떨어져 있으니까 미안하다라든가 또 역으로 사

모님께서도 또 안쓰럽게 생각하시고 이런 거 없으셨나요?

주동하 : 해외 현장에 있다가, 해외에 있다가 보면 집이 제일 생각나는 게 언제냐면 혼자 있을 때, 저녁 먹고 쉴 때가 집 생각이 제일 많이 나요. 인제 저녁 먹고 정말로 저녁노을이 붉게 물들면 정말 집 생각이 엄청 나지요. 인제 집도 전화도 하고 그러는데. 또 뭐 서로 이메일로 주고받고 이러는 게 인제 그럴 수밖에 없으니까. 그래 인제 휴가가 4개월에 한번, 6개월에 한번, 그러니까 인제 그때 와서 회포를 풀고 그러는 거지요 그 외에 무슨 방법이 있나요? 아니면 들어와야지. 근데 이 여담인데 여자들은 남자들이 나가 있는 걸 좋아해요. 가서 돈만 부쳐주는 거. 그게 제일 좋은 거 아니야.

김택호 : 해외 건설 사업 진행 과정에는 국가 간의 이동이 일어나고 그러다 보니 민간 기업 차원에서만 해결할 수 없는 문제들도 많이 있을 거 같아요. 정부도 그렇고 또 해외 공관도 그렇고. 그 과정에서 민간 기업과 현지 공관이라든가 또는 정부와 어떤 업무 협조라든가 서로의 어떤 보고 체계랄까 보완 작용 이런 것들은 좀 많이 있었습니까?

주동하 : 아까 얘기를 잠간 했었는데요. 기능공들, 근로자들 해외 근로자들이 많이 파견될 때는 건설관이라고 해외에 주재를 했어요. 그 사람들 다 관리를 해줘야 되니까.

김택호 : 건설관은 그러면은 외교관들인가요? 아니면.

주동하 : 인제 공관이 있으면 우리나라 건설부에서도 파견되고 외무부는 당연히 있어야 되는 거고, 건설부에서도 파견되고 관련 부처들에서 무관들도 나오잖아요? 군인들도. 그러니까 공관에 여러 사람들이 있는 거지요. 그러니까 거기에 건설 노동자들이 많으니까 우리나라의 건설부에서 공관으로 나오면 그 해외 공관으로 나오면 건설관이 되는 거지요. 그 사람들한테 옛날에는 워낙 많으니까 중동시장에 인력이 그러니까 다 보고를 하지요. 인력이 몇 명 뭐 무슨 사건 나면 뭐 무슨

사건 났다고 다 보고를 했는데, 아까도 얘기했다시피 그게 인제 1980
년도 초가 지나면서 1,000달러가 넘어가면서 그런 사람들이 다 없어졌
잖아요. 그러니까 갈 필요가 없는 거지, 그런 사람들이. 옛날에는 한국
에 근로자가 사우디, 리비아 이런 데 몇 만 명씩 갔으니까. 지금은 전
혀 없어요, 그런 사람들이. 그 시대를 지났기 때문에. 그때 당시에는
그렇게 했어요. 그리고 공관의 도움이 필요하면 항상 뭐 케이스바이케
이스(case by case)로 요청을 하지요. 근데 별로 그럴 일이 없어요. 사
업은 관하고는 관계없이 하는 거니까.

　　김택호 : 선생님 건설관의 업무는 현지 국가와의 관계라기보다는 우
리 건설 현장 노무관리나 거기에서 일어나는 전반적인 일들에 대해서
정보를 확인하고, 처리하고 이런 일들이겠군요.

　　주동하 : 그것도 해야 되고 그다음에 같은 건설 일이니까 현지에 노
동조건, 현지에 우리나라 사람들이 관광비자가 아니고 일하러 가니까
워킹비자(working visa)를 얻어야 되잖아요? 우리 미국에 갈 때도 일하
러 가면 워킹비자를 얻듯이. 중동시장이 다 근로자들이 일하러 가니까
워킹비자를, 소수, 몇 사람이 안 되면은 그건 그냥 건마다 발급해주면
되지만 몇 만 명인데 그거 어떻게 관리를 해. 그러니까 블럭(block), 집
단 비자를 내주는 거지. 그런 것도 관리를 해주고 그렇게 하겠지요. 그
러니까 그거는 당사국의 노동환경이 어떻게 되느냐가 중요하겠지요.
중동은 거의 여자들이 잘 일을 안 하잖아요. 그래서 스튜어디스(stewardess)
도 다 외국사람 갖다 쓰잖아요. 우리나라는 스튜어디스 서로가 못 해서
난리인데 거기는 못 하잖아요. 그러니까 노동 환경이 틀려지니까 그런
비자 조건도 틀려지겠지요.

　　김택호 : 한국인들이라든가 한국인들이 건설한 건축물이라든가 뭐
시설들에 대해서는 평가가 좋은 편인가요? 특히 중동 지역에서?

　　주동하 : 그렇지요. 평가가 좋다, 나쁘진 않지요. 그러니까 여태까지

중동 건설시장이 쭉 이어져온 게 한국에 대한 이미지(image)가 나쁘진 않다는 얘기지요. 나쁘진 않다. 그러니까 계속 이어져온 거겠지. 한국에 대한 이미지가 나빴다면은 이미 중동시장은 끝이 났겠지요. 그러니까 한국 사람들이 기술력이고 뭐 이미지고 평가고 다 잘 받고 있는 거예요. 그러니까 여태까지 온 거지.

김택호 : 일본이 인건비 문제 때문에 선생님께서 즐리텐에 가실 때에도 이미 일본은 노동 인력들보다는 원천 기업으로서 작용을 했다고 하는데 그럼 일본과는 일종의 프로젝트를 두고 라이벌(rival)을 형성한다든가 이런 구도는 일본 기업과는 거의 없었던 거겠습니다 1980년대를 보면?

주동하 : 1980년대는 그럴 일이 별로 없었지. 지금은 거의 비슷해졌으니까 대등해졌으니까 프로젝트에서 뭐 같이 입찰 들어가서 막 경쟁하고 뭐 가격에 따라 떨어지고 그러지만 1980년대에는 일본이 수주하는 거하고, 우리가 수주하는 거하고는 길이 다른 거지요. 서로 부딪칠 일이 없지요. 우리는 뭐 10층짜리 빌딩 입찰하는데 걔네들은 100층짜리 가서 입찰하는데 그거 무슨 경쟁이 되느냐. 안 되지요. 그래, 걔네들은 플랜트를 가서 다 수주해서 비싸게 하는 건데 우린 그냥 뭐 도로나 닦고 앉아있고 그런 시대가 1980년대인데 지금은 거의 같은 원자력발전소를 짓는데 같이 입찰 들어가서 같이 경쟁하고 뭐 정유공장 하는데 같이 들어가고, 그러니까 한국 사람들이 그만큼 많이 올라왔다는 얘기지요. 비슷해졌다는 얘긴데요.

김택호 : 그렇다면 당시 입찰하는 과정에서 국가 단위로 본다면 한국 기업들하고 경쟁하는 기업들은 어느 나라 국적의 기업들이 많았습니까?

주동하 : 그때 한국이, 이태리 애들이 거기 좀 도로 닦는 데 많이 오고 뭐 그런 업체들이 많이 왔지. 이태리. 한국 업체하고 이태리 정도,

이태리 정도가 그때. 근데 리비아 있을 때는 거의 한국 애들이 다, 그 다 짓는 거니까.

김택호 : 여러 가지 상황상 한국이 그때 당시에 많이 일을 할 수밖에 없는 여러 가지 조건이 형성돼있었군요. 우리의 환경도 그렇고 그쪽의 환경도 그렇고.

주동하 : 그렇죠. 예. 한국 근로자들이 일도 잘하고 그러니까 거의 중동시장의 웬만한 일들은 하이테크(hightech)가 아닌 웬만한 일들은 다 가서 한국 사람들이 해서 돈을 벌어갖고 지금 되는 거 아니에요. 근데 지금 인건비가 올라가지고 다시 못 가니까.

김택호 : 서아프리카나 뭐 이런 지역에 중국기업들이 요즘 굉장히 많이 나간다고 하는데 거기는 어떤 방식, 우리 그러니까 1980년대 방식하고 유사한 건가요? 중국 기업들이 나가는 것은?

주동하 : 그렇겠지요. 근데 중국은 워낙 큰 나라니까 걔네는 돈이 많잖아요. 돈도 대주면서 뭐 데리고 나가고. 중국은 워낙 큰 나라고 돈이 많으니까 아마 아프리카시장을 돈으로 자원으로 낚는 거 같은데 신문에 언뜻 보면.

김택호 : 그럼 플로어에서 질문을 받도록 하겠습니다. 선생님들께서 좀 말씀하시고 싶은 부분이 있으시면 말씀 주십시오. 국제한국학연구소의 조영재 교수님이십니다.

조영재 : 반갑습니다. 부분적으로 말씀을 해주신 것들인데 몇 가지 좀 디테일하게 여쭤보도록 하겠습니다. 첫 번째는 아까도 말씀해주셨습니다만 당시 1970년대 말 1980년대 초반에 중동이라는 게 경제적으로도 그렇고 외교적으로도 굉장히 우위에 있지 않습니까? 정책적 지원과 연계 고리로서 건설관에 대해서 말씀해주셨는데요. 예컨대 그 이외의 부분들 수주 과정이라든가 건설 과정 또 파이넨싱 과정 이런 데서 정부의 정책적 지원은 어떠했는지, 있었는지, 있다면 방침은 어떤 거였

는지 알고 싶고요. 두 번째는 아까 가와사키와의 협력 관계 속에서 코디네이터 역할을 하셨다고 말씀하셨는데 물론 거기서 노무인력들은 그렇게 많지 않았겠지만 사업 수행방식이라든가 혹은 노무 관리 방식에 있어서 일본과 우리나라 당시의 어떤 좀 차이점들을 느끼셨는지, 또 느끼셨다면 어떤 부분인지 좀 여쭤보고 싶고요. 세 번째는 정사원과 기능공 이 두 가지 구분만 하셨던 거 같은데, 기능공 내에서도 예컨대 일용 잡부라든가, 혹은 기술 인력들 내부에 좀 하이어라키(hierarchy)가 좀 있을 것 같기도 한데, 그런 구성 부분들과 또 그 사람들의 어떤 학력 사회적 출신과 배경은 좀 어떠했는지. 한 가지만 더 좀 추가로 여쭤보면 당시 노동 현장이 노동 병영과 비견할만하다고 말씀하셨는데, 병영에서도 여가가 굉장히 중요한 측면 아니겠습니까? 노동인력들이 장기간 남성노동 인력들이 노동시간을 마치고 흔히 이럴 때 여가를 어떻게 보내고 그거에 대한 사측의 정책적 지원이라든가 혹은 방안들 요런 것들은 갖고 계셨는지 좀 여쭤보고 싶습니다.

주동하 : 수주 관련해서, 1970년대에 수주 관련해서 도움을 정부에서 PF라든가 이런 거를 줬느냐에 대해서는 정부, 대사관이나 이런 데 통해서, 수주라는 게 제일 중요한 게 정보 싸움이잖아요. 정보. 그러니까 어떤 프로젝트가 어디서 발주가 된다 이런 게 제일 중요한 거고. 그런 면에서는 국가에서 다 이제 외무부를 통해서 아니면 국가 기관을 통해서 다 이렇게 각 건설회사에 인폼(inform)을 주겠지요. 인제 그거에 따라서 이 프로젝트를 수주할 수 있느냐 안 하느냐는 참 이게 견적을 어떻게 해서 그걸 얼마에 써냈느냐. 로이스트(lowest)가 되느냐 안 되느냐의 문제가 걸렸을 때는 건설회사가 어쩔 수가 없는 거지만 뭐 돈이 없어서 못 한다 그러면, 로이스트가 됐는데 최저입찰을 했는데 발주처에서 돈을 갖고 들어오라 그런다 그러면 정부에서 판단을 해야겠지요, 이거를. 이게 돈 대줄만한 가치가 있는 프로젝트냐 아니냐, 차관

을 어떻게 해줄 거냐 아니면 은행에서 돈을 대줄 거냐, 이런 각자의 그, 각 프로젝트별로 정부에서 판단을 해야겠지요. 이건 정부에서 자국적인 차원에서 이런 것들은 판단해서 과감하게 도움을 줘야 될 거라고 생각합니다, 저는 이런 부분은.

조영재 : 당시에는 어땠습니까?

주동하 : 당시에는 많이 줄려고 노력을 했겠지요. 근데 그거는 어떤 일정한 기금이 있지만, 어떠한 일정한 기금이 있지만 그거는 현대건설이 많이 쓰느냐, 대우 건설이 많이 쓰느냐 어디 건설회사가 많이 쓰느냐, 그거는 어떤, 하여튼 관에서는 늘 노력하는 게 도와주려고 노력하는 거겠지요. 그렇게 생각이 듭니다. 두 번째 질문은 가와사키 노무관리, 일본 애들 노무관리는 한국 사람들하고 정말 달라요 걔네들은. 정말 일본 애들은, 제가 1980년대에 일본 애들 가와사키 애들하고 일을 했는데 그때 당시만 해도 우리는 한국 사람들은 말로 이렇게, 이렇게 했어, 말. 근데 걔네들은 완전 페이퍼(paper)로 일을 해요 페이퍼. 서류 아니면 일을 안 해 뭐든지. 예를 들어서 시장에 가서 잔심부름을 시키더라도 메모지로 주지 말을 해서 시키는 거 아니야 걔네들은. 그러니까 도큐먼트(document)가 일본 애들은 참 잘 돼 있어. 저도 그래서 애네들한테 많이 배웠어요, 당시에. 그때 당시에 클레임 치면서 서류, 그때 책을 만들었는데 아마 그 클레임을 치면서 아마 저밖에, 그게 일본 애들한테 배운 거지. 서류를 이렇게 쌓아서 책을 만들어서 그렇게 갖고 있었으니까요. 일본 애들은 서류관리도 잘하고 그거 페이퍼가 되니까 인력 관리도 잘하고. 아주 노하우가 있습니다, 애네들은. 그다음에 질문하신 게 사실 현장에 있어 보면 기능공들, 근로자들, 근로자들이 뭐 휴일에 우리 낚시 가겠다, 피크닉(picnic) 가겠다, 이러면은 그냥 관리 차원에서 그래 그러면 내가 돈 얼마 더 줄게, 더 준다기보다 얼마를 보태줄게 가서 놀다 와라. 이런 경우가 많아요. 그게 회사 차원에서

어떤 조직, 그런 현장에 있는 소장이 그렇게 관리를 해야지요. 자기 노동자들이 근로자들이 사기를 갖고 일할 수 있도록 이 사람한테 뭐 가끔 막소주도 사주고, 그다음에 피크닉 가는데 양고기도 한 마리 잡아주고, 양도 한 마리 잡아주고 이런 일들은 관리자의 입장에서, 현장소장의 입장에서는 당연히 해야 되는 일이지요. 근데 이 사람들 중에 노동운동을 한 사람이 있느냐 이런 거는, 글쎄요 이 사람 중에 근로자, 기능공 얘기인데 옛날 기능공 얘기인데, 대우조선소 조선소 가면 거기도 많잖아요? 직종이. 땜질하는 사람, 철판 구부리는 사람, 이런 거 다 많잖아요. 그게 직종별로 봉급이 다르잖아요. 잡부도 있고 그런데. 건설현장도 마찬가지에요. 이 건설현장도. 그러니까 대학을 졸업했는데, 취직이 안 된다. 내 친구 중에 정말 그런 애가 있었어요. 취직이 안 돼가지고 그냥 기능공을 해서 사우디 간 애들도 있었어요, 그때 당시에. 그 뭐 가려낼 수 있는 방법은 없는 거지. 내가 자기 이력서야 알 수, 위장취업했다 뭐 이렇게 할 수도 없는 거고. 그런 애들도 많이 있었어요. 가서 한 2년 가서 고생하고 오고. 그렇습니다.

김택호 : 또 다른 말씀 있으신지요?

주익종 : 질문 하나. 대한민국 역사박물관의 주익종이라고 하는데요. 처음에 하시는 프로젝트가 시멘트공장을 하는데 협력업체로 들어갔다고 했잖아요? 대우가 독자적으로 플랜트 공사를 하는 게 아니었다, 했는데 회사 차원도 그렇고 기능공분들도 그렇고 여기 한 4년, 5년 선생님께서 하신 건 4년, 5년, 총 공사가 몇 년인지 모르겠습니다마는 그런 공사를 하면서 그런 플랜트 공사를 수행할 수 있는 그런 기술력이라든가 이런 거를 배우면서 성장하면, 회사도 그렇고 기능공도 그렇고, 큰 성장을 보셨다면 어떤 부분이 있는지 그런 걸 말씀해주시면 좋겠습니다.

주동하 : 보통 플랜트에 공사기한, 줄여서 우리는 공기라고 얘기하는

데 보통 한 2~3년 돼요 2~3년. 근데 시멘트공장 그때 지은 게 공기가 24개월이었어요. 24개월인데 하청으로 들어갔잖아요? 우리가. 몸으로 때우고 막 이러는 건데, 그러니까 공장을 지으려면 엔지니어링이 있어서 공장을 다 설계할 수 있고 기자재도 자기가 다 발주할 수 있는 능력이 있어야 되는데, 그때는 한국 사람들 그런 거 능력이 없으니까 몸으로 때우는 거지 몸으로 현장에서. 그러면서 걔네들 종이쪼가리 날아오거나 이러면 옆에서 보거나 이러면 좀 배우잖아요. 배우고. 그러면은 고다음에 뭐 어디 또 시멘트공장 입찰이 나온다 그러면 될지 안 될지 모르지만 일단 입찰에 들어가 보는 거지. 전혀 안 보면 입찰을 못 하지만 그래도 옆에서 봤잖아요. 컨닝(cunning)을 했잖아요. 그러니까 다음에 시멘트공장이 나오면 컨닝 실력 가지고 입찰을 들어가는 거지. 떨어지더라도. 그걸 반복하다 보면 붙을 때가 있겠지요. 그게 인제 기술을 키워가는 거지 뭐. 그렇게 자꾸 배워가는 거지요. 그렇게 해서 지금까지 온 거지요 뭐. 남의 거 배워가면서 카피(copy)해가면서.

김택호 : 그럼 일본의 노하우가 상당히 영향을 많이 줬겠네요, 한국에.

주동하 : 당연히 주지요. 당연하지요. 아주 전혀 안 봤다면은 입찰을 할 수가 없는 거예요. 그러니까 컨닝이라도 했으니까, 흉내라도 입찰 한번 들어가 보는 거지. 그다음에는 한번 떨어져보니까 아 이게 이래서 떨어졌구나 그래서 또 들어가면 또 들어가 보는 거지. 자꾸 하다 보면 되는 거 아닐까요?

김택호 : 마지막으로 제가 한 가지 여쭙고 그다음에 정리를 하도록 하겠습니다. 해외 건설현장에서 풍부한 현장 경험을 하셨던 입장에서 요즘 저희 연구소가 주로 그런 부분에 관심이 많은데 해외 인력 파견 등에 대해서 연구하고 이렇게 하고 있습니다. 그런 연구자들이나 그런 풍토 이런 관심 이런 거에 대해서 선생님께서 주시고 싶은 말씀이 있으

시다면 좀 주셨으면 좋겠습니다.

주동하 : 아까 얘기했지만 시장은 늘 변합니다. 건설시장도 마찬가지지요. 전자시장도 마찬가지고. 1970년대 기능공 시대로 시작한, 저임금을 가지고 시작한 중동시장은 우리 한국 사람들에게는 의미가 없어요. 한국 사람들한테는 근로자라는 단어, 기능공이라는 게 다시는 못 돌아갈 겁니다. 임금이 떨어지지 않는 한. 다시는 거기 나갈 수가 있는 근로자들은 없을 거예요. 그러니까 앞으로 해야 될 건 뭐냐. 그러니까 지금 있는 핵심 엔지니어들을 핵심 전문건설인들을 잘 관리를 해줘야 돼요 그 사람들을. 그 사람들이 결국은 나가서 인도, 파키스탄, 이런 사람들을 데리고 일을 할 거니까 차라리 그 전문, 한국에 있는 엔지니어와 제3국 인력의 관계를 연구하면은 연구를 했지 한국의 전문 인력과 한국의 근로자를 연구한다는 건 의미가 없는 거지요. 그러니까 우선은 제일 중요한 거는 한국에 있는 각 건설회사들을 전문 엔지니어, 전문 관리인들을 집중적으로, 국가적으로 뭐 이렇게 연구를 해서, 근데 제가 보면 이거는 딱 나와있는 답 같아. 각 대학마다 토목과, 전기과, 그런 거 정해져 있잖아요. 그 사람들이 다 이렇게 관리가, 정해져 있는 인원이지요. 그 사람들을 잘 관리를 해주서야지 한국의 건설의 앞날이 밝지 않을까 이렇게 생각합니다.

김택호 : 선생님 감사드리겠습니다. 지금 건설 현장을 누비셨던 경험자로서 말씀하셨는데 모두에 제가 말씀드렸던 것처럼 주동하 선생님은 작가이시고 시인이십니다. 시도 있고 소설도 있고 그런데요. 이제 선생님 직접 뵈었으니까 뒤에 여러분들 책을 통해서 주동하 선생님과 또 만날 수 있는 기회가 있었으면 좋겠습니다. 선생님께 큰 박수 드리면서 오늘 포럼 정리하도록 하겠습니다. 감사합니다.

주동하 : 감사합니다.

전낙근 (한양대 건축공학부 CM/CIC 연구실 수석연구원, 건축학)

❏ 사회자 : 김택호 (명지대 국제한국학연구소 연구교수)

김택호 : 제70회 명지대 국제한국학연구소 정기학술포럼을 시작하도록 하겠습니다. 오늘은 전낙근 박사님을 모시고 박정희(朴正熙) 시대의 중동건설 문제와 관련된 내용을 여쭙겠습니다. 자료를 드렸는데요. 전낙근 선생님 이력도 있고요, 말씀 중에 보시면 참고가 될 만한 자료들이 같이 첨부해뒀습니다. 사전에 답변서에 해당하는 내용을 저희에게 보내주셨는데, 거기에서 발췌한 것들입니다. 이전에 작가 황석영(黃晳

暎) 씨가 어느 예능 프로그램에 나가서 '나는 왜 역사적 현장마다 그 자리에 있는지 모르겠다. 팔자가 드센 거 같다.' 이런 이야기를 하는 걸 들은 적이 있었는데, 중동건설과 관련해서 전낙근 선생님께서 그런 분이십니다. 중요하고 주목해야 될 공사현장에 어떤 방식으로든 계셨고, 직접 관여가 되셨던 분이시기 때문에 살아있는 경험을 잘 들을 수 있을 거 같습니다. 바로 전낙근 선생님에 대해서 궁금한 점을 여쭙겠습니다. 선생님 이렇게 시간 내주셔서 감사합니다. 현재 한양대 건축공학부 CM/CIC Lab 수석연구원으로 재직하고 계시는데요. 한양대 건축공학부 CM/CIC Lab은 건설통합시스템, 건축시공학 등과 관련된 연구를 진행하는 곳으로 알고 있습니다만, 재직 중이신 한양대 건축공학부 CM/CIC Lab에 대한 소개를 비롯해서 간략하게 근황을 좀 말씀해주시면 감사하겠습니다.

전낙근 : 네. CM/CIC는 Construction Management and Computer Integrated Construction의 줄임말입니다. 제가 대우를 퇴직하고서부터 그 construction management, CM에 관여를 하게 됐구요. 그래서 교육을 한양대학교와 같이 하고 있고, 그러나 건축은 computer integrated construction이라고 해도 수작업(手作業)을 많이 필요로 하는 공정이기 때문에 컴퓨타라고 하더라도 기대하는 만큼 크게 시간을 단축한다든지 하는 것은 의외로 적습니다. 제가 하고 있는 일은 주로 여기에 관련된 출판에 관한 것을 하고 있는데, "프로젝트 중심 해외건설사"는 지금 제가 드린 책이고, 흔히 "건설사업은 대체로 주먹구구식"이다, 이런 말을 많이 하는데, 그런 면이 건설 분야에 아직도 좀 많이 있기는 합니다. 그래서 건설업에서의 의사결정(decision making)에 학술적인 이론을 도입하여 가장 바람직한 의사결정을 하기 위한 "의사결정론"을 쓰고 있는데, 이게 주로 리니어 프로그램(linear program), 즉 1차대수학이 많이 적용됩니다. 여기에 대한 것을 제가 바깥에서 조금 배워가지고 와서

우리말로 표현하려니까, 우리나라에서 사용되는 수학 용어를 제가 잘 몰라요. 그래서 이리 걸리고 저리 걸려서 진도가 지지부진하여 아직 완성을 못 했습니다. 그다음에 해외 건설현장에서 일하다 보니까, 공적(公的) 문서를 통한 교신으로 일이 이루어지는데 매체가 외국어이지요. 그러한 문서는 주로 영어를 사용하다보니까 이걸 간결하게 템플릿(template)을 만들어 소통에 편의성을 기하고자 하는 것입니다. 가령 서두문은 다 똑같고 내용문에서 해당사항에 체크(check)만 하면 이게 어디에 해당되는 것인지 쉽게 알 수 있도록 만들어야 되겠다는 생각에서 그 작업을 하고 있는데, 이게 "다중언어 상용서간문 작성(Multilingual Business Writing)"입니다. 제가 영어자료는 가지고 있는데, 영어권에만 우리가 진출하는 것만은 아니라 그렇게 하고자하는 것이지요. 그래서 불어, 독어, 스페인어, 이태리어에다가 제가 생각하는 것은 일본어 중국어도 포함해야 된다고 생각을 해요. 그러니까 잘하고 싶은 욕심은 많은데 과연 제 여생에 성공할는지는 문제지요. 그리고 이 일을 하다 보니까 상용이나 무역(trading), 투자(investment), 건설(construction) 등에 관한 용어들이 한번 읽어보면 이해는 가는데 정확히는 모르는 것들과 헷갈리는 것들이 있고 해서 용어사전을 만드는데, 제일 좋은 방법이 우선 영영사전으로 만드는 게 더 쉽겠더라고요. 왜냐면 인터넷으로 인용하면 용이하고, 그다음에 시간을 가지고 번역을 하려는 생각으로 작업을 지금 현재 하고 있습니다.

김택호 : 예. 역시 아직도 왕성한 활동을 하고 계시다는 걸 느낄 수 있었습니다. 선생님에 대한 이해를 위해서 생애에 관한 질문을 조금 드리겠습니다. 기록에 의거하면 선생님께서는 1938년 충북 음성군에서 출생하신 것으로 되어있습니다. 유년기에 한국전쟁을 겪으셨고, 역사적이고 정치적인 격변기, 또 경제적으로는 고도성장기에 청년기를 보내신 셈인데요. 대학 입학 전까지 선생님의 성장 과정에 대해서 간략하

게 말씀해주시면 감사하겠습니다.

전낙근 : 예. 기록상 38년생인데 사실은 37년생이에요. 제가 태어나
자마자 저의 할아버지가 보셨을 때, "저 녀석 제대로 못 클 것 같다!
그러니 제 발로 걷거든 출생신고 하라."고 하셔서 1년이 늦어진 거예
요. 그러니까 기록상 38년은 맞습니다. 그리고 하루 세 끼 굶는 집안은
아니었는데, 그렇다고 부농은 아니었습니다. 집에서 초등학교까지는
6km되고요 중·고등학교가 있는 음성까지는 8km나 됩니다. 그래서
국민학교 6년과 중·고등학교 6년 합하여 12년간 도보로 통학을 하다
보니까, 뛰고 걷는 것은 전혀 문제가 없어요. 그때 다져진 게 오늘의
건강이지 않나, 뭐 이렇게 생각합니다. 그리고 학교 다닐 때는 비교적
제대로 공부를 할 수가 없었던 환경이었던 것이 6·25전란 때 유능한
선생님들이 참전하셨다가 전사하시고 시골학교다 보니까 충원이 안 되
더라고요. 그래서 제대로 좋은 환경에서 공부를 못 했습니다.

김택호 : 그러면 고등학교 졸업하실 때까지도 음성에서 계셨던 건가
요?

전낙근 : 예. 고등학교 졸업할 때까지 음성에 있었습니다. 그리고 초
등학교 다닐 때는 거의 그런 일이 없었는데 중학교부터 고등학교 2학
년까지는 농사일을 의무적으로 도와야 했어요. 그러니까 8km 가서 공
부하고 귀가한 후 간식을 간단히 챙겨먹고 농사일 조력하고 뭐 이러다
보니까 중·고등학교 때 솔직하게 말해서 서울에서 자라신 분들하고
비교하면 환경이 열악하였고 따라서 제가 배우지 못한 게 굉장히 많지
요.

김택호 : 1957년에 한양대 건축공학과에 입학을 하셨습니다. 당시
공대, 특히 건축공학을 선택하시게 된 이유가 어떤 거였는지 좀 궁금합
니다, 선생님.

전낙근 : 하루 세끼 굶진 않아도 화목한 집안은 아니었어요. 그래서

빨리 커서 자원하여 병력의무를 필하면 나는 머리 깎고 절로 간다, 그 랬는데 제 멋대로, 제 생각대로 살아지지 않더라구요. 고등학교 2학년 때까지는 항상 학교마치고 귀가하여 농사일 돕고 겨울엔 또 산에 가서 땔감으로 나무를 해야 됐어요. 그냥 그렇게 지냈는데 3학년이 되니까 대학 진학하라는 아버지 말씀이 있었는데, 아버지한테는 거역을 했습 니다. 주변 아저씨들이 권유를 해서 그 권유에 설득당해가지고 대학을 갔는데, 그러다 보니까 난감한 거예요. 인제 고등학교 2학년 마치고 3 학년 한 학년만 남았는데. 제대로 공부도 못했었기에 진학하려니 난감 했습니다. 그때 고향의 한 형님이 성동경찰서에 근무하시는 분이 있었 습니다. 그 양반이 "한양공대가 좋다. 그리고 건축과를 가라." 그 때만 해도 저는 토목이 뭔지 몰랐어요. 화공, 기계, 전기, 광산 이런 건 알겠 는데, 토목공학과는 무엇을 배우는 것인지 모르겠더라고요. 건축은 알 것 같았구요. 그래서 망설이고 있는 차에 건축과를 추천하는 분들이 많 아서 피동적으로 건축공학과에 입학했지요. 내가 뭐 알고 어떤 꿈이 있 어서 건축공학과를 선택했다기보다는 그냥 피동적으로 그렇게 진학하 게 됐어요. 1학년 때 기초 교양과목에 함수론, 물리, 화학, 미분 적분에 삼각함수 등을 공부하는데 아주 코피 나게 밤새워 공부를 했는데도, 그 저 턱걸이로 가까스로 1, 2학년 마치고 3학년 때 전공과목은 좀 수월 하더라고요.

김택호 : 그때 건축공학과에서 같이 공부를 하시는 분들 계셨지 않습 니까? 그분들은 대체로 건축공학에 대해서 명료한 어떤 자기 목표를 가진 분들이 많으셨나요?

전낙근 : 예. 상당히. 서울에는 아현동에 경기공고, 대방동에 서울공 고, 또 성동구에 성동공고, 한양공고 등 이러한 학교를 졸업한 사람들 은 자기 장래의 목표가 아주 뚜렷하게 서있더라구요. 그래서 그 사람들 때문에 제가 감화를 많이 받았어요. 어영부영 피동적으로 다닐게 아니

라, 이왕이면 착실히 하자. 그래서 피나게 했지요. 하기 싫은 걸 그냥 [종이를 엎어 놓으며 그만 둔다는 표현을 함] 이렇게 하면 제일 편했는데. 그래서 그 친구들 덕분에 제가 이래가지고는 안 되겠다는 생각을 했고 그래서 그 친구들을 지금도 고맙게 생각하고 있지요.

김택호 : 당시 사회적인 문제를 간략하게 여쭙고 싶습니다. 대학 재학 중에 4·19를 겪으셨고 또 졸업 직후에 5·16 등 대단히 중요한 현대사의 격변을 겪으셨습니다. 선생님 이력을 보니까, 61년 10월에 공군장교로 입대하셔서 30방공관제단에 계셨습니다. 대학 졸업 후 공군장교에 임관하시게 된 계기를 여쭙고 싶고요. 또 대학생으로서 또 혹은 청년 공군장교로서 이런 정치적 격변기를 어떻게 겪으셨는지 여쭤보고 싶습니다.

전낙근 : 네. 4·19혁명에 대하여는 개인적으로 조금 부끄럽게 생각합니다. 왜냐하면 그때 대학생들이 4·19의거의 주역이었는데 한양공대는 왕십리 바깥에 있고 학생 수도 얼마 안 되고 그 적은 숫자의 학생들이 서울 중심으로 와서 합세하기 전에 성동경찰서에서 다 제지당해서 안 됐어요. 그리고 제가 그때 하숙하고 있던 집에 아저씨 되시는 분이 딴 짓 안 하고 공부만 하니까 굉장히 좋게 보셨지요. 그래가지고 섣불리 나가서 돌팔매라도 맞으면 큰일이라고 문간을 지키고 계셔서 나가지를 못했어요. 그런데 학생운동에 참여해서 제가 불의의 사고나 이런 것 안 당한 건 다행인데 "4·19!" 이 말이 나오면 부끄럽게 느낍니다. 그때 4학년 때였거든요. 그때 앞장섰어야 맞았는데 앞장서지 못한 것 때문에 4·19 하면 심리적으로 좀 가책을 느끼고 부끄러운 생각 같은 걸 제가 하고 있어요. 그리고 공군을 가게 된 이유는 3학년 때 함성권(咸性權) 교수라는 분이 구조역학을 가르치던 분인데 방학 동안에 그분 댁에 가서 구조설계 일을 도와드렸어요. 그때에 그분 사위되는 분이 주경재(朱京在) 씨라고 지금은 건국대학 건축학과에서 퇴임하신 교수

분인데 그 분이 공군 중위였고 명찰을 보니까 놋쇠명찰에 "주경재"라고 쓰인 것이 그냥 천에 실로 박은 명함보다는 보기에 좋았고, 그리고 시골서 충분한 학비를 조달하며 대학 진학한 건 아니니까, 국방의무는 필하되, 더불어 다소라도 소득이 있는 쪽이 좋지 않겠나, 그래서 장교과정을 택한 것이지요. 그 당시에 상당히 많은 졸업생과 졸업예정자가 응시했습니다. 서울지구 병무청에 응시한 사람들이 거의 3,000명이 넘는데 서울지구에서 108명 합격을 했더라구요. 거의가 서울대학 출신이 월등히 많았고, 그다음에 여타는 별로 많지 않았는데 한양공대 건축공학과 출신이 세 사람, 전기공학과 출신이 세 사람, 이렇게 여섯 사람이 합격했는데, 그 숫자는 많은 편이었어요. 그래서 가끔가다 이런 얘기를 하는데 "내 학부성적표를 한번 뒤져봐라. 턱걸이, 턱걸이, 턱걸이다. 그런데 이게 서울공대 A하고 똑같은 거야. 상당히 많은 서울공대 건축과 출신들도 장교 시험에 응시했는데 3명이 합격했고, 현대건설에도 같은 숫자로 합격했다. 그러니 내 성적이 아주 안 좋다고 생각하지 말고 그게 서울공대 A에 준하는 걸로 알아라." 그런 얘기를 했지요. 그리고 방공관제단이라는 부대는, 공군의 주력부대가 공중 전투부대 그러니까 전투비행단, 그다음에 전투비행단에 전폭기를 공중에 띄워서 공중전을 유도하는 작업을 하는 부대가 레이더(radar)부대거든요. 관제사라 그러지요. 그러니까 적기가 떴다 그러면 수원비행장이나 기타 전투비행단에서 일단 전폭기가 이륙하여 5분 내에 공중에서 지시를 받아 적기와 맞붙도록 유도를 하되 적기가 진행하는 방향에서 측면으로 접근시키는 것이거든요. 이와 같이 전투기기를 적기에 접근시키는 것이 30방공관제단의 임무입니다, 그 30방공관제단은 오산비행장에 있습니다. 군산비행장과 오산비행장은 미군 비행장이고 한국공군 비행장이 아닙니다. 오산비행장 한 구역에 방공관제단 시설이 있습니다. 미공군은 콘크리트블럭(concrete block)으로 번듯번듯하게 건설되어있었는데 그 당시 우리공군은 콘세트(Quonset)라는 반달모양의 간이건물과 프리햅(prefab: prefabricated building의 준말)이라는 목조로 건물을 사용했어요. 이와 같은 시설을 이설(移設)하는 일, 즉 부대 이동 공사에 관한 설계를 하고 공사 감독 등의 임무를 맡아서 했습니다. 그다음에 방공관제단산하의 레이더부대가 보유하고 작전에 활용하는 안테나가 두 가지가 있습니다. 수평으로 회전하면서 적기의 위치(방향)를 확인하는 안테나와 상하로 작동하면서 적기의 고도를 파악하는 안테나가 있는데 이들 안테나는 폭풍이 불면 세워놔야 돼요. 폭풍이 부는데 억지로 작동시키면 부러지니까요. 태풍이 불면 안테나를 바람에 따라 돌게 내버려두는 거지요. 그러니까 폭풍이 불면 작전이 안 되는 거 아닙니까? 그래서 안테나를 전파가 투과하는 물질(플라스틱)로 씌우는 거지요. 플라스틱(plastic)으로 씌워서 전파를 투과하게 하여 레이더가 발산되어 전천후 작전이 가능하게 하는 것입니다. 30방공관제단 산하에는 여러 곳에 관제시설이 있는데 이것을 레이돔(Radome)이라고 부릅니다. 그러한 군사시설 현대화에 건설기술영역에 참여했던 거지요.

김택호 : 그러니까 장교로 계실 때 5·16도 맞으신 건가요?

전낙근 : 아니요. 대학 졸업을 하기 전에 장교시험을 봐서 합격증을 받은 후에 5·16이 발발했습니다. 지금은 그렇지 않은 것 같은데 학교에 다닐 때는 제가 나이가 들어보였어요. 그래서 길거리에서 가끔 형사의 검문을 받았어요, 병역기피자라로 오인받은 것이지요. 그래, 학생증 보여주고 충청북도민이니까 도민증 보여주고 했는데 그게 엄청나게 귀찮아서 나다니는 걸 싫어했습니다. 합격자 발표 후에 병무청에서 합격증을 받아서 주머니에 넣고 마음대로 다녔지요. 그런데 입대일자 보름 전에 5·16이 난 거지요. 제가 합격증을 가지고 병무청엘 갔지요. "이게 어떻게 되는 겁니까?"하고 물었더니 "합격증에 쓰인 대로 6월 1일 날 대전비행장으로 가라."는 것이었습니다. 그때 합격증을 넣고 다닐

때는 옷도 변변치 못했습니다. 제가 입고 다닌 외출복이라는 게 군복(육군 군복)이었습니다. 다니다가 조사당하면 나도 곧 군인 될 사람이라 그러면 거의 다 해결되더라고요. 그렇게 지냈지요. 5·16은 대학졸업하고 군대 들어가기 전이기 때문에 실제 5·16하고 저하고는 큰 관계가 없었는데 한 가지 5·16혁명이 나고서 공군이 불이익을 받은 게 있어요. 5·16 이전까지 공군은 숫자가 얼마 안 되기 때문에 하루 세 끼 쌀밥만 먹었대요. 우리가 입대하고서부터 육군이 집권하니까, 3군 통일로 하루 세 끼 보리밥이었습니다. 우리 1기 선배만 해도 쌀밥으로 세 끼 먹었는데, 저희부터 보리밥을 먹은 거지요. 그런 거보면 아주 묘한 때에 태어나서 안 좋은 것은 다 겪고 산 것이에요. 초등학교 때 대동아전쟁(2차대전)에 대한 피해도 입었었고, 6·25 때 국민학교 6학년이었으니까 피난 갈려고 해도 갈 데가 없으니까 그냥 주저앉아 그렇게 지냈고. 그러고 그다음 얘기지만 월남 가서는 또 밤새껏 조명탄 떨어지는 데서 공포에 떨면서 지냈고 더 훗날 얘기지만 리비아(Libya)에서는 레이건(Ronald Reagan) 대통령 명령으로 제가 있었던 현장을 폭격해서 피해도 입었습니다.

김택호 : 트리폴리(Tripoli).

전낙근 : 예. 트리폴리는 영국기지에서 폭격기가 발진했고, 벵가지는 항공모함이 지중해로 진입하여 벵가지(Benghazi)를 폭격했습니다. 그 폭격에 피해를 받았어요. 그래서 전쟁하고는 참 인연인 것 같았습니다. 직접 참전은 못 했지만.

김택호 : 일상적인 차원에서 5·16의 피해자시네요. 65년 7월에 현대건설에 입사하신 것으로 알고 있는데 현대건설 입사 과정을 간략하게 좀 말씀해주시지요.

전낙근 : 공군장교의 의무기간은 훈련기간은 빼고 임관일자로부터만 4년이거든요. 그러니까 10월 1일 날 임관을 했으니까 61년 3월에

졸업했지만, 61년 6월부터 4개 월 간은 훈련기간이고 10월 1일에 임관했으니까 65년 9월 30일이 제대 일자에요. 그럼 65년 9월 30일에 제대하면 건설회사는 겨울동안에는 별로 일이 없잖아요. 그래서 직원채용을 하지 않지요. 그렇게 되면 곰도 아닌데 발바닥을 핥고 살 수 있는 것도 아니고, 그래서 꾀를 썼지요. 공군에서 실패한 공사가 있었는데 그걸 제가 성공작으로 완성시켰어요. 그래서 그것을 공적으로 훈장 달라는 소리를 안 하고 그냥 미리 9월말 제대인데 7월 1일에 현대건설 입사하도록 해 달라고 간청하여 입사시험을 봤고 회사에 건의하여 제대 후에 출근했지요. 그 당시에 공채 시험 보는 회사는 현대건설밖에 없었어요. 건설회관이 그 당시에는 무교동에 있었는데 그 강당에서 공채시험이 있었습니다. 건축과를 지망한 사람이 69명이더군요. 그런데 제가 아는 두 사람이 시험장에 오지를 않았어요. 그러니까 67명이 시험을 본 거지요. 그 67명에서 6명 합격했는데 거기에 끼었으니 운이 좋았다고 해야 되겠지요.

김택호 : 그 당시 현대건설 선택하시게 된 건 여기가 가장 좋은 회사다 이렇게 판단하셔서 그런 건가요?

전낙근 : 현대건설은 솔직한 얘기가 군대 생활할 때까지도 제가 잘 몰랐어요. 그때 알려진 회사가 중앙산업, 삼부토건, 대림산업 등이었는데 이 현대건설은 제가 잘 몰랐던 회사였습니다. 다만 공채시험이 있으니까 응시했던 것입니다. 그리고 그전에 파주의 미군부대에서 기술자를 모집하는 데가 있어서 가보니까 거기는 포어맨(foreman) 그러니까 십장모집이래요, 십장! 학부 졸업해가지고 십장은 안 하겠다 이러고 걸어 치고 왔거든요. 만일 인맥이 있었다면 어느 건설회사 입사가 되었겠지요. 그런데 입사하고 보니까 회사는 괜찮은 회사고 좋은 회사로 평가를 하더라구요. 그때만 해도 건설업계에서 대림산업이 많이 앞서있었고 현대는 좀 처져있었어요. 얼마 후에 현대가 추월을 했지요. 그래서

현대건설에 입사한 것은 제대 후의 호구지책(糊口之策)을 마련하려는
것이었습니다. 그 당시에 공과대학 건축과 나온 사람들이 설계사무소
에 취업을 했는데 설계사무소라는 데는 보수도 뭐 좋지 않았고 그리고
건설회사도 큰 회사가 아닌 데는 겨울에는 쌀 한 가마 주고 "봄에 다시
와라." 그렇게 했다는 말을 들었습니다. 그런 때였어요. 직원모집광고
를 오산비행장에서는 볼 수가 없었거든요. 우리 동서가 서울에서 신문
보고 그런 게 있다고 한번 해보라, 그래서 현대건설에 입사를 하게 된
것입니다.

김택호 : 해외 건설 진출과 관련된 내용을 본격적으로 여쭙겠습니다.
우리가 중동건설에 대해서 이해하기 위해서는 그 이전에 있었던 동남
아지역이라든가 이런 타 지역의 건설 상황에 대해서 좀 이해할 필요가
있습니다. 베트남(Vietnam)특수라고 하는 걸 말씀드리지 않을 수가 없
는데요. 맹호부대가 베트남에 파병된 것이 65년 10월이고, 그 무렵부
터 한국 건설사들이 베트남 진출이 본격화 되었다고 알려져 있습니다.
또 군 철수와 함께 용역 사업이 마무리되었던 시기가 71년이라는 점을
감안하면 선생님께서 65년 7월부터 71년 5월까지 현대건설에 계셨으
니까 이른바 베트남특수가 한창이던 시절과 딱 겹치십니다, 현대건설
근무 기간이요. 일각에서는 현대건설이 본격적으로 성장하게 된 건 베
트남특수 때문이다 이런 분석을 하고 있기도 합니다. 이와 같은 상황을
전제로 당시 선생님께서 맡으셨던 업무와 현대건설의 베트남 진출 상
황 등에 대해서 좀 말씀해주셨으면 좋겠습니다.

전낙근 : 이해가 되도록 설명하려면 좀 길어지는데요. 박정희 소장이
5·16군사혁명에 성공한 후 그해에 대장이 됐었을 거예요. 그리고
5·16혁명에 따른 미군과의 불편했던 관계도 해소하고 또 국가 원수지
위의 자격으로 케네디(John F. Kennedy) 대통령을 방문을 했지요. 왜
그랬는지 모르겠는데 그 당시 사진을 보면 박정희 대통령은 밤낮 실내

실외 구분 없이 검정 선글라스(sunglass)를 쓰셨어요, 미국 방문을 마치고 귀국한 후, 제 사건인데 박정희 대통령은 케네디 대통령이 자기에 대해서 별로 호감을 가지고 있지 않다고 생각하셨던 것 같아요. 그 이듬해 62년 초에 주한미군 2만 명을 한국의 동의 없이 괌 지역으로 이동시켰습니다. 그리고 동남아에서 미국이 군사 활동을 활발하게 하기 위해 태국(Thailand) 정부와 협상을 맺은 게 있는데, 태국에 미군 기지를 하나 만들 것을 승인하면, 태국의 경제발전을 지원하겠다는 약속이었지요.[1] 미군이 태국에 군사기지를 만든다는 말이 국내에서 근무하다가 미군을 따라서 동남아로 이동했던 사람들(저는 이들을 "친한파"라고 부릅니다)에 의하여 국내에 전해졌습니다. 왜 친한파(親韓派)냐 하면 그 사람들이 한국에서 근무 중 한국에 대한 호감을 많이 가졌든 사람들입니다. 동남아로 이동 후에도 휴가를 한국으로 올 정도였습니다. 한국에 와서 동남아에서 미군의 정보를 줬던 거예요. 그 정보를 입수한 정주영(鄭周永) 사장이 태국에다가 현대건설 태국지사를 설치를 했어요. 그게 공식으로 최초의 일입니다. 그 이후인 66년에 3월 4일에 주한미국대사 브라운(Winthrop Gilman Brown)이 그 당시 한국 외무부장관인 이동원(李東元) 장관에게 각서를 보냈습니다. 원 제목을 보면 메모랜덤(memorandum)이에요. 그러니까 메모(memo)이지 각서라고는 생각하지 않는데 지금 한국에선 전부 브라운각서[2]라고 번역해서 쓰고 있습니다.

---

[1] 전낙근 · 김재준, 『프로젝트 중심 해외건설사』, 기문당, 2012, 226쪽.

[2] 브라운 각서란 1966년 3월 7일에 주한미국 대사 W. G. 브라운과 대한민국 정부의 이동원 외부무 장관 간에 체결한 각서이다. 정식 명칭은 『한국군 월남 증파에 따른 미국의 대한 협조에 관한 주한미대사 공한』으로 대한민국 정부는 베트남 추가 파병을 조건으로 국가 안보와 대한민국의 경제 발전에 대한 16개항의 내용이 들어 있다. 이 문서는 2005년 8월 26일 정부의 베트남 전 관련 문서 공개로 이 문서와 1970년에 열린 미 상원 사이밍턴 청문회에 대한 내용이 자세한 알려졌다.

그런데 아까 말씀하신 대로 맹호부대는 이미 파월 됐어요. 전투 병력을 더 파월시키면 한국군 무장 현대화와 월남 내에서 한국인 개인이 월남에 와있는 미국 회사에 개별 취업하는 것과 한국 업체들이 월남에서 경제활동을 할 것을 알선해준다는 내용이었습니다. 단 월남 정부가 승인해주는 조건이었습니다. 미국의 의지라면 월남 정부의 승인은 문제가 되지 않을 때였습니다. 그리고 이미 현대 건설은 태국에 지사를 개설하였으며 1965년 후반에 파타니 나라티와트 간 고속도로(Pattani Narathiwat Highway)공사를 수주했는데 그것이 공식으로 해외건설공사 제1호에요. 그 후로 66년에 브라운각서의 힘입어 한국 업체들이 많이 월남으로 진출한 것이지요. 월남에 역시 현대건설이 빨리 진출했어요. 현대건설이 준설공사를 월남에서 수주했습니다. 사실 현대는 공식적으로 준설공사의 실적이 없었는데, 인천 제1도크 복구공사를 할 때 현대건설이 극히 소규모의 공사를 하청했었는데 그것을 실적으로 인정받은 것이지요. 그 당시에는 한국에서나 동남아에서나, 바이 아메리칸 액트(Buy American Act)라는 법의 영향을 받았어요. 미국 연방정부 재원이 제3국으로 유출되는 것을 방지하거나 최소화하기 위한 법이지요. 미군이 발주하는 모든 공사에는 미국과 거래한 실적이 있는 업체만 참여자격을 주게 했어요. 그래서 주로 미국회사의 하청을 많이 했어요, 그때까지만 해도요. 그 후로 원청(原請)도 했지만. 월남에 이미 미국회사가 원청으로 준설공사를 수주한 것을 앞에서 말한 대로 미국회사가 대여해준 준설선을 운영해본 경험이 있어서 그걸 실적으로 준설공사 하청을 받은 겁니다. 그 준설하청공사로 수익성이 높았고 전투 지역에서 수행하는 공사니까 달라는 대로 받고 준설을 한 것이거든요. 그 당시에 미국의 원청회사 입장에서는 예산의 통제라는 것이 사실상 의미가 없었던 때이기도 했지만 현대건설의 요구가 원청회사의 예산범위 내에 있었기 때문에 문제가 되지 않았던 것입니다.

김택호 : 선생님, 그게 어떤 준설공사죠? 어떤 목적의 준설공사.

전낙근 : 항만공사였습니다.

김택호 : 항만공사. 그러니까 군 작전하기에.

전낙근 : 그러니까 제일 먼저 한 거가 캄란베이(Cam Ranh Bay)라면 다 아실 거예요.

김택호 : 예. 캄란만.

전낙근 : 캄란만 준설공사를 처음으로 시작했지요. 그리고 그 후부터 도처에 준설공사를 많이 해서 엄청나게 재미를 봤어요. 이 준설이 또 한국 건설에 어떤 역사적인 의미가 있냐면 그 준설공사 실적을 가지고 국내 들어와서 간척 사업을 했는데 간척사업도 준설공사의 비중이 컸습니다. 실제 착공일을 기준하면 그 다음이 태국에 파타니 나라티와트 간 고속도로였지요. 이 고속도로 공사는 경인고속도로를 하는데 교본적인 프로젝트(project)였거든요. 한국에서는 고속도로가 빨리 가는 길인지 아니면 어떤 것인지는 몰랐던 때지요. 우리나라건설업체의 태국 고속도로공사는 경인고속도로와 경부고속도로 연계되는 교본적인 프로젝트라는 데 큰 의미가 있고 월남에서의 준설은 한국 간척사업에 효시가 되는 계기가 돼서 우리나라 지도의 복잡한 해안선이 직선으로 변한 데가 많아진 것이지요. 건설사적으로 그런 뜻이 있는 겁니다. 그리고 주로 그때 월남에서는 우리가 그냥 RMK라고 불렀던 미국건설업체가 있었는데 원래는 RMKBJR이었고 여섯 개 미국회사의 두문자(頭文字)가 합쳐진 컨소시엄(consortium)이에요. 우리가 부르는 건 앞에 셋만을 따서 RMK인데 원래는 RMKBJR입니다. 그 RMK에서 상당히 많이 원청으로 수주를 하고 한국 업체에 하청을 많이 준 거지요. 그래서 월남에서 공사는 아까 말씀드린 BAA, 즉 바이 아메리칸 액트 때문에 원청회사는 전부 미국 회사였는데 미국 원청회사가 프로젝트를 수주해도 수행 능력이 없는 거예요. 이유는 미국사람들이 월남전쟁터에는 공사

하러 가지 않는다는 거지요. 그러니까 인제 우리는 전쟁도 경험해봤고 그만큼 배고픈 때였으니까 물·불 안 가리고 달려드는 불나방처럼 달려들어 하청으로 수주한 것이고, 공사의 성격과 수익성을 분석하고 수주한 것은 아니었습니다. 어느 나라 말인지 모르겠는데 무대뽀라는 말이 있잖아요? 주먹구구식이라는 말이었을 터인데 무작정으로 대처했고, 운도 좋았고 무엇보다도 열심히 일했기 때문에 다 돈을 벌었던 거지요. 제가 월남에서 참여했던 공사는 캄란만 내안(內岸)에 있는 방오이(Bangoi)라는 곳에 500세대의 규모의 피난민을 수용하는 신도시 건설공사였어요. 그 공사의 정지공사는 RMK가 했고, 그 위에 현대건설은 기초공사부터 주택을 완성하는 공사였습니다. 다목적 공간(multipurpose room)으로 큰 방이 하나 있고 취사장과 화장실이 별도로 구분돼있는 간단한 구조의 주택공사였습니다. 그 규모가 500만 달러였으니까 그 당시로서는 규모가 큰 공사였습니다. 저는 현지인을 데리고 기초부터 건물 전체를 완성하는 일을 담당했습니다. 혹시 뒤의 질문과 겹쳐질는지 모르겠지만 조금만 더 말씀을 드리면 월남에 가서 현지인들 일을 시키는 데에는, 영어를 해도 소용없고 한국말로 해도 소용없잖아요. 월남어가 아니면 안 통하는 거 아닙니까? 영어를 하는 현지인을 십장으로 고용하여 어렵게 의사소통을 하면서 일을 했습니다. 제가 십장에게 설명을 하면 십장이 월남어로 현지인에게 작업을 지시하는 형식이지요. 작열하는 태양아래서 작업하는 노무자들에게 수시로 식수를 공급해 줘야 되잖아요. 물을 갖다 주기 위해서 제가 현장에서 자리를 뜰 수밖에 없지 않습니까? 약간 거리가 떨어질 때는 깔짝깔짝 일을 해요. 조금만 거리가 떨어지면 완전히 자동기계 전원장치 차단한 것처럼 전부가 일을 멈추고 놉니다. 가다가 도루 돌아오면 일어나서 일을 하고……, 하도 속을 썩여서 공사용으로 지급된 미송(美松) 나무판자가 있어요, 1인치 두께판자. 원 바이 투엘브(1 by 12; 두께 1인치 폭이 12

인치 되는 판자). 이 얇고 넓지 않습니까? 그런 건 어지간하면 주먹으로 치면 쪼개지거든요. 그래서 가장 성의 없이 일하는 청년에게 그 판자를 돌로 고이고 확 내려쳐서 짜개보라고 했지요. 한번 힘껏 내려치더니 손 전체가 부서진 것처럼 아프다고 쩔쩔매더라구요. 그 판자를 제가 손바닥 날로 내려쳐서 쪼개버렸어요. 그리고 "하라는 대로 말 안 들으면 네 머리를 쳐서 반은 사이공(Saigon)으로 보내고 반은 하노이(Hanoi)로 보낼 수 있다."고 엄포를 놓고 "꾀부리지 않고 열심히 일하라고." 했습니다. 그러니까 상당히 많은 사람들이 제가 태권도 유단자인 줄로 아는 것입니다. 저는 태권도의 "ㅌ"자도 모르는 사람이에요. 그래서 그 후로 현지인 십장이 새로 온 월남사람이 와서 나를 소개할 때 보면 꼭 태권도라는 말이 들어가더라구요. 제가 태권도 유단자라고 그러는 거 같아요. 천만의 말씀이지요. 그처럼 현지 노동자 관리가 무척 어려웠습니다. 그러니까 현재와 같은 방식으로는 예산이 얼마만큼 들지 모르는 현실이었어요. 그래서 도급제로 전환이 필요했지요. 일본말로 우께도리(うけとり)가 아마 도급일 거예요. 즉 성과급으로 시키는 거지요. 가령 콘크리트 블록 한 장을 옮겨오는데 일정금액으로 정하는 것입니다. 트럭으로 블록을 쌓을 곳 가까이 운반해 내려놓으면, 이 블록을 작업장까지 날라다주는 것이지요. 쌓는 사람은 한국 사람이고 현지인이 이걸 날라다 줘야 한국인이 일을 하게 되는데, 이걸 날라다 주는데 한 장에 일정액으로 정합니다. 처음에는 월남말로 알아들었다고 합니다. 언더스탠드(understand)라는 말이 월남말로 비엣(biết)이라고 한답니다. "비엣, 비엣" 이래요. 알았다고. 그리고 작업이 종료되는 시간에 각자마다 그날 운반한 블록 수에 미리정한 개당(個當) 단가를 곱하여 "네가 오늘 운반한 수자에 약속한 단가를 곱하여 오늘의 네 임금은 이거다."라고 하면 거의가 "어제는 얼마 받았는데 오늘은 줄어드느냐"고 아우성이지요. 그래서 그것을 이해시키는데 엄청 시간이 걸렸어요. 한 장

당 소운반(小運搬) 단가의 의미를 이해하고 난 뒤에는 성과급제를 이해하였고, 전에는 여자 인부 둘이 블록 구멍에다 작대기 꽂아가지고 어슬렁어슬렁 소운반하더니 성과급을 이해한 후에는 한 여자가 두 장을 어깨에 메고 한손으로 잡고 또 다른 손으로 두 장을 손가락으로 블록 구멍에 끼워 넣고 뛰어오더라구요. 그러니까 성과가 8배로 늘어난 것입니다. 자기들도 이제 받는 소득이 늘어가니까 뭐든지 도급으로 달라고 했어요. 그래서 그 일 시키는 방법이 어쩔 수 없이 그런 식으로 바뀌었지요. 소득증대에 대한 확신이 없을 때 말로만 해가지고는 안 되는 거였어요. 저는 완공하여 인도하기 직전에 귀국했지요. 그러니까 68년 8월에 월남에서 귀국했습니다.

김택호 : 대체로 군 시설이라든가 군사 작전을 위해서 필요한 시설물들 공사가 많으셨던 거지요?

전낙근 : 월남에서 공사한 것은 군사시설보다는 인프라스트럭쳐(infrastructure)에 속하겠지요. 항만준설이 많았고 그다음에 도로공사 등. 작전구역에 있는 도로를 작전상 폭파도 시켜 가끔씩 끊어지니까 다시 작전상 복구도 하는 등, 그 다음에 미국정부나 미군이 발주하는 공사는 전부가 미국 회사가 원청회사가 되고 한국 회사는 하청밖엔 못했지만 주월남한국군사령부에서 발주하는 한국군 병사(兵舍), 군 막사 같은 공사는 한국 업체들이 원청자가 되었지요. 그런데 그 당시에 있던 회사, 월남에 진출했던 회사들이 지금까지 존속하는 회사는 대림산업과 현대건설밖에 없는 거 같아요. 그때 무슨 신일기업, 공영건업 등도 그 후에 도산돼서 없어졌어요.

김택호 : 현대건설의 성장 출발점을 베트남특수로 보는 시각은 대체로 정확하다고 생각하시는지요?

전낙근 : 그 당시에 성장에 절대적인 영향을 끼쳤다는 건 아니지만 상당히 도움을 준 것은 맞는 거지요.

김택호 : 쭉 지역이 건너뛰어지는데요. 72년부터 75년까지 공영토건에 재직하셨지 않습니까? 재직 당시에 유명했던 미국령 사모아(American Samoa) 건설 사업에 참여하신 것으로 알고 있습니다. 이 사업은 72년에 공영토건이 최초로 수주한 해외 건설 사업이었고 사모아 총독으로부터 상당한 공로를 인정받았던 그런 사업이라고 알려져 있습니다. 제가 초등학교 다닐 때인가 이 무렵에 이거와 관련된 사례를 홍보하는 걸 듣고 했던 기억도 나는데요. 두 가지를 좀 여쭙겠습니다. 간단하게 공영토건으로 직장을 옮기신 과정을 여쭙고 싶구요. 또 하나는 이 사업이 뭐였는지, 공영토건이 진행했던 미국령 사모아의 건설 사업이 뭐였는지 두 가지를 좀 여쭙겠습니다.

전낙근 : 현대건설에 입사해서 보니까 사람을 전문 기술자로 기르는 거에요. 한 가지에 아주 특화된 기술자. 그래서 예를 들면 어느 현장에서 파일(pile)을 박은 사람은 다른 현장에서도 파일을 박게 하는 것입니다. 그러니까 현재 진행되고 있는 파일공사 끝날 무렵이면 본사에서 계속 리모트 콘트롤(remote control)을 전화로 하는 거지요. '당신 그 파일 언제 끝나? XXX 현장의 파일공사가 급한데 빨리 하고 XXX현장으로 빨리 가야 되겠어' 뭐 이런 식으로. 근데 제 경우는 입사하고 단양 시멘트공장을 제가 지망을 했는데 왜냐면 현장수당이라는 것이 지급되었는데 본사에서 받는 급여의 30%를 더 받았어요. 근데 그 30%를 더 받는 걸 가지고 저는 생활이 됐고 월급을 남길 수가 있으니까, 즉 저축할 수 있어서, 어디든 먼저 갈 수 있는 현장을 희망했는데 그 당시 단양 시멘트공장 증축공사가 생겼어요. 그러다 보니까 시골 현장으로만 연결되는 거에요. 단양 시멘트공장, 제천 조차장, 화천 수력발전소, 그 다음에 소양강댐 제1차 현장에 있었거든요. 그런 식으로 벽고지 현장으로 현장이 연결되니까 마치 전공이 무슨 벽고지 현장 전문가처럼 되는 거에요. 이 고리를 끊어야 되겠는데 묘책이 없더라구요. 그래서 제

일 좋은 방법이 사표를 내는 수밖에 없겠다. 그래서 사표를 냈더니 인제 회사에 뭐가 불만이냐고 묻더라구요. 불만은 있지만 구차하게 말하긴 싫고 하여튼 퇴직하겠다고 했습니다. 그럼 어떤 계획이 있느냐고 묻더라구요. 그래서 가족 데리고 미국 이민가기로 했다고 거짓말을 하고 사표를 냈어요. 그러고는 컴퓨터 프로그래머(computer programmer)가 되는 걸 생각을 하고 학원에 석 달을 다녀봤어요. 그런데 석 달 다녀가지곤 컴퓨터에 대하여 알게 되는 것도 아니고, 그러고 이 컴퓨터가 과연 건설업에 접목이 돼서 잘 될 건지도 잘 모르겠더라구요. 그리고 결정적인 동기가 석 달을 컴퓨터학원 다녀가지고는 장래가 안 보이니까 도로 건설업계로 들어가야 되겠다고 생각하게 되었습니다. 그래서 현대건설 가서 재입사하겠다고 말하는 것은 좀 구차스럽게 생각했고, 마침 한일개발(한진그룹)에서 사원 모집 공고가 나서 인터뷰를 했는데 조중식(趙重植) 상무라고, 조중훈(趙重勳) 씨가 큰형이고 조중건(趙重建)이가 대한항공 사장하던 분, 그 양반이 둘째고 조중식 씨가 셋째인데, 이 셋째 분은 오클라호마(Oklahoma State University) 공대를 나온 분이에요. 그분이 면접시험에서 "컴퓨터가 건설업에 어프리커블(appreciable)하다고 생각하십니까?" 그러시더라구요. 깊이 생각은 안 해봤는데 할 말이 없잖아요. 그래, 순간적으로 아, 미국에서 유학하신 분이 저렇게 말할 때는 컴퓨터는 접는 게 맞다. 그래서 이제 컴퓨터는 그만두고서라도 뭐 합격도 안 시켜주더라구요. 그래서 몇 달 놀았지요. 그러자 인제 공군의 선배고 학교의 선배 되시는 분이 공영토건에서 해외공사에 경험이 있는 사람을 구하는데 한번 해 보겠느냐고 해서 가 보니까 수산개발공사에서 원양어선단의 한국 선원들의 복지를 위해서 아메리칸 사모아에 코리아하우스라는 한식 건물을 지은 게 있었어요. 그 후에 사모아 정부가 발주하는 사모아 의사당 건물이 발주되었는데 그 공사에 입찰하겠다고 신청을 하니까 코리아하우스라는 건물에 만족감을 느낀 사모아 정부의 시공자 자격심사에 통과됐어요. 그런데 수주는 또 월등히 저가로 투찰했으니까 낙찰됐지요. 그 당시에 미군공사를 많이 하고 해외공사를 하고 있었던 공영건업이 있었는데 이 회사는 월남에도 진출했었고, 그다음에 아프리카(Africa)에 제1호로 말라위(Malawi)라는 나라에 가서 공사도 했던 그 회사가 아니고 옛날 화일산업이라는 회사에서 분사독립한 회사인 공영토건은 해외현장 경험 있는 사람도 없고 해서 그렇게 입사하게 됐지요.

그런데 제일 첫 번에 인제 미국령 사모아에 가서 도면을 받아가지고 건물배치(building layout)를 해야 되는데 도면대로 건물배치를 하려니까 이상하게 되더라구요. 측량을 잘못한 것도 아니었는데. 그러고 한참 후에 가만히 생각을 해보니까 건물 중심에서 그 부지에 맨홀(manhole)이 하나 있었는데 그것과 각도가 얼마 된다고 돼있어요. 거기서부터 65°를 돌리라고 돼있는데 65°를 돌리면 전혀 안 맞아요. 그런데 90°에서 65°가 아니라 65°를 뺀 25°에 맞추면 건물의 배치가 설계도면과 맞게 되더라구요. 25°라고 써야 될 걸 그냥 65°라고 착각할 수 있거든요. 아마도 설계도에 기입할 때에 착오로 기입하여 그렇게 된 것 같더라구요. 이제 생각을 하는 거지요. 내가 이걸 가지고 클레임(claim)을 걸어? 미국 회사 같으면 있는 장비 없는 장비 막 그냥 갖다 투입합니다. 그래놓고 이게 설계가 잘 못되어 시공자에게 불필요한 비용이 과다하게 발생했다고 막 클레임하는 거거든요. 클레임을 해야 될까. 이실직고를 할까. 고민을 굉장히 많이 했어요. 근데 클레임을 하고 다투고 나가면 엄청난 싸움을 해야 되거든요. 그 싸움 능력은 저에게는 사실 없었습니다. 사모아 현지는 엔지니어(engineer)가 없어가지고 본토에서 전부 계약직 공무원으로 들어온 사람들인데 그중의 거버먼트(government) 아키텍트(architect)를 찾아가서 "이 도면대로 레이아웃을 여러 번 시도해봤는데 안 맞더라." "그래?, 안 맞아?" "안 맞더라고! 나하고 같이 가서

보겠냐?" 그랬더니 "아, 당신이 해서 안 맞으면 안 맞는 거지." 그때에
제가 "그런데, 잘은 모르겠다. 이 맨홀(manhole)에서 중심선하고 65°를
빼지 말고 25°를 돌리면 이게 딱 맞더라." 그랬더니 "아, 그러냐?"고. 그
래서 그 친구는 제가 클레임을 할지 모르니까 주춤하더라구요. 그래서
제가 "쉽게 하자! 25°라고 고쳐 쓰고 당신이 사인(sign)하라. 그러면 내
그대로 할 게!" 그런 후로 그 친밀감 때문에 끝날 때까지 도움을 많이
받았어요. 그렇지 않고 섣불리 약은 척하고 클레임을 걸었더라면 아마
엄청나게 힘들었을 겁니다. 그래가지고 그 공사가 끝나는데 계약 공기
보다 석 달이 늦었어요. 공기연장을 받아야 하는데 연장 받을 수 있는
정당한 이유가 마땅치 않았어요. 그 거버먼트 아키텍트에게 "일은 잘했
는데 의사당 없다고 사모아에서 의회가 일을 못 하는 것도 아니 않는
가?. 이거 그냥 쉽게 석 달 연장해주는 방법이 없을까?" 했더니 자기가
곰곰이 생각하더니 "알았다!"고 해서 쉽게 연장을 받았어요. 그걸 내가
혼자 곧이곧대로 교과서대로 클레임한다고 똑똑한 척 했더라면 아마
허리 부러지고 목도 달아나고 했을 거예요. 공사의 품질도 좋고 정부와
아무런 마찰 없이 준공되니까 존 엠 헤이든(John M. Hayden)이 주지
사였는데 그분이 준공 후에 그 당시 교신 방법이 텔렉스(telex)밖에 없
었으니까 청와대로 텔렉스를 보냈어요. "공영토건이라는 한국 회사에
서 우수한 품질로 공사를 성공적으로 잘 끝내줘서 감사합니다." 그리고
당시 "지사장이었던 장준 씨와 현장에서 있던 전낙근 씨의 노고를 치하
한다."라는 뜻으로. 이 의외(意外)의 감사축전문을 사모아 주지사로부
터 수신한 청와대에서 "장준이와 전낙근을 불러와라" 했지만 이 두 사
람은 이미 퇴직하여 공영토건에 없었습니다. 그래서 대표이사와 본사
의 기술상무가 대신 표창을 받았습니다. 우리나라 건설업체가 해외 공
사를 반세기 이상 했는데 발주국의 수장으로부터 청와대까지 감사장을
보내온 사례는 그게 처음이자 마지막이었습니다.

김택호 : 이것이 굉장히 중요한 사업이긴 했을 거 같은데 제가 과민해서 그럴지 모르겠지만 아메리칸 사모아의 자치의회 의사당이라고 한다면 대단히 큰 규모의 건물은 아니었을 거 같습니다.

전낙근 : 상상하신 거보다 더 초라했습니다.

김택호 : 그럼 그것은 공사비가 대단히 큰 사업은 아니었겠군요.

전낙근 : 예. 57만 달러였는데요. 57만 달러면 그때는 들썩들썩했습니다, 큰 공사라고 인정했지요. 그 당시로서는. 그랬던 것인데 사모아라는 곳을 가보면요 일반적인 주택은 타원형으로 바닥을 만들어 놓고 건물외부에 뺑 둘러서 기둥을 세우고 지붕을 만들고 야자나무 잎을 덮어가지고 비가 흘러 빠지게 하고 건물 측면에는 야자나무 잎을 엮은 커튼을 접어 올렸다가 내렸다하는 개폐식 전통가옥구조인데 그것을 본을 떠가지고 둥근 돔(dome) 형식의 지붕에다가 경간(span)은 길지요. 그게 철골조가 아니고 글루 래미네이션(glue-lamination), 빔(beam), 즉 얇은 목재를 접착제로 붙여서 공장에서 성형하는 거예요. 활모양으로 굽은 것이지요. 경간(span)은 큰데 목재 하나로 하기는 어려우니까 얇은 목재를 접착제로 붙여서 성형된 합성목재로 장대경간(長大徑間)을 만드는 것이지요. 한국에서는 듣도 보도 못 했던 것이었고 미국과 호주 등지에서 그런 걸 만들어 사용하고 있었는데 공영토건은 뉴질랜드에서 수입하였습니다. 그리고 사모아사람들이 말하기를 "한국 사람은 한국식 건물인 코리아하우스 같은 건물공사는 잘 할 수 있어도 이런 건물공사는 아마 못 할 거다. 얼마 안 있다 손들고 갈 것이다."라고 소문이 있었고 실제로 하와이 건설업체는 공영토건이 손 떼고 나가기를 기다리고 있었던 사실이 있었어요. 끝까지 다 완성하였으니 그 사람들이 잘못 생각했던 거지요. 그리고 이 공사를 하였기 때문에 사모아에서 코리아에 대한 이미지(image)를 상당히 많이 업그레이드(upgrade) 시켰습니다. 사실이기 때문에 말씀드리는데 사모아에는 밴 캠프(Van Camp)

와 스타키스트(Starkist)라는 두 참치통조림 회사가 있어요. 이 통조림 회사에 대만과 한국에서 원양어선단이 참치를 잡아서 납품했거든요. 냉동상태의 참치를 납품받은 그 두 회사는 가공해서 캔(can)으로 만들어서 미국본토나 외국으로 수출하는 거지요. 사모아에는 통조림을 만드는 회사가 그 두 회사가 있고, 아메리칸 캔 컴퍼니(American Can Company)라고 깡통을 만드는 회사가 두 통조림회사 사이에 있어요. 이 회사에서 깡통을 만들어서 두 통조림회사로 보내면 여기는 참치를 가공해서 납품하는데 그게 괜찮은 사업인 것 같더라구요. 어선을 가진 회사가 일단 사모아로 가서 밴 캠프나 스타키스트하고 참치납품계약을 하면 출어(出漁)에서 어획(漁獲)에 필요한 모든 비용을 가불(假拂) 해 줘요. 그 가불받은 돈으로 어로기간(漁撈期間) 중에 소요되는 식품과 연료를 준비하여 싣고 몇 달간 어로 작업을 한 후 어획물을 여기에 납품을 하면 그다음에 정산하는 거지요. 그러니까 원양어선 본사는 서울에 있지만 기지 소장이라는 사람이 한 사람씩 파견시켜 상주하고 있고, 이 기지 소장은 배가 떠나면 할 일이 없어서 골프장으로 가고 배가 들어오면 그때서부터 바쁜 거지요. 선원들의 신상이 제가 보기에 참 얼굴이 부끄러울 정도였어요. 옷은 두 개밖에 안 입었어요, 한국 선원이 아래 하나하고 위에 하나. 그리고 육지에 상륙하면은 술을 과음하여 곤드레만드레 돼가지고 나무 밑에 아무데서나 드러누워서 자고 면도를 안 해서 수염은 길고, 나도 한국 사람인데 좀 부끄러웠다구요. 그래서 이 공영토건은 회사의 유니폼(uniform) 착용시키니까 "한국 사람들이라고 다 그런 거는 아니더라." 그래, 인식을 쇄신시키는 데 굉장히 큰 기여를 했지요.

김택호 : 중동지역, 엄밀하게 말하면 오페크(OPEC, Organization of the Petroleum Exporting Countries) 산유국 건설특수라고 볼 수 있겠는데, 이 건설특수가 한국 경제에 영향을 미친 시기를 대략 1974년 무

럽부터라고 보는 시각이 많습니다. 지금까지 중동건설 진출 이전까지 타 지역에서의 건설프로젝트에 대한 말씀을 들었는데, 이 경험이 실제 중동건설 진출하는 데 미친 영향이 있을듯합니다. 기술적인 면도 있고 상징적인 면도 있을 텐데 어떤 것들이 중요하게 작용했다고 생각하시는지 말씀해주십시오.

전낙근 : 기술적으론 절대적이라고 봐야지요. 왜 그러냐면, 73년 12월에 사우디아라비아(Saudi Arabia)의 서・북부지역에 카이바라는 곳과 알 울라(Al Ula)라는 지역이 있어요. 이 두 곳을 잇는 164km의 고속도로를 삼환기업이 계약을 했거든요. 삼환이 계약을 하게 된 동기가 월남에 진출했던 건설업체들이 동남아의 타 지역으로도 진출한 거예요. 현대건설은 태국으로, 여타 회사들은 인도네시아(Indonesia), 그다음에 괌(Guam)과 태평양 도서국가로 진출하였는데, 괌에서 공사한 것은 한국 건설업체의 실적이라고 인정할 수가 없습니다. 이유는 괌 내에는 미국 국적 법인이 아니면 영리활동을 못 해요. 현대건설이 괌에서 많은 주택공사를 했는데 그게 현대아메리카회사[3]입니다. 한국적 회사가 아니에요. 현대아메리카라는 현지 회사가 한국 사람을 고용하였고 한국 자본을 써서 일했을 뿐이지 공식으로는 한국 업체가 아닌 거예요. 삼환기업이 인도네시아 수마트라 섬(Sumatra I.)에서 고속도로 건설을 하고 있었어요. 그 고속도로의 건설용역을 수주한 회사가 이태리(Italy)의 사우티 엔지니어링이란 회사인데 그 회사의 엔지니어들이 삼환기업이란 한국회사가 공사를 잘한다고 인정한 것입니다. "삼환기업의 기술수준이라면 중동에서도 일할 수 있을 거 같다."고 하면서 중동에 대한 건설 정보를 제공했어요. 이때까지 작은 규모의 공사만 했는데 엄청난 규모의 건설공사가 중동에 있다니까, 최종환(崔鍾煥) 사장에게 보고를 한

---

3) 현대건설은 1969년 자본금 1,500,000달러를 단독 투자하여, 미국 법에 의한 현지 법인 현대아메리카주식회사를 설립하였다.

거지요. "사우티에서, 사우디에 가면 규모가 큰 건설공사가 있답니다." "그래? 일단 입 다물어." 그러고서는 자기가 비밀리에 몇 사람을 대동하고 현지답사를 1년간을 했어요. 그 벽고지에 가서 1년을 답사했는데 이 사실을 공개하는 날이면 벌떼처럼 몰려들 것을 예상하여 첫째 공사를 안전하게 확보한 후에 공개할 목적으로 비밀리에 수주를 진행했습니다.

왜 한국 건설업체의 동남아진출이 중동에 영향을 미쳤느냐 하면 동남아에서 건설기술용역을 수행하는 서양회사들이 볼 때 한국건설업체들이 공사를 잘한다고 인정을 했기 때문에 중동진출 권유차원에서 정보를 제공했기에 가능했던 거예요. 동남아에서 한국 건설업체의 수행능력이 입증되지 않았다면 중동진출은 되지 않았을 것입니다. 그래서 동남아진출이 중동진출에 도움이 됐다는 말씀을 드렸던 것입니다.

어디서나 마찬가지로 중동에서도 건설공사 수주를 하려면 입찰에 참여해야 되는데 입찰보증금이 있어야 되잖아요? 또 낙찰이 되면 계약보증, 즉 이행보증을 해야 되잖아요? 이러한 제 보증서를 준비하기가 어려웠던 것이에요. 이유는 공사의 규모가 크니까 보증금액도 커야할 것인데 그 당시까지 한국건설업체가 그러한 대규모 공사를 수행한 실적이 없었던 것이 첫째의 문제이고, 둘째로는 그러한 대규모공사수주를 하려해도 업체의 당시까지의 신용으로는 어떤 보증회사가 보증서를 발급해 주겠습니까? 그리고 좀 다른 생각일 텐데 최종환 사장은, 이러한 대형공사수주를 위한 제 보증을 국내 은행에게 요청하면 소문이 나잖아요? 그렇게 되면 최 사장이 생각하기엔 시장의 교란이 발생된다 그거지요. 그래서 보안상 현지 사우디아라비아 제다(Jeddah) 시내에 EWM이라는 회사가 있었는데 파하드 쇼복시라는 사람이 사장이었고, 그 회사는 나무를 심는 식수(植樹) 사업과 전기공사를 하고 있었어요. 고속도로의 인터체인지(interchange)에는 조명을 해야 되잖아요? 그래서 조명과 그 근처에 식수를 그 분한테 하청 주는 조건으로, 그 분 개인 신용으로 은행에서 현금을 차입해서 입찰에 참여했고, 낙찰이 되니까 계약을 해야 되는데, 이행보증금이 더 크겠지요? 또 그분의 개인 신용으로 현금차입하여 계약을 한 거지요. 계약을 했으니까 공사는 확보된 것이지요. 그러고 나서 이 사실을 공개한 것이 1973년 12월이에요. 그 당시 2,300만 달러 규모라 그랬는데 아까 말씀드린 대로 사모아에서 57만 달러가 큰 공사라고 했던 때이니 2,300~2,400만 달러라는 규모의 공사는 그 당시에는 천문학적인 숫자였지요. "이런 대형공사가 있을 수 있느냐?"고 했던 것이지요. 아무튼 구라파(이태리) 건설용역회사와 연계가 되어 성사된 것이고 그 기원은 동남아(인도네시아 스마트라)의 고속도로 공사였기 때문에 동남아에서 수행한 건설기술 이 중요하게 작용했다는 것은 맞는 말씀입니다.

김택호 : 70년대 중동건설 현장에서의 경험 등에 대해서 여쭙도록 하겠습니다. 선생님께서는 75년부터 78년까지 아까도 잠깐 말씀 주셨습니다만, 삼환기업에 계시면서 유명한 사우디아라비아에 제다 해군기지 건설에 참여를 하셨습니다. 제다는 홍해 연안에 있는 휴양도시이기도 하고 상당히 유서가 깊은 도시로 알려져 있습니다. 전략적으로도 중요한 도시입니다마는 민간 시설물이나 일반적인 공공시설물이 아닌 해군기지건설에 참여하는 과정은 좀 특수한 점이 있지 않았을까 예상이 됩니다. 두 가지를 여쭙고 싶습니다. 우선 사우디아라비아 입장에서 제다 해군기지 건설이 왜 필요했는지 간략하게 좀 알고 싶고요. 그다음에 또 그 사업을 삼환기업이 수주하는 과정, 아까도 잠깐 말씀 주셨습니다만 뭐 또 제다 해군기지 건설사업 개요 등에 대해서 좀 말씀해주셨으면 좋겠습니다.

전낙근 : 얼른보기에 사우디아라비아라 그러면 사막국가 아니에요? 사막국가라고 하면 사막의 낙타가 연상되어 "사막국가에 해군이 과연

필요하냐?"는 질문은 있을 수 있습니다. 그러나 국토의 동쪽과 서쪽은 바다에 면해 있으니까 해군은 필요하겠지요. 자국 선박을 보호한다는 차원에서 필요성도 있을 것이고, 사우디아라비아와 해전을 할 나라는 없지 않습니까? 그런 면에서 보면 해군이 필요 없는 거 같지요. 자국 선박이 자국의 이익을 위해서 활동하는데 보호를 해주는 차원에서는 해군이 필요한 거 같구요. 만일 사우디의 석유를 찬탈하기 위하여 강대 국이 공격한다면 그 공격수단은 해군과 해병대를 이용하는 상륙작전이 될 것입니다. 그리고 그러한 문제가 이란으로부터 발생한다면 더욱이 절실하게 해군의 필요성을 배제할 수 없겠지요. 지도에 페르시아 만 (Persian Gulf)이라고 표시되어 있어서 우리는 별다른 생각 없이 페르 시아 만이라 부르는데, 사우디에서 "페르시아 만"이라고 말하면 사우디 아라비아 사람들은 싫어합니다, 아라비아 만(Arabian Gulf)이지 왜 페 르시아 만이냐? 이 사람들은 이렇게 얘기를 해요. 우리가 "동해(東海)" 라고 부르는 것을 세계지도에 "일본 해"라고 표기한 것과 같은 셈입니 다. 그렇다고 치고 우리가 아는 페르시아 만 동쪽에 이란(Iran)이 있지 않습니까? 그 이란에는 해군이 좀 강합니다.... 그러니깐 이란과 대적 해서 전쟁을 하지는 않겠지만 억제책으로라도 비슷한 수준으로 무력의 균형은 평소에 유지하고 있어야 될 것 아닙니까? 그래서 불가피하다는 생각을 합니다. 그다음에 사우디의 해군기지가 홍해 해변에는 제다에 있고, 그다음에 페르시아 만에는 주베일(Al-Jubayl), 두 군데가 있는데 제다 해군기지가 먼저 발주가 됐어요. 그리고 삼환기업이 그 서해안에 먼저 진출하여 활동하고 있었기 때문에 그 연유로 수주를 하게 됐던 것입니다.

이 공사 성격은 해군기지 전체 공사의 일부를 1차로 수행하기 위하 여 첫 단계에 필요한 일부의 시설을 미리 발주한 것입니다. 본 공사를 위한 행정동(行政棟), 시험실, 보급창 창고, 해군사무실, 미육군공병단

사무실, 시공자가 사용할 사무실 등을 위시하여 10여 종의 건물과 정문 경비초소 등이었습니다. 이것이 준공되면 이 시설을 이용하여 해군기기 전체의 공사를 추진하는 것이었지요. 제다 해군기지 공사를 삼환기업이 수주를 하고 주베일 해군기지는 미륭건설이 수주했는데 이들 해군기지 공사를 사우디 국방성의 위임을 받아 공사의 발주와 감독을 미육군공병단이 수행했습니다. 이 공병단은 미육군의 지중해공병사단(Mediterranean division) 산하의 기구로 발족했습니다. 이 공병단이 처음에는 (리야드 지역에) 500만 달러 규모의 공사를 발주를 했었는데 이 해군기지들은 1,500만 달러 이상 되는 공사로서는 미육군공병단이 발주한 공사의 처음단계였어요. 그럼으로 모든 것을 미 육군의 매뉴얼대로 하겠다고 했습니다. 그래서 철두철미하게 도면과 시방서(示方書)를 따르는 것이지요. 이 공사의 특색이 콘트렉터(contractor)가 자체적으로 품질관리(self quality control)를 하는 거예요. 품질관리를 감독이 하지 않고 시공자자신이 품질관리를 하는 거지요. 품질관리는 각 영역에서, 즉 토목, 건축, 기계, 전기 분야별로 수행하는데 이걸 총괄하는 주역 엔지니어(CQC: chief quality control engineer)를 배치하게 한 것이지요. 제가 사모아에서 귀국하니까 저의 집에 삼환기업에서 연락이 왔었다고 해서 삼환기업에 가보니까 사우디아라비아에 해군기지공사를 수주했는데 퀄리티 컨트롤 엔지니어가 없다면서 그 CQC직을 맡아달라고 해서 "퀄리티 컨트롤이라는 말의 뜻은 알겠지만 경험이 없어서 그 내가 적임자는 아닌 것 같다."고 하면서 다른 사람을 찾아보라고 했더니 일단 해외 경험이 있으니까 맡아달라고 했어요. 그렇다면 일단 현장에 가서 상황을 판단하고 최선을 다 하겠다고 출국했습니다. 퀄리티 컨트롤 엔지니어와 세이프티(safety) 전담자는 현장소장의 지휘와는 별도로 독립하여 참모 진영으로 편성되어 독립적인 권한을 가지고 업무를 수행하도록 된 것이었어요. 그리고 갑에게 보내는 문서의 작성과 발송은

퀄리티 컨트롤 엔지니어의 몫이더라구요. 그 일을 하는데 공사 일보를 매일 써야하지 않습니까? 그러면 공정의 진도(progress)가 올라야 되잖아요? 만날 가야 이게 그냥 그 자리인 거예요. 이대로 얼마 가다간 큰일 나겠다는 생각에서 현장에 나가서 현장 기사들에게 공정부진의 사유를 물어봤어요. 소장이 있고 지휘 계통이 따로 있으니까 저는 사실상 그렇게 하면 안 되는 것이었지요. 하도 공정이 부진하나까 "무엇 때문에 일이 안 되느냐?"고 질문했더니 담당한 기사가 "회사에서 자재는 안 사주고 일만 하라."고 한다 그거예요. 그래서 "지금은 골조 단계이고 저기에 철근이 있고 배치플랜트(batcher plant)도 만들어졌고 시멘트는 아무 때나 사올 수 있고 합판이 이렇게 쌓여 있는데 무슨 자재가 더 필요하냐?"고 물으니까 "저기 저 철근은 도면에 표시된 규격과 달라서 사용하지 못한다."고 하더라고요. 그런데 제대로 학교에서 공부를 했으면 그런 말하면 안 돼요. 이미 설계도면에 표시된 철근 규격을 가지고 이 설계가 얼마의 하중을 지지하게 설계한 것인지 역으로 계산하고, 다시 재고 철근을 이용해서 간격 조정을 해야지요. 그러면 되는 거예요. 그런 과정은 거치지 않고 회사에서 자재를 공급하지 않아서 일을 못하는 것은 잘못이지요. 부진 이유가 순전히 그거 하나뿐이냐고 물으니 적어도 자기가 맡은 건물에서는 그것 외에 이유가 없다고 했습니다. 그 직후 전체 설계도면을 검토하여 현재 설계된 구조적 내력(構造的 耐力), 즉 이그지스팅(existing) 벤딩 모멘트(bending moment)는 얼마이고 전단력(shearing force)은 얼마고 철근과 세멘트와의 부착력(bond stress)은 얼마인지 다 계산해서 현재 현장 재고철근으로 대체할 경우 철근간격 조정을 해서 단면 배근도를 스켓치 해 주었습니다. 즉 재설계를 한 것이지요. 샾드로잉(시공도: shop drawing)까지는 내가 못 그려주니까 담당기사 각자가 그려라. 그런 과정을 거쳐 한 건물, 두 건물......, 이렇게 해서 미육군공병단의 승인을 받아서 공사를 정상궤도에 올렸습니다. 제가 사우디아라비아에 있는 동안 하루에 네 시간밖에 못 잤어요. 밤에는 두 시까지 야근하고, 두시에 자기 시작하여 다섯 시에는 일어나야 되고 오전근무 하다가 점심 먹고 한 시부터 두 시까지 사이에 한 시간 자는 것이었지요. 한 여름에 중동지역은 너무나 더워서 오수(午睡: siesta)시간이 있거든요. 한참 더운 여름철에는 12시부터 오후 2시까지는 일을 할 수가 없습니다. 그래서 하루에 네 시간밖에 못 잤다구요. 그렇게 하니까 인제 일이 원활히 되었던 것이지요. 삼환 본부라는 데서 가만히 보니까 저 전(全)가라는 인간이 오더니 현장 일이 제대로 돼간다는 얘기가 있었던 것이지요. 그리고 현장에 사고가 있었어요. 뭔 사고냐 하면, 말하기가 조심스러운데, 술 금주령이 엄한데 술을 사 사시고 술거래까지 회사 모르게 했던 것이에요. 그것도 비싸게. 한 병에 뭐 십 달러 정도의 조니워커(Jonnie Walker)를 백십 달러씩 주고 사마시고, 현지에서 구매한 자재 값을 불려서 정리하는 방법, 즉

일본말로 가라(から)처리 (비정상 처리)하였던 것이지요. 내부 고발자에 의하여 이 사실이 폭로되었어요. 그러한 부정사건에 연루된 사람들이 다 현장을 떠나게 되었어요. 그러니까 할 수 없이 잔여 직원 중에 저의 직위가 가장 높으니까 본의 아니게 소장 직을 맡게 된 거지요. 그리고 원래 미육군공병단 입장에서는 그 방법이 최선이다 싶어서 묵인했구요. 현장업무 전체를 맡아 수행하느라고 엄청나게 고생을 했던 것이지요. 이 공사의 특색은 시공자가 자율적으로 품질관리, 공정관리와 안전관리 하는 거예요. 그런데 품질관리하고 공사 진행은 제가 그런대로 정상화시켰는데 안전관리 문제는 미결상태였지요. 그래서 안전에 대해서 어떻게 했으면 좋겠느냐고 감독관에게 물었더니 "안전관리전담자를 선정해서 보고하라."는 것입니다. 서류를 검토해 보고 웬만하면 승인(accept)하겠다는 것이었습니다. 감독관은 그 다음에 "세이프티 프로그램을 만들어 제출하라."고 했습니다. 이 세이프티 프로그램이라는 것이 말이 좋아 세이프티 프로그램이지 세이프티프로그램이 매우 어렵고도 민감하여 만들 방법이 없었습니다. 고민 끝에 할 수 없이 또 감독관을 찾아갔지요. "이게 실제로 대단히 어렵거든. 어떡하면 될까?" 하고 물으니 한참 생각하더니 그럼 "미국 회사를 찾아가서 자문을 받아라."고 했습니다. 미국 회사가 어디에 있는지 확인해서 미국회사(J. A. Jones)를 찾아가 현장 소장에게 도움을 청했더니 기꺼이 청을 들어 주었습니다. 그 청이라는 것이 미국회사가 미육군공병단에 제출한 세이프티 프로그램을 보여준다는 것이었습니다. 그 소장에게는 "우리가 세이프티 프로그램을 제출하려고 하는데 당신들 것과 비교해서 우리현장 실정에 맞게 작성하려고 하는데 좀 보여줄 수 있겠느냐?"고 한 것이었거든요. 그랬더니 보라면서 펼쳐주는 것이었어요. 그런데 그 책자가 꽤 두껍고 읽는 것만으로도 시간이 많이 걸리겠더라구요. 그래서 읽는 척하다가 어떻게 하든지 복사를 해가야겠다는 생각에서 눈치를 보다가

"이 프로그램 참으로 잘 만들었네요. 좋은 참고자료가 되겠는데 혹시 사본이 하나 더 있으면 빌려주지 않겠느냐?'고 조심스럽게 물었더니 자기네 직원에게 시켜서 복사를 해주더라구요. 그래서 그걸 가져와서 봤어요. 그대로 한국 회사는 도저히 못 지키겠더라구요. 그래서 지킬 수 있는 사항만 골라서 얄팍하게 만들어가지고 제출해서 통과 했지요. 그리고 안전관리 전담자를 구하려고 삼환 본부에 가서 안전전담자를 배치 해 달라고 건의했는데 답변은 영 엉뚱하였습니다. 한양대 선배되시는 조주목(趙周穆) 전무님은 다짜고짜 "야 인마, 너보다 나은 놈이 없는데 뭐 삼환회사가 세이프티 전담자 생산하는 공장이냐? 네가 알아 해!!" 하시는 것이었습니다. 요구해 봤자 회사로서는 대책이 없으니까 저보고 알아서 하라는 뜻인데 "야 인마"로부터 시작해서 다시는 말을 못하게 말막음을 하신거지요. 방법이 없어서 현장에서 영문타자를 전담하는 직원을 안전관리 전담자로 선임하여 보고하고 겨우 겨우 힘들게 꾸려나갔습니다.

그리고 품질관리업무의 하나로 보급창창고건물 기초에 박을 파일의 내력을 구하기 위하여 파일의 재하시험(載荷試驗)을 시공자가 하게 돼 있어요. ASTM[4] D1143[5]에 의거해서 하라는 것이 시방서의 내용이었습니다. ASTM D1143을 읽어봐도 도무지 어떻게 해야 될지 모르겠더라구요. 미육군공병단의 어느 누구도 모르더라구요. 영어로 말할 줄만 알지 기술적인 내용은 모르는 거에요. 그러니까 그들은 우리가 가르쳐주면 가르쳐준 대로 배워가지고 우리에게 역으로 압력을 가하는 거에요. ASTM D1143에는 재하판(載荷板: loading platform)을 설치하고, 이 재하판에 하중(荷重)을 가(加)하여 일정시간 동안 파일의 침하상태

---

[4] American Society for Testing and Materials(미국 자재시험학회).
[5] ASTM의 파일재하시험방법 중의 하나를 지칭하는 번호.

를 확인한 후 하중을 제거(除去)하였다가 다시 부하(負荷)를 증가시키면서 파일의 침하상태를 확인하면서 파일의 내력(耐力)을 시험하는 것이지요. 그런데 이 하중을 가했다가 제거하는 반복되는 작업이 매우 수고스러운 것이어서 같은 결과를 얻기 위한 용이한 방법을 찾아보기로 했습니다. 그 방법이 시험하고자하는 파일의 가까운 주변에 최대하중을 수용할 수 있는 고정된 재하시설을 하고 설계상 요구되는 파일내력의 3배 이상 되는 하중을 적치(積置)시키고 유압잭(hydraulic jack)에 다이얼 게지(dial gauge)를 부착하여 유압잭에 가해지는 압력을 환산하여 파일에 부하되는 하중을 계산하는 방법이었습니다. ASTM D1143을 정독한 후 유압잭을 이용하여 파일 재하시험을 수행하는 절차서(procedure)를 만들어서 감독관에게 제출하여 승인을 받은 후 유압잭과 다이얼 게지를 미국에서 수입하여 시험준비를 하려는데 또 날벼락이 떨어졌습니다. 이 유압잭과 다이얼게지의 검인증서(檢印證書)를 받아 오라는 겁니다. "이게 미제(美製)인데 무슨 검인증서가 필요하냐."고 했으나 "미제라도 받아야 된다." 그거예요. "이거 어떻게, 이거 도루 미국에 보내야 되느냐?" 그랬더니 "사우디아라비아에도 검인증시험을 하는 곳이 있다고 들었다. 리아드(Riyadh) 주택성에 가면 가능하다고 하더라."고 했습니다. 그래서 그걸 분리해가지고 리아드로 갈려고 분해하여 포장을 해서 공항에 가가지고 체크인(check-in)하는데 유압잭을 분해하여 포장했으니까 유압잭에서 유압유(油壓油)가 새는 거예요. 체크인카운터(check-in counter)에 있는 직원이 "저 액체, 저건 뭐냐?"는 질문에 "아마도 유압이 새는 거 같다." 그랬더니 항공사 직원이 "새어 흐르는 오일은 항공기에 못 싣는다."고 했습니다. 항공편을 이용할 수 없기 때문에 도리 없이 육로로 가가로 했습니다. 에어컨도 없는 반트럭(pickup)에 유압잭을 싣고 1,200km를 달려가서 주택성에 시험의뢰를 했는데 그들이 여러 가지로 시도를 하더니 "우리 시설로는 시험이 불가능하다." 하다고 하더라구요. 결국은 사우디아라비아에서 검인증시험이 불가능하여 미육군공병단이 승인하는 그리스에 있는 시험소에서 시험하여 확인받아다가 파일의 내력시험을 했습니다. 그렇게도 힘들게 모든 것을 스스로 배우면서 하다 보니까 사실 저는 뭐 삼환기업에 입사하면서 바로 나 그거 모른다(사실 그때에 한국 사람으로서 아는 사람이 없었지만)고 일찌감치 선언을 했으니까 저를 문책하지 않았지만 어렵싸리 배워가며 그나마도 공사가 잘 되긴 했지만 그렇게도 엄청나게 힘들었었고 그 시절에 해외로 진출했던 회사들은 다 그런 고생을 다 했어요. 다만 제가 먼저 경험하면서 타사에서 자문을 요구하면 기꺼이 경험을 나눈 것이지요. 희한하게 어떤 현장이 개설되면, 그중에는 그래도 뭐 이래 가든 저래 가든 해결할 수 있는 사람이 한 둘은 껴있기 때문에 그걸 해결했지 전부가 모르는 사람들이었다면 계약이 해지되고 퇴출당했겠지요. 그러고 사모아에 제가 갈 때만 해도 해외 현장에서 휴가라는 건 없었어요. 공사가 완료되면 귀국하는 것이었지요. 사우디에 진출하고부터는 휴가제도가 생겼어요. 그때는 휴가제도가 있었어도 휴가기간에 대한 급여는 본사근무로 간주하고 국내급여를 지급한다고 했던 때였습니다. 휴가기간 중 본사기준 급여도 불만이고, 또 내가 현장을 비우면 문제가 되겠고 해서 19개월을 그대로 휴가 없이 일하고 지냈는데 나중에는 조금만 하면 그냥 병이 나다라구요. 그래서 링거(Ringer)주사를 맞으면서 일을 한 때도 있었습니다. 20개월 될 때는 할 수 없이 2주인가 휴가차 귀국했다가 다시 출국하여 공사를 끝냈지요. 그러고 먼저 말한 도로 공사 있지 않습니까? 그 도로 공사에 대해서는 박정희 대통령의 노고랄까 그거를 좀 설명할 필요가 있을 거 같네요. 배포하신 자료를 보면 건설공사정보를 입수하고 견적을 하고 그다음에 입찰 봐서 낙찰되고, 계약하고 착공하여 공사한 다음에 준공해서 인계하는 등의 과정에서, 입찰 볼 땐 입찰보증, 계약할 때는 이행보증, 그다음에는 선

수금을 받을 수 있게 됩니다. 선수금을 받는데 거저 받는 게 아니거든
요. 선수금반환보증서를 제출해야 됩니다. 그다음에 공사가 다 끝나고
인계할 단계는 하자보증서를 제출해야 되고, 최종적으로 하자 기간이
종료되면 하자보증서를 회수해서 보증서를 발급해준 보증회사에 반환
함으로써 실제 이 공사가 종료되는 거지요. 삼환의 최종환 사장이 계약
까지는 했는데, 공사 기간 중에 사용될 자금, 운영자금이 문제가 되어
그 당시 김우근(金禹根) 외환은행장을 방문하여 공사관련 서면자료 일
체를 외환은행에 제출하면서 그 시점부터 은행에서 자금투입과 관리를
부탁했죠. 은행에서 수락할 수 있는 일이 아니지 않습니까? 건설업이
은행 업무가 아닌데 왜 은행이 그 일을 맡겠습니까? 그렇게 거절당한
소문이 박정희 대통령에게 알려졌습니다. 박 대통령이 행장 불러서 자
금지원지시를 했답니다. 그 당시로서는 대통령의 지시면 무조건 시행
하고 관리과정에서 문제가 생기면 그때 해결책을 찾아야하는 시절이니
지원책을 강구해야 했겠지요. 그래서 외환은행이 리더(leader)가 되고
해외진출건설업체들의 주거래은행들이 연대하여 자금지원업무를 수행
하였습니다. 그런데 선진국의 경우를 보면, 건설업체가 자기네의 거래
은행에 특별한 자금에 대한 지원요청을 하면 그 은행이 보험회사에 부
보하여 보험에 가입한 범위 내에서 지원하는 것이 일반적인 예인 것
같습니다. 그런데 1974년 당시 외환은행은 건설업을 이해하는 업종이
아닌 것은 물론이고 설사 외환은행이 건설업을 지원하다가 피해를 보
게 될 수도 있는 손실의 위험에 대비하여 보험에 가입하려 했어도 우리
나라 외환은행의 대외신용도를 감안하면 보험가입이 되지 않았을 것입
니다.

　아무튼 외환은행을 리더로 한 금융지원단의 금융지원과 관리로 해외
건설은 성공하였는데 만일 박정희 대통령이 경제학이나 경영학에 대하
여 지식이 있는 분이었다면 이러한 금융지원을 외환은행에 지시할 수

없었었을 것입니다. 그 분에게 그러한 지식이 없었기에 가능했다고 생각합니다.

아마도 이것이 중화학공업 수출육성을 위한 수출입은행이 1976년에 설립되고 여러 단계를 거쳐서 현재의 무역보험공사로 발전한 것 아닌가 생각합니다. 해외건설업체에 금융지원을 하고, 은행이 리스크(risk)를 줄이기 위해서 보험을 들어야 되고 무역보험공사에서는 더 규모가 큰 국제보험회사에 재보험을 듭니다. 그래서 리스크를 분산하고 서로가 위험부담을 하지 않아도 되는 거지요. 그런데 이 무역보험공사까지는 만들었는데 무역보험공사에 한번 물어봤어요. 제가 2008년인가 3월 달에 무역보험학회, 그때는 수출보험학회라 그랬는데 그 수출보험학회에서 세미나(seminar)를 하는데 김희국 박사라는 수출보험공사에 계신 분에게 "규모에 따라서 국제적으로 큰 회사에 재보험을 들어야 될 것 같은데 무역보험공사에서 그렇게 보험을 들고 있습니까?" 하고 질문했더니 "원칙적으로는 그렇게 해야 되는데 그렇게 못 하고 있다."고 했습니다. 그 이유에 대하여 질문을 했지만 대답을 안 하셨어요. 그러고 그로부터 2년 후인가 순천향대학교에서 무역보험학회의 학술 세미나를 한 일이 있습니다. 거기에서 김희국 박사가 무역보험공사가 무자본 조직이라고 하시더군요. 그러면 어째 지금까지 사고가 없었느냐? 그것은 건설업체들이 충실히 공사를 수행해 왔기 때문입니다. 이 보험회사에 클레임이 걸릴 정도가 되지 않도록 깨끗하게 건설회사에서 성실하게 공사를 수행했던 것입니다.

김택호 : 관련된 건 잠시 후에 또 한 번 여쭐 수가 있을 거 같습니다. 또 간단한 걸 좀 여쭙고 싶은데요. 이게 군 기지 건설이지 않습니까? 그러면 사우디 군 당국 등에서 공사와 관련해서 간섭을 한다든가 혹은 확인이나 브리핑(briefing)을 요구한다든가 이런 과정은 없었습니까?

전낙근 : 저희가 공사할 때 그러한 일은 없었습니다. 미 육군공병사

단이 사우디아라비아 국방성으로부터 국방시설공사의 일체를 위탁받
아서 다 수행해줬기 때문에 해군에게 보고하는 행위는 미육군공병단의
업무였습니다. 저희 현장에는 해군 사무실이 하나 있었는데 해군장교
두 사람(대위 1인, 소위 1인)과 하사관이 십여 명 정도가 근무했었습니
다. 공사가 준공단계에 이르러서 기지의 정문초소를 조기에 인수하여
경비하고 있었습니다. 저희와 업무적으로 직접적인 접촉은 없었습니
다.

김택호 : 그러면 당시 사우디아라비아나 인근 국가들에는 이런 사업
을 할 만한 기술력이라든가 이런 것을 가지고 있는 건설사는 없었나요?

전낙근 : 많이 있었지요.

김택호 : 많이 있었습니까?

전낙근 : 구라파와 미국건설업체들이 대단히 많이 있었지요.

김택호 : 아니, 사우디 국적의.

전낙근 : 아닙니다. 사우디 국적의 건설회사는 없었어요. 아주 없었
던 것은 아닌데, 레덱(REDEC)이라는 회사가 있었어요. 레덱의 RE는
연구 · 기술(Research and Engineering)이란 뜻이었고 그 뒷부분의
DEC는 대림엔지니어링이었어요. 현지업체와 대림엔지니어링과의 합
작(join venture)회사였는데 그 회사는 굉장히 높은 기술력을 가지고
있었고 관리 능력도 제가 보기에 상당한 수준이었습니다. 저의 현장에
서 공정관리를 할 때 컴퓨터가 없었기 때문에 그 레덱 현지 회사의 컴
퓨터를 저희가 수시로 임대해서 사용했습니다. 그런 수준의 회사들은
자기들이 하기 쉬운 것만 선별하여 수주했던 것이지요. 주로 석유화학
플랜트를 중점적으로 수행했던 것이지요. 토건공사 중에 땅을 매립을
하는 현지 회사도 많이 있었습니다. 비교적 단순한 공정이지 않습니까?
불도저(bulldozer)로 절토하고 페이로더(payloader)로 싣고 덤프트럭
(dump truck)으로 운반하면 되지 않습니까? 그리고 다시 토사를 펴서

깔고 로라(roller)로 다지고 하는 단순 공정이지요. 그러고도 뭐 돈을 엄청나게 버는데, 골치 아프게 건물 짓고 하는 복잡한 공정에 대하여 그 당시 현지업체들은 관심이 없었던 것 같습니다. 현재는 아마도 현지업체들도 일반 건물공사에 많이 참여하고 있을 겁니다.

김택호 : 조금 엇나가긴 하지만 저희가 잘 알고 있는 오사마 빈 라덴(Osama Bin Laden)의 그 빈 라덴(Bin Laden) 가문도 건설 쪽으로 굉장히 유명한 기업가문 아닙니까?

전낙근 : 예. 건설회사입니다. 모회사가 건설회사라고 들었습니다.

김택호 : 이 회사도 1970년대 성장한 기업으로 알고 있는데, 거기도 기술력이나 이런 건 꽤 가지고 있었던 기업 아니었나요?

전낙근 : 빈 라덴 회사가 제가 알기로는 속된 표현으로 꽤 꽐꽐한 기술력을 가지고 있는 회사이고 돈도 벌고 있고 그다음에 현지인이면서 회교도 아닙니까? 그 자기들이 불리한 것은 정부를 움직여서라도 유리하게 만드는 능력이 있는 회사들이니까 대형공사가 아니라면 그러한 회사들이 관심을 갖지 않았을 것으로 생각됩니다. 대형공사(수억 달러대)가 아니라면 경쟁하려고 하지 않았을 것입니다. 자기들이 볼 때 그럴 가치가 없다고 생각해서 관심이 없었던 것으로 생각합니다. 그리고 구라파 회사들은 경쟁자가 있었구요.

김택호 : 인제 이슬람(Islam)에 대해서 방금 전에 말씀 주셨는데요. 이 제다가 메카(Mecca)하고 가깝지요? 거리가 가깝고 또 사우디아라비아라는 나라는 저희들 입장에서 볼 때 상당히 보수적인 법체계라든가 관습체계를 가지고 있는 나라고, 거기다 기후 등도 상당히 좀 우리와는 차이가 많은 곳인데, 그때 당시의 이야기를 들어보면 노동자들뿐만 아니라 김치, 쌀, 된장, 고추장 이걸 다 공수했다 이렇게 알려져 있는데 이런 문제 때문에 건설 사업 진행 과정에서 문화적 차이 기후적 차이 때문에 크게 다른 면이 좀 있지 않았을까요?

전낙근 : 사람은 먹어야 살지 않습니까? 먹고 살아남아 있어야 일도 하는 거 아니에요? 그러니까 식품이 가장 중요한 거지요. 그런데 저희가 있을 때는 김치는 한국에서 못 가져갔어요. 그래서 현지에서 만들다 보니 품질 면에서 김치라고 하기에는 조악했지요. 누가 어떻게 만들었느냐하면 기능공들 중에 위장취업한 사람들이 더러 있어요. 목수라고 왔는데 일 시켜보니까 목수 일을 전혀 못하는 사람들, 철근공이라고 왔는데 철근에 대해서는 처음 와서 힘든 일을 하다 보니 손이 부르터 더 이상 못 하겠다고 귀국시켜달라는 사람들, 그런 사람들을 식당취사요원으로 전환시키는 거예요. 그런 사람들이 취사를 했으니까 그 사람들이 사우디에 오기 전에 어디서 음식 만드는 것을 배웠겠어요? 파키스탄(Pakistan) 등지에서 들어오는 고추가 있어서 그런 것을 사용했고요. 파와 마늘은 없으니까 양파를 사용했고 젓갈 같은 건 아예 생각도 못하는 것이었지요. 그 정도로도 만들어 먹을 수 있었다는 게 그나마도 다행이었지요. 한국사람 입에 먹을 만한 것은 이것밖에 없으니까 어쩔 수없이 먹은 거지요. 그러다 보니까 현장에서 문제가 생기면 식사문제가 제일 먼저 나와요. 속셈은 노임이 문제인데 노임에 대한 불만은 직접 말하지 못하고 식사문제로 시작하였지요. 위장취업한 사람들이 많다 보니까 노임에 대한 불만을 표출시키지 못하는 것이었지요. 그래서 식사에 대한 불만을 먼저 표출시키고 나중에 노임에 대한 불만을 표시했습니다. 그리고 제가 사우디해군기지 공사를 하고 있을 때, 해군의 선박 정박 시설은 대만 회사에서 공사했고 지상시설은 삼환기업이 했고, 해군기지에 인접한 정유공장이 있었는데 일본의 치요다(千代田)라는 회사가 정유공장 확장시설공사를 하고 있어요. 직원 중에 일본 말하는 사람을 시켜서 일본회사는 한 달에 식비가 도대체 얼마인지 조사해보라고 했더니 일본에서 공급해주는 식품 말고 현지 조달식품구매비가 월간 800리얄(Saudi Ryal)이래요. 엄청나게 높은 거예요. 그 당시 저

있을 때 삼환기업의 1인당 식비예산은 1개월에 325리얄이었는데, 당시의 환율로 350리얄이 100달러였으니 100달러도 안 됐고, 그 중국(대만) 회사는 125리얄 정도라고 하더라구요. 125리얄이 아니고 125달러겠지 했더니, 아니라고 하면서 확인 차 한번 와서 먹어보라고 해요. 그래서 식사에 가장 불평이 많은 사람 하나와 경리 직원 그리고 저와 셋이 가서 먹어보고 깜짝 놀랐어요. 제가 갔을 때는 저녁식사 메뉴가 칼국수더라구요 그리고 식탁에다가 고등어 반 토막이 네 사람 반찬이고 그 옆에 오렌지를 네 개, 그게 다였어요. 그리고 네 테이블마다 가운데 밥통을 하나씩 났더군요. 그 국수의 면을 먼저 건져먹고 그 국물에다가 밥 말아서 고등어 반 토막을 넷이 나누어먹고 그리고 오렌지 하나 들고 일어나면 끝이더라구요. 그다음에 주방에 가서 보니까 밥통이 하나 있기에 열어보니까 바닥에 조금 뭔가 깔려있었어요. 그래서 "이 음식 남은 것이 오늘 저녁에 남은 것이냐?"고 물었더니 아침식사부터 점심 먹고 남은 것이고 오늘 저녁에 남는 음식이 생기면 여기에 모아서 갖다 버릴 거다 그러더라구요. 그거 보고 깜짝 놀랐어요. 우리는 한 끼 먹고 나면요 픽업트럭(pickup truck)에다 드럼(drum)통을 반으로 자른 통 세 개, 네 개씩 끼니때마다 남은 음식 찌꺼기를 갖다 버리는 겁니다. 그래서 가만히 제가 생각해보니까 한국 사람이나 대만사람이나 먹는 양은 돈으로 환산하면 비슷하게 먹어요. 그런데 우리가 먹은 양만큼 버려요. 또 김치 만드는 데에 또 그만큼 돈을 쓰는 거에요. 그러니깐 한국 사람은 대만사람만큼 먹고, 먹은 양만큼 만큼 버리고, 먹은 음식 값만큼 김치 만드는 데에 돈을 더 쓰더라구요. 그리고 일본사람하곤 비교할 수 없고. 현재는 거의가 조리사라는 직종을 선발하여 해외 현장에 송출합니다. 사우디아라비아에 오기 전에 삼환기업의 인도네시아 공사 현장에서 근무한 직원이 얘기하는데 하루는 아주 제대로 된 쿡(cook)이 왔다고 해서 기대를 했는데 오므라이스를 멋있게 만들어 내더랍니

다. "야 인제 됐다면서 저녁식사를 맛있게 했는데 다음날 아침에도 오
므라이스, 점심에 또 오므라이스를 하더랍니다. 그래서 식사 메뉴를 끼
니마다 바꿔야지 어떻게 오므라이스만 계속 먹느냐?" 그랬더니 쿡이 하
는 소리가 "내가 돈을 얼마를 쓰고 왔는데…… 오므라이스밖에 할 줄
모르는데 그럼 어떻게 하란 말이야?" 했답니다. 그때는 먹는 것에 대해
서는 우리가 먹고 싶다고 생각하는 것만큼 먹을 수 있는 환경이 사실은
못 됐다고 봐야지요. 그 당시는 그렇게 고생을 했고 지금은 해외건설업
체가 다 조리사를 선발·송출하여 식당을 직영으로 운영합니다. 그리
고 국내시장에서 김치를 구매하여 보내주고 있는데 해상운송기간이
1개월 이상 소요되니까 어쩔 수 없이 신 김치가 돼요. 지금은 현지에
독자적으로 취업한 한국 사람들이 많이 있어요. 그분들이 현지에서 땅
을 구해가지고 자기들이 농장을 만들어서 야채를 공급을 하는 거예요.
배추, 무 등 다양한 채소를 신선한 상태로 공급해 주기 때문에 해외현
장에서 신선한 김치를 만들어 먹습니다. 사우디가 아니고 리비아에서
경험한 것인데 한국 종자를 가져다가 배추를 심으니까 급속히 웃자라
서 꽃이 확 피더라구요. 그러니까 사람하고 꼭 같아요. 더우니까 훌훌
옷을 벗어 제치듯이 줄거리만 웃자라서 꽃이 피는데 먹을 것이 없게
되더라구요. 농촌진흥청에 신청하여 열대지역에 적합한 종자를 구입하
여 재배하니까 제대로 생긴 야채가 생산되더라구요.

　　김택호 : 술도 못 먹는 분위기였지요?

　　전낙근 : 음주는 철저히 금지되어 있었습니다. 음주행위가 발각되면
즉시 구속됩니다. 술 때문에 참 문제가 많았는데 기능공들은 양주를 사
먹을 정도의 경제수준이 아니지 않습니까? 그러니까 이스트라고 있잖
아요, 효모. 이스트(yeast)를 시내의 점포에 가서 빵을 만드는데 사용하
겠다고 거짓말을 하고 효모를 사오는 거예요. 술 만든다고는 절대로 말
안 하고. 그리고 남는 밥이 있지 않습니까? 남는 밥을 식당에서 구해다

가 효모를 혼합하여 잘 모셔두는 거지요. 그러면 적정한 시간이 흘러가면 그게 막걸리가 돼있는 거예요. 그것도 공식적으로는 못 먹잖아요. 그러니까 마음이 통하는 사람들끼리 모여서 캠프(camp)에서 멀리 떨어져 있는 곳에 가서 비밀리에 마시는 거지요. 현장에서 노무관리 하는 직원은 캠프 관리 중에 술을 못 만들게 하는 것이 중대 임무예요. 우리 직원 중 하나가 악착같이 찾아내는 사람이 있었는데 그 친구 불러가지고 그렇게 지나치게 단속하지는 말라고 했어요. 적당히 넘어가줘라. 기능공은 누구나 다 국내에 있으면 자기 집의 가장이다. 단속을 당하는 사람 모두가 다 어른인데 해외만 나오면 말단 신분이야. 그냥 순식간에 애가 돼가지고 그 어른이 애가 돼서 잔머리를 굴리면 아무도 못 말리는 거야. 그러니까 빠져나갈 구멍은 어느 정도 만들어 줘. 몰래 밀주를 만들어서 먹었다고 만족감을 갖게 해야 그게 노무관리가 잘 되는 거지 그거 못 하게 하면 안 된다. 그렇게 했더니 노무 담당자가 뭐 저게 소장이 맞나 그랬겠지요. 그런데 어쩔 수 없어요. 그 정도가 적당하다고 생각했지요. 그리고 현장에 저희가 교회도 만들었어요. 현장 건설 작업하고 교회하고는 아무 관계가 없는 것이지만 정신적 순화에 필요하다고 생각해서지요.

김택호 : 이슬람 국가인데.

전낙근 : 예. 잘 지적하셨는데 회교신자들은 유신론자와 무신론자 중에서 무신론자가 더 큰 문제라는 것입니다. 유신론자 중에 기독교가 됐든 회교가 됐든 종교가 있는 것 그 자체는 좋은 것이다. 그러나 회교가 더 좋은 거다. 자기들 지론은 그런 거지요. 그래서 교회, 교회라기보다 기독교신자끼리 기도하는 장소일 뿐이지요. 이건 사우디가 아니고 리비아에서의 이야기인데 현장 관리부장이 저에게 "기독교 신자들이 교회로 사용할 건물을 하나 달라고 하는데 어떻게 했으면 좋겠습니까?"라고 묻기에 독립된 건물 한 동을 교회로 사용하게 주라고 했습니다. 그

러고 그 교회 내의 장식을 회사가 준비할 수 없으니 신자들이 알아서 하라고 했습니다. 건물 한 동을 배정하기로 하고 얼마 후에 가보면 뭐 십자가도 걸어놓고 설교단도 만들고 테이블까지 잘 해놨더군요. 그러고 그 교회의 예배에 직원은 절대 간섭하지 말라고 했습니다. 왜냐하면 그렇게 해서 휴일에 자기 안정을 취해야 현장에 문제가 안 생기는 거지 그것을 못하게 하면 결국은 이상한 부메랑(boomerang)으로 회사에 문제가 돼서 되돌아오는 거예요. 이게 바로 관리 담당자에게 부담으로 돌아오는 겁니다. 그리고 교회를 설치해놓으면 뭐가 좋은 점이 있는가 하면, 자기들끼리 모여서 자율적으로 목사님 외의 교직자가 다 생겨요. 그 신자들이 다른 사람들을 순화시키지요. 이게 노무관리자가 할 수 없는 영역까지 해주는 겁니다. 그리고 현장에 사고가 나서 사망사고가 있을 수 있잖아요. 장례절차를 치르는 것도 교회에서 기독교 절차로 행사를 잘 추진합니다. 회사에서 할 수 있는 이상으로 잘 했어요. 음주사건으로 사망사건이 하나 있었는데 다른 회사에 취업 중인 태국사람들이 밀주를 만들어가지고 실험실의 시험기사들을 시켜서 그걸 증류를 합니다. 증류하니까 소주 되잖아요. 독주가 되는 거지요. 태국사람들이 이렇게 만든 소주를 너무 많이 마시고 캠프를 찾아오다가 쓰러졌는데 쓰러진 다음에 못 일어난 거예요. 시간이 흐르니까 저체온증으로 사망한 것 같아요. 그리고 분명히 다섯 사람이 캠프에서 나갔는데 넷만 돌아왔어요. "한 사람 어디 갔느냐?" 그러니까 네 사람은 다 같이 모른다는 것입니다. 찾다가 의무실에 입실시켰는데 의사의 말이 이미 죽었다는 것입니다. 그래서 술 먹고 이렇게 죽은 사례까지도 있고. 쿠웨이트 (Kuwait)에서 진흥기업현장의 실험실에서 있었던 일인데, 알코올(alcohol)이라고 다 식용 알코올이 아니지 않습니까? 알코올이라고 다 마실 수 있는 것은 아니잖아요. 메틸알코올(methyl alcohol)을 먹고 죽은 사람이 있었어요. 그 말은 들으신 당시 주 쿠웨이트 문희철(文熙哲) 대사 사모님이 "아이고 우리는 술이 있는데 그렇게 필요하면 말을 좀 하지!" 하신일이 있었습니다.

김택호 : 선생님 인제 자연스럽게 노무관리에 대한 이야기 이루어졌는데, 아까 노무관리 하신 분이라는 게 그러니까 해외공관에 있는 이른바 노무관을 말씀하시는 건가요?

전낙근 : 아니요. 건설회사마다 현장의 노무관리를 전담하는 직원이 있습니다. 지금은 노동부지만 그 당시는 노동청이었는데 그 노동청에서는 현지주재 공관(대사관)에 노무관을 파견하여 주재국내에 취업중인 근로자의 권익보호를 하고 있었습니다. 그러니까 해외건설진출 후에 재외공관 조직을 개편한 거지요. 다른 나라 대사관에 상무관은 있어도 건설관과 노무관은 없지 않습니까? 이 노무관은 서독에 광부, 간호사 파견하면서 노무관이 파견되었어요. 건설관이라는 건 순전히 중동 때문에, 중동주재 한국대사관에 상무관 외에 건설관, 노무관이 있었지요. 노무관의 업무는 현장에 노사문제가 발생할 경우 근로자가 불이익을 받지 않고 사건의 해결을 주도 또는 중재하는 것이었습니다. 이러한 노사문제가 발생하지 않도록 예방하거나 정부차원에서 근로자의 불이익 없이 사고가 수습되도록 하지만, 직접 건설현장의 노무관리업무를 수행하는 것은 아닙니다. 사고예방과 지도차원에서 교양프로나 노무관리의 모범사례 같은 주제로 행사를 주관하기도 합니다. 현장노무관리에 노무관이 직접 관여하지는 않습니다. 매우 드문 예이기는 하나 건설회사에서 노임이 체불된다든지 근로자가 현저히 불이익을 받는 경우, 근로자가 노무관을 찾아가서 호소하는 경우에는 이의 시정과 개선되기 위한 행정적인 조치를 합니다. 그런데 회사가 고의적인 노임체불이 아니고 근로자귀책사유로 문책 같은 게 있는 경우도 있는데 그러한 경우, 손해배상 차원에서 노임지급을 유보하는 경우도 있지만 그러한 경우는 거의 없었습니다. 그리고 현지의 엄한 회교 율법에 반하는 경우, 예를

들면 음주행위가 현지 당국에 적발된 경우는 그 수습에 회사의 행정력이 낭비되는 경우도 있습니다. 그러한 경우 무노동 무임금 원칙에 입각하여 노임을 지불할 수 없는 경우도 있습니다. 그러한 경우는 노임지급이 불가하고 노무관이 그러한 현지법 위반자에게 노임지급을 강요나 권유할 수는 없지요. 좀 이상하나 사실인데 제다에서 메카까지 약 50km되는데 중간에 25km 지점에 검문소(check point)가 있고 그 검문소에서부터 회교도가 아니면 메카 시내로 진입시키지 않습니다. 이 검문소에서 우회하는 도로가 있는데 이 돌아가는 우회도로를 에니멀로드 (animal road)라고 말하더라구요. 미국사람들은 이게 에니멀로드가 아니라 메카로 직접 진입하는 도로가 에니멀로드라고 말하는 사람도 있었습니다.

김택호 : 예. 아무리 생각해도 두 시간, 두 시간 반 안에 듣기에는 선생님께 들어야 될 이야기가 너무 많은 거 같습니다. 지금 우리가 인제 제다에서 있었던 해군기지 건설공사 문제까지 얘기가 됐는데요. 계속 여쭈려고 했었던 것은 당시 박정희 정부와 베트남특수와의 관계에 대한 것, 또 쿠웨이트라든가 또 다른 지역에서의 건설 상황 등이었습니다. 그건 다음번에 선생님 모시고 다시 말씀 듣도록 하겠습니다. 그럼 플로어에서 질문을 받겠습니다. 선생님께 여쭤볼 말씀 있으신 분 말씀해주시죠.

안용환 : 전 박사님하고 겹치는 부분이 참 많아요. 공영토건 부분도 겹치고 저하고, 또 현대건설도 저하고 겹치고.

전낙근 : 예. 그렇습니까?

안용환 : 인제 저도 에피소드(episode)입니다. 저는 쿠웨이트에서 건설사업을 한 일이 있습니다. 그런데 근로자들이 아편 중독 이상으로 술에 집착을 하는 겁니다. 그래서 쿠웨이트 한인 식당에 가서 식사를 하고 한인 식당을 주인을 구워삶았지요. 처음에는 펄쩍 뛰어요. 무슨 사

업 못 하게 할 일 생겼냐고. 그래서 얘기를 해가지고 양주를 한 두어 병 구해했는데, 그때 검문소에서 인스펙터(inspector)와 검색을 안 하는 차량이 두 개예요. 네덜란드의 인스펙터 차하고 현대건설 소장 차하고 그 두 대만 검색을 안 하고 나머지는 철저히 검색을 하는데 그래서 인스펙터 차에 양주를 가지고 밤 열 시 되면 필리핀(Philippines)하고 방글라데시(Bangladesh) 노무자들하고 같이 잤어요. 그래가지고 우리 한인 근로자들한테 열 시 되면 등을 끄고, 내가 종이컵 같은 데 양주를 따라주고 했던 적이 한 몇 번 있었어요. 그건 에피소드고. 제가 질문하고 싶은 것은 『해외건설사』라는 책을 쓰셨는데, 1981년 무렵에 우리나라 중동건설사업 수주 현장이 한, 현 정부예산, 그 당시 정부예산의 30% 정도 육박했었어요. 그러면 지금은 어느 정도 수준인지 혹시 저 책 자료에 나와 있습니까?

전낙근 : 제가 이 책에 참고한 자료로 『현대건설50년사』, 『대림60년사』, 『삼부50년사』, 그다음에 『럭키개발20년사』, 『삼환기업33년사』, 『대우건설30년사』인데, 이게 전부 90년대 중반 이전에 수주한 공사만 수록되어 있어요. 그래서 현재의 수주공사를 확인하려면 각 회사를 방문하여 확인해야 되는데 그 확인 작업이 개별적으로 접촉해서 얻기가 어렵더라구요. 그래서 자세한 것은 없고 해외건설사적인 면에서 사적(史的)인 가치가 있다고 생각되는 이벤트(event)적인 프로젝트, 특정 국가나 지역에 제일 먼저 진출한 것, 그다음에 가장 큰 규모, 그러다 보니까 사우디아라비아는 자연히 카이바—알울라 간 고속도로가 되고 제일 큰 공사는 주베일 산업항, 그다음에 플랜트(plant) 분야로는 대림산업의 주아이마(Ju'aymah) 등이지요. 동남아나 중동에서 우리나라건설업체가 수주한 공사 전체는 수록할 수 없었습니다. 그래서 대규모공사만 선별하여 기술했습니다. 그리고 동아건설 같은 업체는 파이어니어(pioneer) 정신을 가지고 어느 신 지역을 개발한 데가 없어요. 그러

니까 동아건설의 실적은 수록할 수도 없었고, 또 회사가 도산하고 없어졌기 때문에 자료를 구하지도 못해서 동아건설의 수주공사는 수록할 수 없기는 했지만 83년에 리비아에서 수주한 대수로 공사처럼 역사적인 프로젝트는 수록했습니다. 그래서 제한된 것만 선별할 수밖에 없었고 그 외의 프로젝트를 수록하기는 어려웠습니다. 더 잘하려면 프로젝트(project)마다 어떤 특색이 있는 거 있지 않습니까? 그걸 다 확인해야 되는데 그게 연사마다 그렇게 부각된 게 또 하나도 없어요. 극히 일반적인 것만 각사 연사에 기록되어 있었습니다. 그러니까 기술자가 연사를 쓴 것이 아니고 연사편찬을 담당하는 직원들이 썼는데 기술자가 볼 때 반드시 하이라이트(highlight) 시켜서 꼭 반영해야 된다는 사항은 불행하게 거기 없더라구요. 그러다 보니까 여기도 불행하게 빠졌습니다.

안용환 : 제가 당시에 관리한 근로자는 인스펙터가 하도 간섭을 하고 심하게 요청을 했는데 거절할 수가 없어서 우리나라 근로자 등급을 A급, B급, C급, 3등급으로 해서요, 3등급으로 나눠 인스펙터한테 보고를 하면은 거기서 자주 체크(check)하는데 그러면 거기에 전 박사님의 해외현장도 인스펙터가 그런 근로자 등급을 이렇게 요구했습니까?

전낙근 : 아니, 그러한 일은 없었습니다. 해군기지 공사할 때 품질관리대상이 자재, 장비, 인원 등인데 자재와 장비가 시방서에 부합하며, 특히 장비의 경우는 장비의 출력과 같은 수행능력, 즉 퍼포먼스(performance)를 보장하느냐가 문제의 핵심이었고 작업을 담당하는 기능 인력이 당해 작업을 수행할 수 있는 기능을 가진, 즉 퀄리파이(qualify)된 트레이스맨(trades man)이냐 하는 것이거든요. 자재에 대하여는 납품업체로부터 납품 전에 시방서와 부합함을 사전에 확인해서 목록을 만들지요. 그리고 현장에서 소요되는 일자별로 공정에 맞춰서 반입했지요. 그리고 기능 인력에 대하여는 해당공종에 책임진 사람을 감독관에게 소개하고, 수행능력을 평가하기 위하여 감독관과 인터뷰를 통하여 능력을

확신하게 하는 것이었지요. 말씀하신대로 그렇게 A, B, C로 기능의 등급을 구분하는 경우는 없었습니다.

안용환 : 그러면 전 박사님 그때 계셨을 때 해외근로자하고 우리나라 근로자, 임금의 차이가 어땠습니까? 우리 쿠웨이트 현장은 거의 2.5배 3배였습니다. 그러면 거기도 그렇게 사우디도 그런 식으로.

전낙근 : 그렇지요. 일단 기본적으로 2배가 아니면 해외취업을 거부하지요. 2배 이상이 아니면 왜 해외현장으로 가겠습니까? 그러니까 2배는 되고, 2배를 줘도 또 불만인 거지요. 경우에 따라서는 3배를 주는 경우도 있지요. 왜 그러냐면 공기를 지켜야 되겠는데 정상적인 방법 가지고는 공기 준수가 불가능하면 부득이 도급을 주는 거지요. 그렇게 하면 생산성이 극히 상승합니다. 그런 때는 근로계약 한 노임보다는 당연히 3배가 넘을 수도 있지요. 그런데 항상 그런 것은 아니고요.

김영규 : 그 당시에 제가 77년부터 현장에 있을 때 보면 현장마다 좀 다르더라구요. 그래서 맨파워(man power) 공사 때는 그냥 사람만 가는 거 아닙니까? 계약된 금액으로. 그래서 그 곱하기 시간 하는데 처음에 대림산업의 주아이마 현장에 있을 때는 딱 그 금액이었어요. 더 이상 줄 수도 없고 받을 수도 없었어요. 왜냐하면 그 당시에 아람코(ARAMCO: 아라비아 아메리카 오일 컴퍼니)에서 너희가 한정된 그 금액만 받아라 그랬던 거예요. 그러니까 회사에서 더 주려고 해도 현장에서는 더 줄 수 없는, 그래서 어떠한 방식을 택하였느냐하면 오버타임(잔업: overtime)을 쉽게 하고 야리끼리를(やりきり, 도급주기) 하면은 이 근로자들이 그다음에, 그다음 일에 지장을 준다 뭐 이래가지고 그거밖에 못 받았다는 그런 기억이 나구요.

김보현 : 지금 말씀해주시는 게 시점이 언제에요?

김택호 : 80년대 말씀하시는 거죠?

김영규 : 저는 77년도에.

김택호 : 77년 말씀이시군요.

김보현 : 그러면 선생님 삼환기업 뭐 이런 데 있을 때는.

전낙근 : 저는 75년에서 78년이니까 교수(김영규)님이 계셨던 77년과는 비슷한 때였네요.

김보현 : 그러니까 그때는 어떤, 수준이 어땠나요?

전낙근 : 다 비슷했던 것이지요.

김보현 : 아무리 적어도 2배 이상인가요?

전낙근 : 해외의 노임이 국내의 2배 이상이 안 되면 해외로 갈 사람이 없는 거예요. 그리고 갈 이유도 없는 거지요. 국내에서 취업하지 무엇 때문에 가족 떨어져가지고 그 열사의 나라에서 고생을 하겠습니까? 그 2배가 단순히 2배라고 생각하면 안 되는 게 있어요. 제 경우였는데, 저는 항상 어떻게 생각했냐면 국내 급여의 2배인데 국내 급여에서 생활에 소비되어 없어지는 게 있잖아요? 제 국내 급여액의 반을 생활비로 소진한다면 해외급여액에서 국내생활비로 소비한 후의 잔금은 국내에서 저축가능한 금액의 3배가 되는 것 아닙니까? 이제 그런 식으로 생각했는데 사람마다 계산방법은 다르겠지만 제 계산은 그래서 해외근무를 택했던 것이지요.

김영규 : 그러니까 보편적인 예로 제가 76년도에 대림산업 처음 입사를 했을 때 46,500원을 받았었거든요. 그래, 46,500원이면 그 당시 제일 좋은 하숙집이 3만 원이었었어요. 그래서 제가 거기서 3만 원 하숙하고 나머지 돈을 부모님께 드린 기억이 나는데 처음에 77년도 8월에 해외현장으로 가니까 7만 원을 받더라는 거지. 그런데 거기서 제가 말씀드렸듯이 맨파워 현장이었기 때문에 돈을 더 줄래야 줄 수도 없었어요. 그건 그거고 아까 김택호 교수님이 전 박사님한테 질문을 하신 것 중에서 사우디 현지에는 그럼 업체가 없었느냐고 질문을 하셨는데, 사우디아라비아는 킹 덤 오브사우디아라비아(Kingdom of Saudi Arabia)

예요. 왕국이지요. 현지 업체가 있기는 있습니다. 현지 업체가 있긴 있는데 그 업체가 우리처럼 시공을 하는 업체가 아니고 대부분이 이런 큰 프로젝트는 큰돈이 생기는 일이거든요. 거기에 왕실에 소속돼있는 왕자들이 대부분 실권을 갖고 있고, 그 지역 지역마다 컨트롤할 수 있는 자기 바운더리(boundary)가 있어요, 왕자들이. 그래서 아까 말씀 중에 레덱대림 업체가 있었지 않습니까? 그러니까 레덱대림에서 그 공사를 땁니다. 따가지고 대림한테 하청을 주되 레덱대림의 스펙(spec)에 어떻게 나와 있냐하면 이런 이런 업무는 우리 대림에서 한다는 얘기가 있어요. 거기에 보면 그 중에 하나 중요한 것은 특정한 세트(work package)를 우리가 알아서 한다. 또 현지인을 뭐 10% 이상 써야 된다. 뭐 이런 얘기, 실질적으로 그들이 시공을 해서 벌어들이질 않고 쉽게 요즘 우리 건설 현장으로 얘기하면은 커미션베이스(commission base)인 거예요. 커미션베이스로 레덱에서 얼마를 분할하여 취하고 그러지만 대신 그들이 아까 전 박사님께서 말씀하셨지만 무슨 이행보증이라든지 이런 걸 전부다 해주는 역할을 하는 거지요. 그리고 전 박사님한테 하나 질문을 드리고 싶은 것은 미시적인 부분인데, 요즘하고 그 당시하고는 저희 한국 근로자들을 대하는 그런 사우디아라비아의 현지인의 시각이 많이 달랐거든요. 그래, 저희가 그 당시에 제다 같은 곳에서 금은방을 가면 금은방에서는 도난당할 우려에서 한국 사람들은 들어오지 마라라, 뭐 이런 식이었는데 그 당시에 그, ID카드 있지 않습니까? 그 ID카드에, 저희하고 필리핀, 터키, 이런 사람들은 '4' 자가 찍혀져 있어요, ID카드에. 그래서 일본 사람들은 '2' 자를 찍었구요. 그래서 저희가 그 당시의 생각으로는 저희는 4등 국민이었다고 생각했어요. 왜냐면 공항에 갈 때도 그랬으니까. 그리고 일본인들을 2등급으로 취급을 하지 않았을까? 그런 생각을 하기도 했는데, 혹시 전 박사님께서는 그런 경험이 있으신지요?

전낙근 : 저는 그런 건 경험을 못 했어요. 그런 경험은 한 번도 없었어요. 다행이지요. 그리고 일본인이 2등급 국민이라고 하였다니까 이야기꺼리가 있어요. 먼저 말씀드린 정유공장에 일본 치요다라는 회사가 공사를 했었는데 이 친구들이 금요일 쉬는 날은 전부 바다로 가서 낚시하고 저녁때에 캠프로 돌아가는데 이 친구들이 옷을 한 개만 입고 가는 친구가 많았어요. 그들이 낚시터로 가려면 저희 현장 정문 초소를 통과합니다. 완공 단계에 초소가 완성되니까 사우디 해군이 경비업무에 돌입했어요. 사우디 해군이 아침 일찍부터 근무하면은 외부인의 출입을 차단하는데 금요일 휴일에는 초소의 근무자가 오후 2시쯤 출근하니까 일본인들이 오전에 초소를 통과할 때는 제지하지 않다가 오후에 출입문의 체인을 당겨서 통행을 제지합니다. 즉 출입문을 통과하여 낚시터로 갈 때는 통제가 없었는데 캠프로 돌아갈 때는 통과시키지 않는 것입니다. 일본말로 훈도시(ふんどし)라 하지 않습니까? 그렇게 훈도시 하나만 입고 다니는 것을 보면 사람 같지가 않더라구요. 일본인들을 방 하나에 모아놨는데, 참으로 난처한 광경이었습니다. 우리는 일본 회사와 교류가 있었기에 일본회사에 연락해서 구류상태에 있는 일본인들을 인솔해 가라고 연락을 했습니다. 그 일본회사에 압둘라 곤도라는 일본사람이 있었어요. 그 공사에 대한 준비를 위해서 지요다회사가 미리 카이로 대학에 직원을 유학시켜서 아랍어교육을 했던 것이지요. 그 당시 그 광경을 봤던 저에게는 일본인이 2등 국민이라고 할 게 없었던 것이지요. 그 압둘라 곤도가 왔습니다. 해군 소위 메르사가 그때 있었는데 메르사 소위에게 곤도가 "내 이름은 압둘라 곤도다."라고 말하니까 메르사 소위가 비웃는 표정으로 "왜 당신 이름이 압달라 곤도냐?"고 물었습니다. 그러니까 자기 "무슬림이다."라고 답했습니다. 그러냐면서 뭐 경전을 묻는 거 같았습니다. 그러니까 아랍어로 읊어대더라구요. 그러니까 "좋다!"면서 모두 방면했습니다. 그런가 하면 또 일본사람들이

‘일본인의 밤’ 뭐 이런 행사를 했는데 현장 안에다가 엄브렐러(umbrella) 같은 것을 여러 개 차려놓고 스시(すし) 해주는 사람, 소바(そば) 만들 어주는 사람, 야끼도리(やきとり) 굽는 사람...... 이렇게 여러 가지 음식을 만들어서 누구든지 현장에 입장한사람이 흥미본위로 즐기게 하더라구요. 그러나 한국업체는 그렇게 할 예산이 없으니까 안 되는 거지요. 그래도 일본인들은 선린우호(善隣友好)적으로 현지인과 교류하는 기회가 있었는데 그런 면에서는 2등 국민 맞지요. 그러나 제 경우에는 현지인으로부터 차별대우는 받아본 일은 없었어요.

김택호 : 다른 선생님 혹시 뭐.

김보현 : 후반부에 가니까 인제 저로서는 관심 있는 이런 일을 제가 들은 거 같은데 그 딱 짚어서 말씀드릴 수는 없는데 아무튼 노무관리를 하셨다고 하니까. 그리고 직급으로 치면 사실 뭐 낮은 게 아니라, 꽝 히 높으셔서가지고. 또 삼환기업에 75년, 78년 계실 때 보면 부장이셨으니까 그래도 기능공들이랑 이런저런 관계들이 실질적으로 있었을 거 같습니다. 제 관심사가 아무래도 현장에서 여러모로 어려운 조건이잖아요? 말하자면 봉급상의 요인 때문에 가신 분들인데 거기에서 일상생활면이든 아니면 작업장에서든 간에 여러 가지 애환이랄까 아니면 기쁜 일도 있었을 것이고, 또 안타까운 일도 있었을 것이고, 예를 들면 뭐 생활상에서 그곳이 이슬람 지역이라 금주, 술이 안 되는 그런 것 때문에 선생님께서 무슨 아픈 비유가 있었을 것 같은데 마치 저희 군대에서 인제 막 술이 너무 먹고 싶은 거나 마찬가지로 사실 솔직히 말하면 수통에다 몰래 숨겨놓고 먹기도 했습니다만, 아무튼 술 얘기는 어느 정도 들었는데 그 외에도 혹시 기억이 나시는 일이 있으면 작업장 관련해서 일하시는 분이랑 부대끼면서 혹은 일상생활에서 고런 거랑, 하나 더 여쭙고 싶은 것은 박사님께서 답변을 해주실 수 있을진 모르겠는데, 삼환기업에 가면서 제 기억으로는 75년부터 많이 중동에 진출했던 거 같

구요, 그 전에도 있긴 있었지만. 생각해보면 우리나라 전체적으로 보면 오일쇼크(oil shock)에 타격을 많이 입었던 거 같아요. 그리고 누가 뭐래도 한국은 좀 친미국가였기 때문에, 제가 알기로는 그 오일쇼크 나면서 한국이 친미국가라는 대외적인 이미지(image)가 있고 그래서 안정적인 석유의 수입선이랄까 이런 것도 좀 걱정할 때였고. 그래서 어떻게 보면 그 내부 상황을 잘 모르는 사람 입장에선 갑자기 친미국가인 한 발전도상국의 건설업체들이 중동에 진출하게 되는 게 어찌 보면 조금 더 부가되는 어떤 맥락들이 있지는 않을까 하는 그런 생각도 드는데요.

전낙근 : 노무관리는 자기의 급여와 직결되지 않는 한 컴플레인(complain)이 없어요.

김보현 : 아, 임금이랑 관련해서.

전낙근 : 예. 임금하고 관련돼서 항상 불만이 있었지만 그 외에는 뭐 불만이 없었어요. 전부가 다 급여가 소득의 전체이고 그것만 기대하고 해외취업을 하는 사람들이니까 그건 당연히 그럴 수밖에 없는데. 아까 술 얘기는 빼고 다른 한 가지가 있었는데 그게 뭐냐면 밤에 노름을 하는 거예요 그런데 첫 번에는 그냥 오락으로 고스톱 치는 줄 알았더니 이게 뭐 밤새워 했다는 겁니다. 그래, 알고 보니까 판돈이 컸더라구요. 제재를 가하고 근절시키기는 했는데 어느 정도 지나친 규모에 이르기 전에는 밀고자가 없어서 단속이 어려웠던 적이 있기는 했었습니다.

김택호 : 아, 도박이었군요.

전낙근 : 예. 그러니깐 오락이 도박으로 가는데 밤 열시가 되면 소등하지요. 그래야 취침을 통해서 체력을 회복(recover)하여 다음날 작업을 해야 되지 않습니까? 그러니 그 시간에 도박을 하면 안 되는 거지요. 바깥에서 불이 보이는 침실은 전부 문을 열고 점검하니까 이 친구들이 담요를 두툼하게 창문을 가리는 거예요. 그러니 모르고 지나칠 수가 있잖아요. 그런데 항상 내부 고발자, 즉 같은 방에서 자는 사람들이

불평하는 거예요. 밤새워서 수면 방해를 한다기에 그 다음에는 출입문을 열어보고 확인하는 것이지요. 그러니까 이제는 출입문을 안에서 걸어버리는 것이에요. 그러한 침실은 대단히 의심스러운 것이지요. 그런데 반드시 열어서 확인하는 것도 중요하지만 일단 순찰을 돈다는 인식만 시켜줘도 되는 거 아니에요? 그래서 큰소리 내고 두드리면서 "잘 자요." 그러는 것이지요. 아주 타짜꾼 하나가 왔었는데 그 친구를 불러서 "계속 이렇게 말 안 들으면 강제 귀국시키겠다!"고 했지요. 현장도착 후 6개월 미만에 귀국하면 왕복항공요금을 부담시키고, 6개월이 지나가면 편도항공요금을 부담시킵니다. 그러한 골치 아픈 친구가 있었어요.

해외현장에 취업하는 사람들을 겪어보면 공통되는 병이 있어요. 3일을 못 넘기고 귀국하겠다는 겁니다. 그런 경우는 위장취업 한 사람들입니다. 철근공이라고 왔는데 손을 보면 철근을 만져본 손이 아니에요. 하루만 일을 해도 손이 부르터서 장갑을 두껍게 껴도 소용없는 거지요. 그런 사람들이 일을 더 못 하겠다고 귀국하겠다고 하지요. 제다시에 있는 삼환본부에 귀국 희망자가 있다고 보고하면 "야! 여비가 얼만데 그걸 어떻게든지 설득하여 작업을 시켜야지 보내면 어떡하느냐?"고. 그러면 도리 없이 앞에서 말씀드린 대로 식당으로 빼는 거지요. 질문의 초점을 잃었네요. 뭐였지요?

김택호 : 애환에 관련된.

전낙근 : 예. 그 타짜꾼 친구를 불러서 얘기했더니 순순히 다 시인하면서 안 하겠다고 했어요. 그러한 사람을 대상으로 집중 관리가 들어가는 거지요. 그 사람한테는 도박을 못하게 했어요. 그 타짜가 도박을 안 하니까 잘 해결됐어요. 그런 위험인물 하나가 질서를 교란시키면 죄 없는 사람이 말려들기 쉽지요. 그거 전부 외상 아닙니까? 본국에서 가족이 추심한다는 겁니다. 있어서는 안 되는 일이지요.

또 다른 이야기인데 1970년대에 제다 항구에는 체선(滯船: port

congestion) 현상이 심했어요. 하역 시설이 부실하니까 상선이 도착해도 하역을 못 하는 거예요. 두 달, 세 달간 수평선 넘어서 하역차례를 기다리고 있었거든요. 그 하역작업을 경남기업과 노르웨이(Norway) 회사에서 엘에스티(LST: landing ship tank)를 제공하여 하역회사를 운영했습니다. 한국의 경남기업은 하역 인력을 공급하여 엘에스티 선박을 타고 수평선 넘어서 하역순서를 대기하는 모선으로 가서 하물을 이적(移積)하여 해군기지 내의 지정받은 곳에 상륙하여 하역하는 것입니다. 이러한 작업을 하면서 시간이 흐르면서 모선인 외항선 선원과 경남기업 하역작업원과 친분이 생기는 거예요. 이 경남기업의 하역작업은 주야로 계속했어요. 그러다가 외항선에서 술병이 들어오는 겁니다. 우리현장 목수 중에 하나가 대단히 성실하고 야간작업을 지시하면 아무런 군말 없이 성실하게 일을 했어요. 그래서 좋게 봤는데 알고 보니까 야간근무 중에 하역하는 경남기업 근로자와 접선하여 술장사를 하는 재미에 기꺼이 야간작업을 한 거예요. 꼬리가 길면 잡힌다고 결국은 해군에게 적발됐어요. 이 친구들이 픽업차에 술을 잔뜩 싣고 나르다가 연약한 모래지반을 통과하다가 바퀴가 빠져버렸어요. 그래가지고 쩔쩔매고 있는데 해군이 야간순찰 중에 도와줄 목적으로 "왜 그래?"고 물었어요. 그러니까 도둑이 제 발 저리다고 그냥 달아난 거예요. 해군이 수상하게 여겨서 추적을 했고, 그러다보니 차가 심하게 요동쳐서 술병이 깨져서 술 냄새가 심하게 났던 것입니다. 해군순찰차가 추적해서 사람은 납치되고 많은 술병이 압수된 것이지요. 해군의 메르사 소위가 저를 찾아와가지고 제게 항의를 하는 것이에요. "삼환회사에게 공사하라고 했지 술장사 하라고 했느냐?"는 것이에요. 그 친구는 바로 구속되었어요. 사람이 하나가 경찰에 구속되면 우리 회사의 관리 인력이 엄청나게 낭비가 됩니다. 경찰서에서 주는 밥은 못 먹겠다는 거예요. 사람을 살려야 되니까 밥을 줘야 되잖아요. 밥 해다 나르는데 그 반찬 다 해다

줄 수 없으니까 김밥을 만들어다 주는 거지요. 그리고 영창에 들어앉아 있는 주제에 뭐 주문이 그렇게 많은지. 그래, 그런 거 다 해주고. 그러다 보니까 사람이 24시간 그 사람 근처에 있어야 돼요. 그러고 왔다 갔다 하니까 항상 두세 사람이 정상 근무를 못하는 겁니다. 그러고 경찰조사를 마치고 영창에 들어갔는데 알고 보니까 메카지역을 관장하는 프린스(prince)가 주지사래요. 그 메카주지사가 형기(刑期)를 확정한답니다. 메카 주지사는 형기를 확정짓기 전에 사건발생으로부터 법원(court)을 거쳐서 주지사에게 형(刑)에 관련된 서류가 도달한 기간에 2배를 하고 여유로 2주 정도를 가산하여 추방일자를 확정한답니다. 외국인의 경우는 혐의가 입증되면 즉시 추방합니다. 추방일자 하루 전에 소속회사에 범인의 사물(私物) 전부와 출국항공권을 공항으로 가지고 오라고 해서 캠프엔 돌아오지도 못하고 영창에서 그렇게 강제 추방을 시키더라구요. 한번 그런 일이 생기고 나면 다시는 안 생기려니 하는데 또 제2가 생기고 제3이 생기고…., 한국 사람들은 머리가 좋아가지고 하지 말라 그러면 살짝 비껴서 비범한 방법을 더 월등하게 개발하니까 관리행정이 시간이 갈수록 고도로 발달해야 돼요. 이러한 게 큰일이지요. 혹시 답변이 됐는지 모르겠습니다.

이 친구가 귀국하여 본사에 귀국 전 3개월간 임금을 못 받았다고 임금청구를 했다면서 현장에서 확인해 달라는 것이었어요. 그 친구 때문에 한국인의 위법행위로 국가의 이미지가 실추되고 3개월간 옥바라지 하느라고 행정력손실로 현장업무에 막대한 지장을 주었는데 참으로 파렴치하지 않습니까? 그런 일도 있었습니다.

김택호 : 예. 시간이 좀 많이 흘렀습니다. 오늘 포럼은 일단 여기서 정리를 하고 그다음에 전낙근 선생님을 다시 모시고 마저 이야기를 나누도록 하겠습니다. 예. 감사합니다.

* * * * * * *

김택호 : 제71회 명지대학교 국제한국학연구소 정기학술포럼을 시작
하도록 하겠습니다. 오늘도 지난달에 모셨던 전낙근 선생님 모시고 진
행하도록 하겠습니다. 선생님 말씀하시는 걸 들으시다보면 지난 포럼
때 말씀하셨던 것들과 연결이 되어서 이해하실 수 있게 되지 않을까
싶습니다. 이런 저런 이야기를 지난번에 여쭈어봤었는데요. 특히 제다
에서 있었던 해군기지 건설공사와 관련된 내용을 좀 길게 여쭈었었습
니다. 오늘은 78년 7월부터 81년 4월까지 선생님께서 참여하셨던 쿠웨
이트(Kuwait)와 사우디아라비아(Saudi Arabia) 건설사업 문제로부터
시작해서 여쭙도록 하겠습니다. 오늘도 이렇게 날이 갑자기 쌀쌀해졌
음에도 불구하고 이 자리 참석해주신 전낙근 선생님께 우선 깊이 감사
드립니다. 78년 7월부터 81년 4월까지 공영토건에 재직하시면서 쿠웨
이트와 사우디아라비아에서 주택과 학교 등의 건설 사업에 참여하셨습
니다. 당시 참여하셨던 사업의 개요와 내용에 대해서 간략하게나마 말
씀해주시면 감사하겠습니다.

전낙근 : 예. 먼저 제가 참여했던 쿠웨이트의 공사는 규모가 좀 작습
니다. 215세대의 공식적인 공사명이 에버리지 인컴 하우징(average
income housing)이며 중산층이라고 해석한 주택공사인데 규모는 크지
않았어요. 지난 시간에도 한번 말씀드린 것 같은데 이 쿠웨이트라는 곳
은 제가 건설회사에서 경험한 중에 가장 힘들었고 결과론적으로 보면
실패에 가까운 공사였지요. 대단히 큰 공사는 아닌데, 여기서 뼈저리게
경험한 것이 많아서 얘기를 하려면 길어질 것 같으나 대략적으로라도
이야기를 좀 하겠습니다. 이 쿠웨이트라고 하는 나라는 국민소득이 세
계적으로 제일 높은 나라이면서 쿠웨이트 항이 있는 항구도시국가입
니다. 영국의 영향을 오래 받아서 상당히 영국식에 익숙해있습니다. 쿠

웨이트의 주택공사는 NHA(National Housing Authority)라는 기구에서
발주하고 감독을 했어요. 그 감독하는 방법이 유별나서 이야기거리가
많습니다. 공사를 시작하기 전에 프리컨스트럭션 미팅(공사 전 회의:
pre-construction meeting)이라는 회의를 일반적으로 합니다. NHA는
이 회의에서 설계도면에 표시된 것과 모양이 다른 기자재는 공사용으
로 사용승인 하지 않는다고 강력하게 의사표시를 했습니다. 도면에 모
양으로 확실하게 구분되는 것은 위생도기였습니다. 그 위생도기 모양
을 보면 영국에서 생산되는 톼이포드(Twyford) 제품 그 모양 그대로였
습니다. 그러니까 다른 제품을 사용하겠다고 하면 승인할 수 없다는 말
이니 공사촉진을 위해서는 톼이포드 제품을 사용하겠다고 사용 승인받
고 공사를 빨리 해야 되지 않습니까? 그래서 그 자료를 수집하여 사용
승인요청 하여 승인을 받았습니다. 그러한 일이 있은 직후에 롤스로이
스(Rolls Royce) 승용차를 탄 현지인이 찾아왔어요. 그 분이 하는 말이
"왜 그렇게 먼 나라에서 와서 부자 나라를 보태주느냐?"고 준엄하게 타
이르는 식으로 말을 했습니다. "그게 무슨 말씀인가요?"하고 물었더니
"쿠웨이트 위생도기 업체(Kuwait Sanitary Ware Company)가 있는데
이 제품을 사용하면 경제적인데 왜 굳이 비싼 영국 제품을 수입하느
냐?"는 것입니다. 그래서 아! 그럴 수 있겠다는 생각에서 "그거 승인이
안 된다고 하던데."라고 말했더니 "내가 승인을 받아 줄 테니까 승인을
받아가지고 문서로 들고 오면 그다음서부터 이제 나하고 딜(deal)을 합
시다." 이런 식이예요. 그래서 솔깃해서 그렇게 하기로 했어요. 그 후
아니나 다를까 이 사람이 사흘 안에 승인서를 가져왔더군요. 그렇게 파
워풀(powerful)한 사람이 어디 있습니까? 그러니까 우리는 굉장히 많
이 절감을 했다고 생각을 하고, 먹지도 않았는데 배가 이미 불렀던 기
분이었지요. 그리고 쿠웨이트산 위생도기를 구매하여 현장에 반입한
직후 NHA에서 문서가 왔는데 1차 승인한 후 다른 물자를 재 승인받

아 절감한 금액은 시공자(contractor)가 취할 이익이 아님으로 그 차액을 계약금액에서 감액하겠다는 것이었습니다. 그런 일이 하나 있고 그 다음에 인제 문틀(door frame)이 문제가 되었습니다.

김택호 : 아까 그 롤스로이스 타고 오셨던 분은?

전낙근 : 현지이었습니다..

김택호 : 정체가 뭐죠? 그러니까 왕자라든가.

전낙근 : 아닙니다. 어떻게 알고 왔는지 하여튼 롤스로이스를 타고 우리 사무실을 찾아와서 내 이름까지 대고 찾으니까 그거 기막힌 일 아닙니까? 그리고 딱 성과로 문서를 들고 오는데 그거 안 믿을 수 있느냐 그거지요.

김택호 : 그럼 일종의 정체불명의 브로커(broker)였던가요?

전낙근 : 그렇지요. 제가 보기에는 노출되지 않은 거물급 브로커지요. 우리 쪽을 위한 브로커일 수는 없는 것이기는 하지만 정부를 배경으로 외국인을 돕는 것처럼 활동하는 거간꾼인 것이지요. 문서로 완벽하게 해놨는데 신뢰할만하지 않습니까? 그다음에 문틀에 대한 문제가 발생했습니다. 설계도에 문틀용 목재로는 버마 산 티크(Burmese teak)를 사용하라고 돼있어요. 그래서 버마 산 티크를 쿠웨이트에선 구할 수가 없어서 싱가포르(Singapore)를 통해서 수입하려고 했는데 싱가포르 업자들이 또 장난을 치려는 거예요. 큰 규격의 티크목과 작은 규격의 티크 목을 각각 낱개로 계산하여 작은 규격의 티크목과 큰 규격의 티크목을 1：1로 계산하려는 속셈이었습니다. 작은 규격과 큰 규격의 티크목은 낱개로는 1：1로 수를 셀 수는 있지만 부피로는 성립될 수 없는 논리지 않습니까? 즉시 체적에 의한 정산을 하고 계약을 파기했습니다. 그리고서 도리 없이 쿠웨이트에서 해결할 길을 다시 찾을 수밖에 없게 되었습니다. 쿠웨이트 지상을 다시 조사해보니까 버마에서 원목을 수입 해다가 바다 물에 잠겨놓고 말리지 않은 생목으로 판매하는 목재상

이 있더군요. 인제는 선택의 여지가 없으니까, 그 원목을 구입한 후 건
조시켜 사용할 수밖에 없었습니다. 이제부터의 문제는 그 생나무가 건
조될 때 부피가 어느 정도로 수축될 것인지를 파악하고 대처하는 것이
었습니다. 티크라는 나무가 단단한 나무이기 때문에 수축률이 크지 않
을 것이라는 생각을 했습니다. 그래서 설계된 규격에 양쪽으로 1cm 씩
더 크게, 즉 도면에 설계된 규격이 10cm × 3cm라면 한 쪽으로 1cm가
줄어들 것을 고려하여 12cm × 5cm가 되게 생목을 제재하여 건조시키
면 당초의 설계대로 10cm × 3cm가 유지될 것으로 기대하고 12cm ×
5cm가 되게 제재하여 큰 창고 건물을 지어 창고 안에서 텐트로 덮고,
즉 실내건조를 시켰지요. 건조된 티크 목재를 가공하여 공사를 마쳤을
때는 한 쪽으로 1cm 이상 건조 시에 수축되어 설계도면에 표시된 규격
(디멘션: dimension)에 미달하는 경우가 더러 발생하였습니다. 나무가
긴 것이라 건조 중에 목재의 길이방향에서 휘는 것이 생겼었습니다. 가
공 중에 먹줄을 치고 먹줄 바깥부분을 깎아 내니까 이게 줄 수밖에 없

잖아요. 그런데 어느 날 낮 모르는 사람이 현장에 와서 문틀의 실제규격을 열심히 재고 있더군요. 그래서 저 사람이 누구냐고 현장 기사에게 물었더니 NHA에서 온 사람인데 실제 완공된 상태에서의 규격(finished dimension), 일본말로 시아게(しあげ)된 사이즈가 도면 치수에 미달한다고 그것을 확인하는 중이라고 하더군요. 설계된 규격에 부합되는 것도 있고 안 되는 것도 있다 그거지요. 부합되는 것은 말 할 것이 없고 미달되는 것에 대하여 문제를 만드는 것이지요. 그러면서 하는 소리가 "그게 좀 부족하다고 해서 사용상에는 문제가 없다."는 것이지요. "사용상에는 문제가 없으니까 철거하고 재시공하라고는 안 하겠다."는 것입니다. "단 그 체적(볼륨)의 차이에 대하여는 감액을 하겠다."는 거예요. 그래서 자기들이 다 계산을 해놨으니까 와서 사인(sign)만 하면 된다 그거였어요. 그래서 "못한다." 그랬어. 아예 내가 원목을 살 때 속이려고 했다면 내가 동의를 한다. 건조 중에 수축될 것을 예상을 해서 오버사이즈(over size)를 구매를 했지만 건조 중에 과 수축된 것은 하나님의 행위이니 액트 오브 갓(Act of God)이며 다른 말로 액트 오브 알라(Act of Allah)이다. 그 말에 화를 내며, "엇다 대고 알라 소리를 하느냐?"고 화를 내는 거예요. 그래서 "내 진심은 그렇다. 그래서 내가 원목 살 때의 구매송장(invoice)을 다 제출하겠으니 그 원목 값만큼 보상해주면 나도 감액에 동의하겠다. 그거 안 해주면 나 못 한다."고 하고 서명하지 않았어요. 그랬더니 "너 어서 온 사람이냐"고 묻더라고요. "한국에서 왔다."고 말했더니 "한국에서 온 놈치고 너 같은 놈 처음 봤다." 그러더라고요. 그래서 쿠웨이트에 진출한 회사들은 저뿐이 아니고 다 실패했어요. 저는 솔직하게 건설부 출입기자단이 방문하거나, 국회의원 방문단이 방문하거나, 기타의 사절단들이 방문하면 "이 쿠웨이트 시장은 힘듭니다."라고 말했을 때 쿠웨이트에 진출한 다른 회사 사람들이 "저 사람 정신 나간 사람"이라고 했으며 "좋다고 얘기하지 국회의원이

나 신문기자한테 무엇 때문에 저런 식으로 얘기하느냐.”고 했어요. 그리고 “저 사람 프레젠테이션(presentation) 중지시키라.”고 저지도 한번 받아봤어요. 사실을 얘기할 뿐이었습니다. 그럴 때마다 저녁만찬에 사절단과 현장 소장들이 합석하거든요. 그런 때에는 사절단원들이 “아유! 다른 회사들은 고생 안 하고 좋은데, 공영토건의 전 상무님은 어째 이렇게 잘못 걸려가지고 고생을 하시고, 아이 참 안됐습니다!”고 동정어린 위로를 했어요. 내가 보기엔 다 같은 형편인데 그 당시 쿠웨이트에 진출한 건설회사의 책임자들은 정직하다고 말 할 수 없었어요. 삼호주택이 규모가 제일 컸는데 조봉구(趙奉九) 회장님에게 보고하기를 30% 남습니다. 그래서 계약했어요. 계약하니까 선수금을 수령했고 그 선수금 가지고 영동지역(지금의 강남)에 땅 샀어요. 땅 사가지고 국내에서 아파트 건설공사를 했지요. 햐! 해외공사 해야 되는 거다 그거였어요. 해외공사 수주하여 계약하면 선수금 받게 되지요. 그 돈으로 국내에서 땅 사서 아파트 장사하지, 해외공사해서 돈 남지 그거 안 하면 바보지요. 그런데 어느 정도 진전되면서부터 30%까지는 안 남아도 뭐 20%는 될 거 같다. 또 시간이 얼마 지나가면 뭐 20%는 다 안 돼도 10% 이상은 될 것 같습니다. 그리고 마지막에 조봉구 회장님께 보고하기를 “10% 밑집니다.”였습니다. 그 전화 받고 조봉구 회장님이 “뭐?” 하시고 쓰러지시고 병원에 입원하시고 그냥 시름시름 앓으시다가 돌아가신 분이에요. 저는 “쿠웨이트라는 건설시장은 힘들다.”는 말을 솔직하게 말했지만, 다른 회사 사람들은 힘들지 않다고 했는데 왜 실제는 도산했는지 이해할 수 없다 그거지요. 한양주택 마찬가지. 진흥기업 마찬가지. 저는 이실직고 했으니까 저보고 문책하는 사람은 아무도 없지만 그 당시에 해외공사에 참여했던 모든 사람들이 정직하지 못했던 것이 문제였습니다. 수주만을 담당하는 사람들 있지 않습니까? 그들이 경영층에게 수익성이 있다고 보고했는데 기술자가 수익성이 없다고 말했다면, 수익성이 없다고 말하는 사람의 말은 듣고 싶지 않고 수익성이 있다고 말하는 사람하고만 대화하다 보니까 그렇게 되었지요. 실제로 공사는 기술자가 하지 않습니까? 안 된다고 한 사람이 백방으로 노력을 했는데도 결과적으로 안 되는 것은 결국 안 되는 것이지요.. 그래서 쿠웨이트는 제 평생에 가장 어려웠던 곳이었고 실패를 했는데 그 실패가 제게는 가장 아픈 상처였습니다.

김택호 : 말씀 중에 죄송합니다만 근데 그 사우디하고 그 쿠웨이트가 지금 일종의 공사 감독이라고 해야 될까요? 감사 과정에 차이가 있다는 것 아닙니까?

전낙근 : 있었지요.

김택호 : 왜 그런 차이가 생기는 걸까요?

전낙근 : 쿠웨이트에는 이러한 말이 있습니다. 어떠한 건물을 예로 들면 "건물 주인과 문간에 경비서는 사람은 쿠웨이티(Kuwaiti, 쿠웨이트 사람)이고 그 중간은 전부 회교권 외국인이에요. 그러니까 그 중간 회교권 외국인들이 쿠웨이티 오너(owner)한테 충성하기 위해서 별의 별 자기가 할 수 있는 못된 짓을 다 해서 그 오너와의 고용관계를 부당하게라도 연장하려는 것인데, 회교권외국인들의 장난에 외국에서 진출한 건설업자도 피해를 당하는 것이지요.

김택호 : 사우디와는 그런 상황의 차이가.

전낙근 : 사우디에는 군사 프로젝트(project)라면 미육군공병단 같은 조직이 공사관련 업무를 수행하니까 그러한 행위가 없었습니다. 리야드(Riyadh) 국제공항 같은 프로젝트는 벡텔(Bechtel)이 일괄수주 하여 한국의 21개 업체에 하도급 하여 완공하지 않았습니까? 여기에서도 쿠웨이트에서 발생한 그러한 일은 없었습니다. 아람코(ARAMCO)는 완전히 미국인이 기술적인 업무를 수행하는 회사 아닙니까? 이름은 아라비안 아메리칸 석유회사지만 기술적인 업무는 완전히 미국인에 의하여

처리되었기 때문에 건설업체들이 일하기가 쉬웠지요. 대화가 신사답게 되었지만 쿠웨이트에서는 전혀 그렇지 않았습니다.

김택호 : 그렇다면 선생님 그때 쿠웨이트 건설현장에 한국 기업만 있었던 것은 아니고 다른 기업들도, 다른 국적의 기업들도 있었을 것 아닙니까?

전낙근 : 예! 외국 기업도 있었는데 특히 주택공사 같은 경우는 전부가 한국 업체들이 수주했었습니다. 쿠웨이트에 진출한 회사치고 도산하거나 관리 기업이 안 된 회사는 하나도 없어요. 유독 성공한 경우가 현대건설의 슈아이바(Shuaybah) 항만증설공사였습니다. 하여튼 현대건설은 성공했는데 현대 외에는 전부 실패했지요.

김택호 : 제가 말씀 듣다 보니까 궁금한 부분이 뭐냐면 인제 이와 같은 한국 기업이 당시 쿠웨이트 현지에서 느끼고 있었던 어려움들, 좀 부당한 측면도 있고 그렇지 않습니까? 그렇다면 여기야말로 현지 외교 공관이라든가 이런 곳들이 역할을 해야 될 부분이 아닐까 싶은데요. 한국 정부라든가.

전낙근 : 성격상 재외공관장이 개입할 일은 근본적으로 아니에요. 왜냐면 개인 기업의 비즈니스(business)인 것이니까요. 우리가 만일 사회주의 국가였다면 재외공관장이 국가 공무원이고 또 우리 건설업체도 국영기업이어서 공관이나 국가의 개입이 가능했겠지요. 쿠웨이트에 제가 78년에 갔을 때 재직하고 계시던 분이 문희철(文熙哲) 대사였는데 대림산업에서 서도하발전소 턴키(turn key)로 최저가낙찰은 됐는데 계약을 안 하는 거에요. 그 이유가 뭐냐 하면 독일회사 등 여러 회사에서 역(逆) 로비(lobby)가 들어오니까 계약을 못하고 있었어요. 주(駐) 쿠웨이트 문희철 대사님은 빈번히 현지 주재 건설업체대표들과 상사대표들의 회의를 주재하셨어요. 그러한 과정에서 대림산업과 쿠웨이트정부의 수전력부(Ministry of Energy and Water)와 이 계약이 이유 없이 지

연되고 있다는 사실을 아시고 아무 소리 안 하시고 혼자 수전력부를 방문하셔서 "대한민국 정부는 최저가로 낙찰된 대림산업과 언제 계약이 체결되는지 굉장한 관심을 가지고 지켜보고 있습니다."라고 하셨어요. 이 말씀만 하셨대요. 아무도 몰랐는데 대사님이 다녀오신 직후 계약이 되었습니다. 그래서 "대사님께 어떻게 말씀하셨습니까?" 그랬더니 "아, 나는 뭐 그런 거 잘 알지도 못하고 그러니까 내 입장에서는 우리나라 정부에서는 이거 굉장한 관심을 가지고 지켜보고 있습니다. 이 소리 한마디만 했지 뭐 내가 내용을 아는 것도 아니어서……" 그 한 말씀에 계약이 됐어요. 그러하신 분이 진짜 대사님이시지요.

김택호 : 예. 알겠습니다. 학교건설 사업은 사우디아라비아에서 하신 건가요?

전낙근 : 네. 사우디에서. 아람코 공사니까 거기는 뭐 애로가 하나도 없었지요. 그 공사의 경우는 대단히 성공하고 벼락 맞은 것이었습니다, 그 프로젝트경우는 착공하고 6개월 내에 43%의 공정을 올렸으니까 대단한 성공이었습니다. 뭐 때문에 성공을 했느냐하면, 대개 건설업체들이 현지에서 공사 계약을 하면 공사용 장비와 자재생산설비 전부를 신규로 구입하려고 합니다. 배처플랜트(batcher plant)도 사고, 블록 만드는 블록플랜트(block plant)도 구입하여 설치해서 자가 생산하려고 합니다. 당시 제 입장에서 보면, 자가 생산하기 위해 플랜트를 수입해오는 기간 때문에 그러한 계획은 부적절한 것이었어요. 그래서 현지조사를 해보니까 아람코와 계약해서 블록을 만드는 회사가 있더군요. 가격도 제 판단으로는 매우 적절(reasonable)했습니다. 그래서 그 회사로부터 구입해서 사용했습니다. 그러니 공사 진도가 쭉쭉 올라갔지요. 다음 단계인 마감공정에서는 국산 자재를 가능한 한 많이 사용하려고 생각했습니다. 가장 적절한 품목으로 알루미늄(aluminium) 창호를 선택했습니다. 그 당시 저는 국내의 알루미늄회가로 동양강철과 남선알루미

뉴 두 회사만을 알고 있었습니다. 본사에 이 두 회사로부터 견적을 받아보고 기술적인 자료를 보내 달라고 했는데 엉뚱하게 효성의 자료가 왔더군요. 왜 효성의 자료를 보냈느냐고 물었더니 효성의 가격이 제일 저렴했대요. 가격이 저렴한 것을 본사가 선정했다니 소장이 할 말이 없는 것 아닙니까? 그래서 기술적인 자료를 모두 보내달라고 했더니 효성의 이동수(?) 과장이 기술 자료를 가지고 사우디로 떠났다는 거예요. 어! 이 사람이 오면 되겠구나! 그랬는데 이 사람이 오지 않더군요. 기다리다 눈이 빠질 단계인데 이 사람이 왔어요. 그래서 이 사람에게 자료를 달라고 했더니 하는 소리가 "오늘은 급히 오느라고 못 가져왔고 내일 가져오겠습니다." 그런데 내일 온다던 사람이 안 오는 거예요. 이유를 물었더니 리야드로 갔다는 거예요. 리야드에 연락했더니 서울로 갔다는 거예요. 아주 괘씸하기 짝이 없더군요. 기술적인 자료를 모두 아람코에 제출해야, 아람코가 검토(review)를 해서 설계시방과 부합하면 사용승인(approve), 아니면 반려(reject)할 것 아닙니까? 나는 그 자료가 대단히 급했는데 무책임하게 그 이 과장이 귀국했다는 거예요. 몹시 화가 나서 욕을 막 했지요. 욕을 막 하고서는 그런다고 분이 풀리는 것도 아니고 일이 해결되는 것도 아니니까 여러 알루미늄창호회사의 자료를 모아 짜깁기를 했어요. 어느 정도 기술적으로 승인 받을 수 있을 만큼 짜깁기를 해서 효성알미늄 표지를 붙여서 승인을 받았어요. 이러한 방법은 기술자로서 해서는 안 되는 일이었지만 적기에 준공을 하여야 하는 저의 임무와 국산 알루미늄창호의 품질 자체가 국제시장에서 수용(accept)되는 수준이지만 제조자들이 자사제품을 정확하게 홍보하지 못하는 언어장벽문제를 고려하여 부득이 그렇게 했습니다. 그러나 국산 알루미늄창호 전체 중에서 제일 약한 것이 미서기 창문 밑에 설치되는 호차(戶車: roller)와 잠금장치였던 것이 사실이었습니다. 그래서 이 약한 부품들은 미국제품을 사용키로 했습니다. 미국 뉴욕에서 이 두

가지 부품을 샘플로 사서 효성알루미늄에 보내 이 샘플에 맞추어 창호 제작을 시켰습니다. 다음으로 고려한 것이 운반비를 줄이기 위한 대책 이었습니다. 그래서 택한 방법이 CKD(완전분해: Complete Knock Down) 상태로 포장하여 수송하고 현장에서 조립할 수 있게 하는 것이었습니 다. 제1차 수송 분은 아무래도 공수를 해야 공기를 맞출 수 있겠다고 생각하였습니다. 제1차로 공수한 자재가 다하란(Dhahran) 공항에 도 착이 돼서 마감공사가 시작되게 되었습니다.

이 공사는 공영토건과 현지 회사와의 합작인데 현지 회사의 역할 (role)은 필요한 행정지원이에요. 인력 송출에 필요한 비자(visa)를 받 는 것과 아람코와의 관계에서 문제가 발생할 경우 행정적으로 책임지 고 해결하는 것이었습니다. 기술적인 문제는 전적으로 제 책임이었지 요. 현지회사에는 산타페(Santa Fe)라는 미국 건설회사의 부사장을 하 던 돈커(Don Kerr)라는 노인이 있었는데 그 사람이 한국에 와서 저를 면접을 하고 시험까지 쳤어요. 그 노인이 "저 사람은 사우디 보내도 된 다."고 시험에 합격하여 제가 사우디에 가게 되었어요.

이 노인이 말하기를 "골조만 올린다고 건물이 완성되나? 마감도 해 야지." 그러면서 "왜 마감에 대한 준비를 안 하냐?"고 말해서, "나 다 준비 다 했다."고 답했더니 "어떻게 했느냐?"고 물었어요.

그래서 알루미늄은 한국산을 사용하기로 하고 승인받아서 1차분이 도착했다고 설명했더니, 그 노인이 "한국산 알루미늄 창호를 아람코에 서 승인하지 않을 거다."

"나는 정식으로 승인 받았다."고 했더니 웃기지 말라는 식으로 "누구 한테 승인 받았냐?고 그러더니 "아람코에서 승인 받지 못하면 그거 다 못 쓰는 것이니까 알아서 하라."고 했어요.

저는 "알았다."고 했는데 그 다음 날 별안간에 아람코로 오라고 하더 군요.

사간에 맞추어 아람코로 갔더니 이 노인이 미리 연락해가지고 아람코 각 사이트(site)의 엔지니어(engineer)들을 다 모아놨더군요. 그러고 저의 불법행위를 단죄하려는 검사 같이 행동하더군요. 아람코의 승인도 없이 뭐 어쩌고저쩌고 그냥 마구 떠들더군요. 그래서 제가 "승인받았다."고 말했습니다. 그 노인이 "그래, 누구한테 받았느냐." 이렇게 물으니깐 그때에 우리현장 감독 책임자 존 고스키라는 폴란드(Poland)계의 미국인이 자기가 승인했다면서 "기술적으로 문제가 없어서 승인했다." 그러니깐 그 회의장에 모인 아람코 엔지니어들이 전부 까르르 웃는 것이에요. 그러면서 하는 소리가 그 노인을 보고 "저 사람이 당신 편 아니야?" 그렇잖아요,

자기가 나를 보호해야지 나를 공격할 이유가 하나도 없는 것 아니에요? 회의는 그래서 무산이 돼버리고 아람코 기술자들이 다 자리를 떴습니다. 그날 오후에 그 노인으로부터 전화가 왔는데 저에게 "너 한국으로 가라."고 하는 것입니다. 그래서 "당신이 오란다고 오고 가란다고 가는 사람 아니다. 우리 사장님이 오라 그러시면 난 간다." 그랬더니 이게 또 본사로 연락을 해가지고 소환 명령을 내는 거예요. 아, 사장님이 오라고 하시는 데야 뭐 귀국할 수밖에 없는 것 아닙니까? 그래서 저는 귀국했지요. 그러고 이 사람이 아파트만이 4개 사이트에 있고, 또 같은 3개 사이트에 학교건물이 있어 전부 7개 현장인데 자기 친구 미국사람을 일곱 사람을 데려다가 따로 따로 소장을 박아놓는 거예요.

그래서 제가 저 노인이 왜 그랬을까 가만히 생각해보니까, 아람코 공사에 사용될 자재를 공급하는 미국의 자재상과 자기가 자재를 공급을 해주는 책임을 지고 리베이트(rebate)를 받는 것을 약속했는데 그 계획이 무산되니까 그렇게 심하게 발작을 했던 것이고, 그 계획이 무산되면 자기가 노후에 사우디 와서 일할 이유가 없어져버린 것이었던 것이라서 그랬던 것 같아요. 그래서 쿠웨이트에서는 모두가 실패했는데 나만

실패한 것처럼 되었고. 사우디서는 이 공사처럼 성공한 사례가 없었는데, 결과론 적으로 실패한 것이었지요. 그래서 이 두 가지가 극과 극의 그런 사례였던 것이지요. 규모는 크지 않았어요. 8,400만 달러 규모였는데 2,000만 달러의 이익이 확실했습니다. 직원들이 사기충천해서 열심히 했는데 미국사람 갖다 놓고 그 노인들에게 고액 연봉을 몇 십만 달러씩 지급했으니 무슨 수로 당했겠느냐 그거지요. 그러니까 2,000만 달러 익이 2,000만 달러 적자로 변했으니 그 차액이 4천만 달러였던 것이지요. 그 현장에서 같이 근무했던 직원들이 제가 대우건설로 옮긴 후에 거의 전부가 대우건설로 이직했습니다.

아무튼 저는 쿠웨이트에서 확실히 실패했다고 선언했고 다른 사람들은 성공했다고 공언하고 실제로 실패한 것이었고. 사우디에서는 분명히 저는 성공했는데 저보다 강한 권력자의 배신으로 실패했던 것이지요.

김택호 : 선생님 당시 중동 현장에서 일하셨던 노동자 분들의 삶에 관한 걸 여쭙고 싶은데요. 주베일(Al-Jubayl)에서 있었던 노사분규 문제를 통해 여쭙겠습니다. 주베일은 페르시아 만(Persian Gulf) 연안에 있는 도시지요? 거기도 해군기지 건설사업장이었지요?

전낙근 : 예.

김택호 : 그런데 주베일 현대건설 건설현장에서 상당히 심각한 노사분규가 일어났다고 알고 있습니다. 그 사건에 대해서 말씀해주셨으면 좋겠습니다.

전낙근 : 네. 남의 회사 일이라서 조심스러운데…… 고 정주영 명예회장의 자서전『시련은 있어도 실패는 없다』에 밝힌 것까지만 제가 말씀드릴게요.

김택호 : 그 이상 말씀해주셔도 됩니다, 선생님.

전낙근 : 괜찮겠어요?

김택호 : 예. 괜찮습니다.

전낙근 : 지난번에 한번 왜 야리끼리(やりきり, 도급주기)란 말씀드렸죠? 중동지역에는, 회교권에는 금요일 날 쉬지 않습니까? 목요일이 반공휴일이고, 금요일이 휴일이고, 토요일부터는 우리의 월요일처럼 연일 근무하는 것이고요. 그런데 금요일이 되면 회사의 구분 없이 인근 지역 현장 인력들이 상호교차 방문을 하곤 합니다. 서로 다른 회사의 현장에 가서 친구 만나 식사도 같이하고 각자 자기가 지난달 급여에 대해서 이야기도 하곤 했습니다. 자기에게 주어진 회사차가 없는 사람은 회사에 요청하여 교통편을 제공받아 거의 희망하는 대로 이동이 가능하였습니다. 이런 기회가 자주 있었는데, 현대건설에서는 항만 가까이 있는 석산이나 토취장에서 원석이나 토사를 실어 나르는 일의 규모가 매우 컸습니다. 그러니까 운반 작업의 비중이 컸지요. 그다음에는 해상에서 파일(pile) 박아 구조물을 설치하는 해상공사인 것이었지요. 인근에 동아건설도 현장이 있었는데 그 현장에도 원석이나 토사를 운반하는 공사의 규모가 작지 않았기 때문에 트레일러(trailer)나 덤프트럭(dump truck) 운전공들이 많았고 이 두 현장의 운전공들이 상호 교차방문하면서 자연스럽게 그들의 대화의 주제는 지난달의 자기소득에 관한 것이 일반적이었습니다. 현대건설 사람들이 얘기 들어보니까 동아건설의 운전공들의 소득이 월등히 많은 것이었어요. 첫 번에는 잘못 들었나 싶었지만 교류가 잦게 이루어지면서 확실한 사실로 밝혀진 것이에요. 현대건설 운전공들이 급여인상을 요구하였지만 관철되지 않았습니다. 그래서 난리가 난 거지요. "왜 우리는 적게 받아야 되느냐?" 그러나 임금 지급체계가 현대건설은 근로시간에 시급을 곱한 것이 소득이고 동아건설은 성과급제(야리끼리)였지요.

김택호 : 성과급체계.

전낙근 : 성과급체계. 한 차례 운송에 일정액으로 정하여 소득을 결정하는 방식이었지요. 바로 "탕 뛰기"란 말이지요. 그러니깐 하루에 부

지런히 여러 탕 뛰면 하루의 소득이 올라가는 것이었지요. 현대건설은
열심히 해도 시급이 정해진 거고 시간도 24시간 이상 더 갖는 거 아니
니까 하루에 여러 탕을 뛰어도 하루 근무시간에 시급을 곱한 금액으로
정해지는 거 아닙니까? 그러니까 당연히 적을 수밖에 없는 거지요. 거
기서 차이가 많이 나니까 시정해 달라고 요구해도 근로계약서를 변경
하지 않는 한 소득의 변경은 되지 않지요. 회사의 노임체계를 설득하는
과정에서 언성이 높아졌고 중장비 운영과 관리책임자인 문동권(?)부장
이라는 분이 인품은 훌륭하신데 말솜씨가 좀 없어서 운전공들을 설득
하지 못하고 기분을 상하게 했던 것으로 압니다. 그래서 운전공들이 좀
난폭하게 대하니까 손찌검을 한 것 같은데 손찌검 솜씨마저 없어서 코
를 건드려서 코피를 흘렸고 그 운전공은 코피를 흘리면서 식당으로 직
행하여 "우리가 폭력에 시달리며 일을 해야 합니까?" 하고 외치니까 순
식간에 전체 기능공이 난동을 부리고 회사의 기물을 파게하고 현장에
배치된 포니 자동차를 바다로 밀어 넣는 등 큰 사태가 벌어진 것이라고
해요.

김택호 : 항의하는 노동자들이?

전낙근 : 예. 그런데 사우디 왕국 입장에서 항명이나 분규라는 것은
용서받을 수가 없는 거거든요. 심하면 왕권유지에 심각한 장애가 될 수
있다고 우려하여 가혹하게 처리하는 나라이거든요. 유양수(柳陽洙) 대
사께서 사우디 정부로부터 큰 압력을 받았을 거고 그걸 해결하기 위해
서 현대 측에서도 많은 노력으로 해결됐을 것입니다.

김택호 : 그때 그 주베일 현장에 현대 노동자들이 한 몇 분 정도 계
셨나요?

전낙근 : 정확한 수자는 제가 모릅니다. 그러나 주베일 산업항공사는
그 당시까지 세계에서 제일 컸던 공사였기 때문에 엄청나게 많았지요.
우리 건축 공사하는 사람 입장에서 보면 비교가 안 될 만큼 엄청나게

많은 인력이지요. 그러니까 그게 한번 뭉쳤다면 대단한 위력을 발휘할
수 있지요.

김택호 : 그러면 그건 거의 외교 관계 문제로도 비화될 가능성이 있
다 보니 당시 현지 외교 공관에서도 상당히 좀 민감하게 움직였을 가능
성이 높아 보입니다.

전낙근 : 그 후에 어떻게까지 진전되고 어떻게 해결된 건지 제가 잘
모르구요. 발생된 동기는 말씀드린 대로이고요. 전갑원 전무 아세요,
안 박사님? 전갑원 전무와 이명박(李明博) 씨가 저와 같이 입사했던 사
람들인데 그 사건이 완전히 수습되기 전에 전갑원 전무가 제다 병원에
입원하고 있었는데 그 때 만나보니 머리 전체를 붕대로 감았고 팔에도
상처가 많더군요. 직원이라고 눈에 보이는 사람에게는 벌 떼처럼 대들
어 구타를 했다니 그곳에 나타나는 사람치고 몸이 성할 수는 없었겠지
요. 그러나 외교적으로는 어떻게 해결되었는지까지는 저는 전혀 모르
구요.

김택호 : 사법처리가 됐다든가 이런 이야기 들으신 건 없으시구요?

전낙근 : 아마 있었을 거예요. 강제송환도 되었을 것입니다. 그렇지
않으면 사우디 정부에 설명을 못 하잖아요.

김택호 : 그것이 유일한 사례였던 건가요?

전낙근 : 사우디에서 분규는 그것뿐이었던 것으로 압니다. 그러니까
유일하다고 볼 수 있지요. 그 이후로는 각사마다 급여체계가 성과급제
로 많이 바뀌고 기능공의 급여나 기타의 불만사항이 발생하지 않도록
신경써서 개선하게 되었지요.

김택호 : 그렇군요. 사실 주베일과 관련된 건 풍문들은 많이 있었기
에 이렇게 좀 자세하게 말씀 여쭤본 거 같습니다.

전낙근 : 네. 그리고 주베일 공사는 역사적인 공사이고 외환은행이
깜짝 놀란 그런 공사입니다. 김주신(金胄信) 상무라고 있었는데 그 김

주신 상무가 사우디 정부서부터 7억 리얄(미화 2억 달러)의 선수금을
받아서 외환은행에 입금하니까 외환은행이 비로소 진짜 은행 같은 은
행이 된 거예요. 그 이전에는 외환보유고가 뭐 몇 천만 달러나 있었는
지 모르겠고, 무역업자들이 무역거래에서 그만한 외화를 외환은행에
입금한 사실이 있었겠습니까? 목돈 7억 리얄(2억 달러)이 입금되니까
아마도 그 당시에 외환은행에 있던 분들은 "야! 쥐구멍에 볕들었다" 그
랬겠지요. 그 아주 역사적인 공사였습니다. 그리고 공사이익도 많이 남
겼을 거예요. 왜냐하면 정주영(鄭周永) 씨의 그 특유한 비상함이 있거
든요. 항만공사를 하려면 해변에서 내해로 이동해야 하는데 임시 부두
를 만들라고 지시했어요. 임시 부두는 그 공사 내용엔 없는 거예요. 임
시부두를 만들어서 공사를 성공적으로 촉진하는데 엄청난 도움을 줬거
든요. 다른 회사 같으면 공사내역에도 없는 건데 그 왜 하느냐고 하고
못 하게 했을 거예요. 그 임시부두 만들어 사용하다가 나 같으면 나중
에 돈 받아먹어요. 다 끝나고. 공사 내역에는 없지만 공사완공 후에 오
퍼레이션(operation)에도 도움 되는 거 아닙니까? 그러니까 나 같으면
돈 받아먹어요. 현대가 나보다는 똑똑했을 테니까 받아먹었을 거예요.
그러니깐 그래저래 아주 역사적인 공사인 것이고, 그리고 그 프로젝트
를 계약하면서 그 이전까지 사우디에서 수주한 공사금액의 누계보다
이 공사 금액이 컸어요. 분명히 역사적인 공사지요.

　김택호 : 선생님 성과급체계 방금 말씀해주셨는데요. 이게 국제적으
로도 노동자들한테 임금, 건설노동자들한테 주는 임금 방식이 국제적
으로 일반화되어 있는 방식인가요? 아주 한국적인 방식인가요?

　전낙근 : 지극히 한국적인 방식인데요. 외국에는 아마 서브콘트랙트
(sub-contract)나 피스웍(piece work base)라는 이름으로 그와 같이 할
겁니다. 각자 개별로. 그런데 그 많은 사람 개별적으로 할 순 없잖아
요? 그러니까 우리가 처리하는 성과급이나 야리끼리를 그룹이나 팀을

짜서 그 그룹이나 팀에게 일을 분할하여 맡기는 것이 제일 좋고 편리한
방법이지요. 그런데 야리끼리라는 말은 일본말이듯이 이러한 방식이
일본에서부터 나왔을 거예요. 옛날에 수풍댐 발전소에 참여했던 사람
을 한번 만났는데 그 사람 얘기를 들으면, 부지런히 뛰면 하루에 일곱
십장한테 자기 이름을 올린다고 하더군요. 그거야. 데스라(でづら, 出
面). 즉 자기 이름을 올려서 출근(사실은 출역: 出役)한 것으로 만들어
서 임금을 받았다는 거예요. 그런데 분당의 아파트 공사할 때는 부지런
한 목수는 다섯 현장을 다니면서 그렇게 했다 그러더군요. 그런 것은
정당한 방법이 아니고 이건 쌍방이 합의해서 되는 거 아닙니까? 어느
일방에 유리하면 안 하는 거지요. 그런데 야리끼리로 일할 능력이 도저
히 못 따라간다면 그거 못 하는 거지요. 그리고 자신 있으니까, 어차피
뭐 몸이야 부서지건 말건 돈벌이 하러 왔으니까 돈이 된다면 못 할 게
없는 거지요. 그래서 공식으로는 해외는 야리끼리라는 게 아마 없을 거
고 굳이 그걸 설명하라면 개별 서브 콘트랙트(sub-contract)이라는 형
태로 풀 수는 있을 거 같은데 사무가 복잡하잖아요. 개별적으로 계약서
를 다 써야 될 거 아닙니까? 그러니까 해외에서는 작업량을 특정부분
완성조건으로 구두로 약속하고 완성된 부분을 담당기사가 확인하여 이
루어지는 것이지요.

　　김택호 : 일본마저도 없을까요?

　　전낙근 : 일본에는 있으니까 야리끼리라는 일본말이 쓰이는 것이지
요.

　　김택호 : 70년 당시에 일본에도 있었겠느냐는 말씀입니다.

　　전낙근 : 아니 그 이전서부터 있었지요, 일본에는.

　　김택호 : 그러니까 그 전통이 일본에 남아있었군요.

　　전낙근 : 제가 생각으로는 그렇게 믿어지는데 일본방식이 통용된 것
이지요. 야리끼리니 우께도리(うけとり)니 하는 말은 다 일본말인데 우

께도리는 도급이라는 말이고 야리끼리는 일을 끊어서 한다는 얘기거든
요. 피스워크로 일정부분을 딱딱 끊어 한다는 얘기거든요. 가령 하루에
물량을 기준하여 얼마큼으로 정하는 것이지요.

김택호 : 지금 말씀 주신 거 들으면서 또 궁금한 게 사우디아라비아
가 발주액이 월등히 많았겠지요, 다른 국가들에 비해서. 이게 뭐 상당
히 차이가 컸습니까?

전낙근 : 예. 81년 그때까지 누계를 보면 사우디가 중동 전체의 아마
60%였을 거예요. 기타는 여러 국가에 산재해서 진출하여 수주한 공사
비 합계가 약 40%에 달했던 것이지요. 1970년~1980년 그 당시에는 중
동국가가 거의 사회 간접자본인 인프라(infrastructure)가 낙후됐기 때
문에 인프라에 투자를 했는데 그 국가들의 투자사업에 한국 업체들이
참여했던 것이지요. 1980년대 이르러 중동국가의 인프라가 어느 정도
개선됨에 따라 항만의 하역시설도 늘어나서 체선 현상이 적어지는 등
많이 나아진 것이지요. 그러다 보니까 사우디 같은 나라에서 더 해야
할 공사가 없었던 것이지요, 긴급한 인프라 개선이 다 된 셈이니까요.
따라서 서서히 슬로우(slow dolwn)로 가게 되었고 그 무렵에 공교롭게
원유가가 하락했어요. 따라서 중동 산유국들에게는 원유 소득이 대폭
감소했고 인프라 확충도 어느 정도 확충되니 공사발주량이 감소될 수
밖에 없었지만 우리 건설업체들은 종래의 수주물량을 유지하거나 확대
하려는 노력의 일환으로 사우디 주변 국가로 진출을 시도했고 그때 괄
목할만한 새로운 시장이 리비아(Libya) 시장이었습니다.

김택호 : 80년대 넘어가시지요?

전낙근 : 예. 리비아 시장인데 그 리비아가 없었으면 상당히 많은 업
체들이 아마 철수했을 거예요.

김택호 : 이란(Iran)이나 이라크(Iraq)도 인구가 꽤 많고 국토가 넓은
국가들인데요.

전낙근 : 예. 이란에는 문제가 뭐냐 하면 호메이니(Ayatollah Ruhollah Khomeini)가 집권하고서부터 이라크와 전쟁을 하지 않았습니까? 전쟁 중에 외화를 다 써버렸거든요. 두 나라가 다. 그래서 이라크에서 공사 하시는 분들은 식품이 모자라서 엄청나게 고생을 했고 이란도 마찬가 지고요. 이란에 제가 89년에 갔습니다. 전쟁 후에 갔는데도 그때까지 북한처럼 양권(쿠폰: coupon)을 주더군요. 그 쿠폰 가지고 한국사람 숫자만큼 공급하기가 어려우니까 또 웃돈을 주고 사지 않습니까? 하여 튼 팔레비(Pahlevi) 왕정시기에 원유 수출로 적립했던 외화를 전쟁에 소진하고도 마이너스(minus) 상태를 만들고 호메이니가 타계한 것이었 지요. 그러다보니 공사의 발주량도 대폭 줄었을 뿐만 아니라 이미 계약 된 공사의 추진도 매우 곤란했고 아와즈(Ahwaz)에 액화가스 공장을 대림산업에서 수주했는데, 정상적이라면 2~3년이면 완공했을 것을 10 년 이상 걸려서 완공했을 거예요. 이라크 쪽에 대해서는 모르겠는데 이 란 쪽에서 얘기 들으니까 이라크 공군 전폭기가 이란에 폭격하니까 국 경 가까운 그 아와즈 현장에서는 피난 갔다가 또 조용하면 와서 일하고 이러기를 여러 번 반복했는데 한국사람이니까 현장을 지켰지 구라파나 미국사람은 절대 그렇게 하지 않았을 것입니다. 현장을 먼저 폐쇄하고 그다음에 클레임을 했을 것이니 변호사만 일하고 기술자는 일하지 않 았을 것입니다. 그러한 난관을 극복한 것은 한국인의 특색이었지요. 그 래서 이란이나 이라크도 슬로우로 갔기 때문에 더 많은 수주가 안 됐는 데 두 나라가 다 전쟁으로 외화를 소진했던 탓이지요.

김택호 : 선생님 현지에서 노동하던 분들, 이분들에 대한 의료지원체 계 같은 것들은 잘 되어 있었던가요?

전낙근 : 건설회사의 공사현장 자체가 할 수 있는 것은 어디까지나 응급치료까지예요. 병상을 놓고 치료를 하면 현지 의료법에 저촉됩니 다. 응급치료해서 병원에 보내는 것까지만 하는 것이지 그 이상은 안

되거든요. 그런데 나라마다 그 의료시설과 서비스가 미흡하지요. 많이 미흡하지만 그런대로 꾸려나갈 정도는 돼서 그렇게 큰 문제는 없었기 때문에 그냥 견뎠지요.

김택호 : 대형사고의 가능성도 있고 그렇지 않습니까? 응급처치가 상당히 중요할 수도 있었을 것 같은데.

전낙근 : 그 대형사고라고하는 것이 여러 가지 경우가 있지요. 가령 이란에 있는데 이라크의 공군기가 날아와서 폭격을 했다면 사망한 사람도 있을 수 있고 부상당한 사람도 있을 것이거든요. 그리고 부상자 중에는 경상자도 있고 중상자도 있겠지요. 현지 의료서비스가 미흡하다면 우리나라 같으면 살릴 수 있는 사람도 사망에 이를 경우도 있을 것이지요. 건설업체의 현장에서 할 수 있는 것은 어느 나라 법으로도 응급구호까지입니다. 의사가 현장에 상주하고 있어도 응급처치만 하지 그 이상의 수술이라든지 또는 집도하는 것은 현지 의료법이 허가하지 않습니다.

김택호 : 예 잘 알겠습니다. 지금 전낙근 선생님께서 보내주신 자료를 복사를 해서 나눠드린 것이 있는데요. 그 내용과 관련된 걸 여쭙겠습니다. 당시 중동 지역의 한국인 인력 송출에 관한 문제인데요. 아주 자세한 내용들은 아니라 하더라도 선생님께서 이렇게 잘 정리를 해주셨거든요. 이 내용을 중심으로 당시 한국인 인력 송출 과정에 대한 이야기를 좀 말씀해주셨으면 좋겠습니다.

전낙근 : 공사 정보를 입수하고 설계도서를 입수해서 견적작업을 하게 되면 소요 인력은 산출됩니다. 공사계약이 이루어진 직후, 발주처가 현지 정부의 노동성에 우리근로자의 입국 비자발급을 추천해서 노동허가를 받고 외무성에서 비자를 발급합니다. 비자 발급을 할 때 진출국 정부는 한국주재 자국대사관으로 비자케이블(visa cable)을 보냅니다. 쿠웨이트 같은 나라는 개인 인명별이에요. 근로자의 이름을 명시하여

비자를 발급합니다. 사우디나 리비아나 리비아 같은 나라는 블록 비자 (block visa)라고 말하는 집단비자를 발급합니다. 더 설명하면 입국하여야 할 직종별로 입국할 사람의 수자를 허가하는 것입니다. 예를 들면 "목공○○○명, 철근공 ○○○명,…… 등"과 같은 것입니다. 이 블록비자의 경우에는 이미 받은 비자의 숫자에 여유가 있다면 새로운 비자신청을 할 필요 없이 송출이 가능한 것이지요. 부족하다면 다시 신청하여 비자를 받아야 하지요. 건설회사의 인력송출담당자가 아랍어를 잘 이해하는 사람이라면 문제가 없지만 그렇지 않은 경우에는 송출하고자 하는 인력의 직종과 무관하게 이미 발급된 비자의 잔여 숫자만큼 송출하는 것입니다. 그러다 보니까 어떤 모순이 있느냐 하면은 현장소장을 출국할 때 예를 들면 철근공으로 직종이 변경되어 송출 후 현지 노동성의 감사를 받을 때 회사의 행정업무에 신빙성이 없다는 오해를 받은 경우가 흔히 있었습니다. 현지 정부의 감사 목적은 노동허가를 받은 대로 허가된 프로젝트 현장에서 종사하고 있는지를 확인하는 것입니다. 중동 산유국들은 나라마다 인구는 모자라면서도 자국민 보호차원에서 현지인 우선 고용을 고집을 하거든요. 사우디아라비아에 제일 처음에 삼환기업에서 계약한 도로공사 경우도 실 소요인력의 75%만큼 현지인을 고용하라고 했어요. 현지인이 없는데 어떻게 고용하느냐 그거지요. 다음단계에서 조정하여 50%, 또 조정하여 25%, 그리고 실제로는 10%도 충족시키지 못한 상태에서 준공되었지요. 그다음에는 해당 프로젝트에 현지 정부가 승인한 대로 적법하게 공사를 수행하는지의 확인과 외국인 근로자가 고용된 회사로부터 혹사당하거나 부당한 대우를 받지 않도록 감사를 합니다. 그리고 아까 잠깐 말씀드렸는데 사모아(American Samoa) 있을 때 하와이(Hawaii)에 있는 미국 노동성의 하와이 주재 사무실에서 노동 감사를 한번 받았는데 미국 경우엔 감사 기간을 미리 통보해주었어요. 언제서부터 언제까지 당신네 프로젝트가 있는 지역에 우리가 노동 감사를 할 예정이다. 요것만 알려줘요. 그 기간이 돼도 온다 간단 소식이 없어서 이제 오나 저제 오나 잊을 만하니까 전혀 알지도 못하는 사람이 밤에 야근하는데 와서 구경하고 가는 거예요. 그 사람은 아무것도 묻지도 않았고 우리도 물을 일이 없으니까 내버려두거든요. 한 2~3일 후에 노동성 근로감사관이라면서 나타났는데 얼굴을 보니까 며칠 전부터 야간작업을 구경하고 간 그 사람이더군요. 그러고 첫 번에는 약간의 자료를 요구합니다. 그러고는 그 자료 중에 일부를 되돌려 주고 갔습니다. 그 후 3~4일 후에 다시 와서 또 다른 자료를 요구하는데 그것만으로 무엇을 파악하려는 것인지 알 수가 없었습니다. 그 후 3~4일 후에 와서 또 다른 자료를 요구합니다. 이렇게 듬성듬성 랜덤(random)으로 여기저기 찔러서 자료를 달래요. 그래서 아무 생각 없이 요구하는 자료를 내주거든요. 그다음에 다시 와서 또 다른 자료를 요구합니다. 이 정도에 이르면, 아차 싶은 거예요. 이 단계에 이르러야 자기의 감사 목적이 뭐라는 것이 간파되는 것이지요. 그런데 이미 넘겨준 자료가 있으니까 번복을 못 하겠고 노동부 감사에 안 걸릴 만큼 하려니까 운신의 폭이 줄어들어버리는 거예요. 그리고 하와이 같은 경우에는 감사가 다 끝난 뒤에 온다 간다 말도 없이 돌아가서 근로자 각자에게 한 번에 두 사람씩 묶어서 우편물을 보내줘요. "당신은 회사에서 오버타임(over time)을 얼마를 했는데 자기들이 미국노동법에 의하여 얼마를 덜 받았으니 회사에 청구해서 받아가라." 그러한 내용을 보내 온 거예요. 그리고 또 얼마 후에 또 몇 개 이런식으로요. 그게 왜 그러냐면 한꺼번에 패키지(package)로 전체를 보내면 회사가 가로채버릴 수 있다고 판단하여 개별적으로 흩뿌려놔야 어디 한 군데서 잡히기만 하면 될 것이다. 그런 거겠지요. 그런데 쿠웨이트에서도 그런 식으로 감사를 하더군요. 현지노동사무소의 감독관이 현장에 와서 배회하고 다니는데, 저 사람 뭐 하는 사람인 건 아무도 모르는 거지요. 자기는 말 한마디 안 하니까요. 한 사흘 그러고 다니더니 네 번째는 현장에 와서 자기가 감독관이라고 밝히는 것입니다. 그리고 이 자료를 달라, 저 자료를 달라는 것이 그 방식(style)이 미국의 근로감독관과 똑같더군요. 그래, 영, 미 여기는 노동에 대한 감사가 비슷한 거 같습니다. 임금은 적절히 지급하고 있느냐. 또 그 임금에 해당되는 현지에 근로소득세를 내고 있느냐 이런 것들을 확인하려고 하는 것이지요. 길어지니까 한 가지만 더 말씀드리면 사회보장세라는 것이 회교국가에 있어요. 우리가 평생 그 나라에서 살게 된다면 사회보장세를 내고 나중에 사회보장 혜택을 받을 수 있겠지요. 단기간 근무하고 귀국하면 그 사회보장세는 납부해도 혜택을 못 받는 것이지요. 그래서 우리 정부와 사우디 정부가 오랜 절충을 거쳐서 사우디에서는 사회보장세를 환급해주기로 결정이 돼서 일부 받았는데 어떤 사람들만 받았느냐하면 그 회사에서 계속 근무하는 사람만 환급받았어요. 그 이유는 그 회사에 근속하고 있는 사람은 신청을 바로바로 할 수가 있는데 귀국 후에 퇴직한 사람, 특히 기능공 경우는 인적사항의 확인과 업무의 연결이 안 되잖아요. 그러니깐 양국 정부가 우호적으로 처리는 잘 했는데 실제 혜택은 제한된 사람만이 받았던 것이지요. 그리고 인사 사고가 하나 발생했는데 낯선 사람이 찾아와서 질문을 하는데 통역을 통해 말을 들어보면 경찰서 형사였습니다. 일단 그 사람이 사고사라기보다는 타살이라는 데다 목표를 두고 질문을 하더군요. 이런 저런 사유로 볼 때 타살이 아니냐는 식이지요. 현지경찰은 자국인의 인권과 생명을 보호하는 것과 같은 수준으로 조사를 하더군요. 리비아 경우에 현지 세무회계가 있지 않습니까? 대우건설 리비아본부의 경리부장에게 "우리 회사의 세무회계가 몇 년도까지 정산되었느냐?"고 물었더니 10년 전까지 끝났다고 그러더라고. 그러니까 10년가량의 업무가 펜딩(pending)이 돼있는 거지요. 그 이유가 인력부족으로 자기들이 업무처리를 제때에 못하고 있는데 원칙적으

로는 하고 있다는 것이지요. 그러니까 다른 말로 뒤집어서 말하면 10
년 동안에 한 두 건 정도의 공사비를 전혀 못 받을 각오를 하고 이익을
창출할 수 있는 공사가 아니면 계약하지 말아야 하는 것입니다. 발주자
나 건설회사의 담당자는 계속 바뀌고 10년 후까지 세무회계가 완벽하
게 정리된다는 보장은 없는데 어떻게 해결합니까? 그러니 회사 직원
입장에선 나 안 다치고 빨리 집에 가면 되는 거 아니에요. 그러면 진출
국의 세무당국자가 요구하는 대로 확인해준다면 회사는 손해를 볼 수
밖에 없는 것이지요. 건설업체는 모든 세무관련서류를 완벽하게 작성
하여 진출국 세무담당자의 확인을 받아두어야 후일에 문제가 생기지
않을 것입니다. 인력 부족으로 적시에 완결하지 못 하고 누적된 업무를
10년씩 처리되지 않는다면 큰 문제가 되겠지요.

김택호 : 예. 알겠습니다, 선생님. 선생님 81년 이후 꽤 오랜 기간
동안 대우건설에 재직하고 계시면서 특히 아까도 말씀해주셨던 리비아
벵가지(Benghazi)에 7,000세대 공동주택건설 사업에 참여하셨고, 또
해외기술본부장, 이란 건설본부장 등을 역임하셨는데요. 당시 참여하
셨던 해외건설 사업에 대해서 간략하게 소개해주셨으면 좋겠습니다.

전낙근 : 네. 제가 아까 말씀드린 사우디아라비아에서 미국사람하고
트러블(trouble)이 있어 귀국하자마자 기다렸다는 듯이 대우에서 연락
이 온 거예요. 그런데 대우를 내가 알기에는 경기고등학교와 서울대학
출신들이 모여 있는 집단인데 그 틈에 가서 내가 견디기 어렵겠다는
생각에서 안 간다고 그랬지요. 근데 그 당시 대우의 홍성부(洪性夫) 부
사장은 저보다 1년 앞서 서울공대를 졸업하신 분인데, 저를 추천했던
사람이 자기의 체면을 위해서 홍성부 부사장과 일단 면담만 하고 못
하겠다고 거절해도 좋으니 꼭 면담은 해달라는 것이었어요. 자기와 대
우 간의 체면만은 꼭 유지해 달라고 해서 면담만 하기로 했어요. 그런
데 홍 부사장님이 어떻게나 말씀을 잘하시는지 이리 갈라 그러면 이리

막고 이리 갈라 저리 막고, 한 15분만 면담하고 되돌아온다고 하고 간 사람이 저인데 하루 종일 막혀가지고 도저히 말로는 못 당하겠는 거예요. 그 사이에 또 김우중(金宇中) 회장과 인사나 하자고 강제로 끌려가다 보니깐 그날 해가 넘어갈 무렵에는 저는 이미 그 회사 사람이 돼있는 거예요. 그러니까 뭐 꼼짝달싹 못 하게 되었고 저도 사실상 어떠한 직장이든 잡아야 될 형편이었지요. 그 당시에 삼성에서도 말이 있었는데 삼성은 내가 안 간다고 했어요. 왜냐하면 김우중 씨하고는 나이 차이가 별로 안 나니까 상관이 없는데 이병철 씨하고는 나이 차이가 굉장히 많이 나는데 내가 삼성에 가서 과연 견뎌내겠냐 해서 삼성을 택하지 않았습니다. 그래서 말씨름에 밀려서 대우로 갔죠. 그 당시에는 7,000세대공동주택이라는 프로젝트가 있었지만 계약은 안 된 상태였어요. 그런데 계약서가 없으니까 할 일이 없잖아요. 출근만 하는 거지. 그런데 저한테 배속시킨 부장이 한 사람 있었는데 그 사람은 해외사업부 소속으로 일을 하고 있으면서 중간 중간에 하루에 몇 번씩 간간히 저를 접촉하는 것뿐이었고 일이라고 할 게 국내에 없는 상태였어요. 그런데 상당히 많은 사람들이 절 보고 저 사람이 현장 경험이 있는 사람인지 없는 사람인지 일에 대한 준비를 통 안 한다고 생각하고 있는 것 같았어요. 박 부장이 말하기를 이재명(李在明) 이사라는 사람(우리나라 민족대표 33인 중의 한분이신 이갑성 씨 손자 되는 사람)이 이미 대우에서 근무중인 건축기술자들의 명단을 만들어서 자기가 가기로 한 트리폴리(Tripoli) 현장으로 인사발령하기로 김우중 회장 결재를 받았다는 거예요. 그러나 제가 생각하기에 좀 우스운 것이 왜 다른 문서에는 서명을 안 하시고 구두결재만 하시는 회장님이 그 발령예정자명단에는 사인을 하셨는지 모르겠더군요. 아무래도 이재명이사가 회장님으로부터 서명을 받아내는 기술이 있으니까 받아냈겠지요. 우리 박 부장은 7,000세대에 배치할 사람이 없어서 큰 문제라고 난색을 표하는 거예요. 저는 그냥 알았다고 밀하고는 김우중 회장님이 서명하신 것을 변경할 수 있느냐고 물었더니 변경불가라는 것이에요. 그럼 얘기 끝난 거지 그 얘기 해서 뭐 하느냐고 했지요. 그러니까 박 부장은 더 답답했던 거지요. 사람이 하나도 없다고 하는데도 제가 꿈쩍을 안 했으니까요. 그래서 박 부장이 이해를 못 하는 거 같아서 "턴키공사인데 계약도 설계도 안 됐고, 설계도 우리가 해야 되는데 지금 무슨 공사 요원 때문에 고민할 필요가 있겠나?" 제 말이 맞지요. "프로젝트 사이즈가 이 정도니까 소요 인력이 얼마 되는지도 확실하게는 모르지만, 현장에 투입할 기술자들 때문에 아귀다툼할 필요가 없지 않나요? 또 한 가지, 대우에 있는 사람을 싹 쓸어서 트리폴리로 보낼 계획이고, 그리고 외부 사람인 나를 끌어들였을 때는 날보고 UN군 사령관을 하라는 얘기지. 외인부대 끌고 들어오라는 뜻이다 내가 생각하기에는. 그러니까 때가 되면 내가 구성할 거요." 그랬더니 박 부장은 알만도 하고 모를 것도 같고 뭐 그런 표정이었어요. 제가 10월 달에 벵가지에 갔고, 11월에 벵가지 주정부 주지사와 김우중 회장 그리고 그 사이에 리비아 사람 중에 아주 영어를 잘하는 분이 통역을 했습니다. 주지사가 아랍어로 된 계약서의 한 구절을 읽으면 통역이 영어로 말을 했습니다. 그러면 김 회장은 "예스(Yes)"라고 답했고 또 다음 구절을 읽고 나면 김 회장은 "오케이(OK). 그렇게 반복하면서 진행되는 것이에요. 그 자리에서 지켜보던 홍성부 부사장이 "회장님! 그러지 마시고 하나하나 검토를 해야지 이렇게 진행되면 어떡합니까?"라고 하니까 "느덜은 가만있어!!" 그러니까 회장이 맘대로 하는데 별도리가 없었지요. 그렇게 해서 이루어진 것이 A4용지로 두 장의 순 아랍어로 된 계약서이고 3년 공기의 7천 세대의 공동주택이고 건축된 면적 m² 당 리비안 디나(LD)로 183이었습니다. 결과적으—로 정산된 총액이 7억 5,000만 달러가 되는 계약서인 거예요. 뭐 도면이라곤 기본도면 한 장도 없었지요. 3년 걸려서도 설계를 완료하지 못 했어요. 이유는 대우의 설계가 이슬람의 컬처(Islamic culture)에 맞지 않는다는 거예요. 이래 밀리고 저래 밀려서 되는 것이 없었어요. 가만히 생각하니까 뭐 필요한 게 있어서 그런 거 아닌가 하는 생각이 들었어요. 그래서 발주처의 책임자 되는 사람보고 "당신은 해외에도 나가지 않느냐?"고 물었더니 런던에 갈 계획이라면서 날짜를 말하더군요. 그 친구 내보내고 뒤따라나갔어요. "우리가 도저히 이슬람 문화에 대해서 익숙하지 못하니 이슬람의 문화에 부합하는 설계를 해낼 수가 없다고 생각한다. 그러니 당신의 협조를 받아야 되겠다."고 하니까 "필요하다면 언제든지 도와주겠다."는 거였어요. 그런 일이 있은 후부터 설계의 진척이 되었습니다. 3년 걸린 겁니다. 그러고 설계가 되니까 공사가 순조롭게 된 거지요. 계약직후 건축기술자들을 현장에 내보냈다가 일이 진척되지 않아서 도루 귀국시켰다가 설계가 되면서 재송출하여 공사를 했거든요. 아주 어려웠던 것은 제가 리비아에 간 첫날 칼리드라는 사람이 저를 찾아왔대요. 참 이상한 건 리비아에 아는 사람이 없는데 내가 도착하자마자 2시간도 안 돼서 날 찾아온 사람이 있다? "누구냐?"고 물었더니 주택성 엔지니어라고 했어요. 찾아온 사유를 물었더니 아랍어로 된 두 장짜리 서류를 내밀면서 사인을 해 달래요. "나는 아랍어를 모르는데 이게 뭐냐?" 그랬더니 핸드오버(hand-over), 즉 제가 현장을 인수한다는 내용의 확인서라는 것이지요. 난 밤중에 와서 2시간도 안되어 아무것도 모르는데다가 이 문서는 틀림없이 "현장은 아무런 장애물이 없이 깨끗하여 언제든지 시공자가 일할 수 있는 준비가 다 돼있다. 이렇게 쓰여 있을 것 아니냐?" 그랬더니 맞다 그거예요. 그리고 하는 말이 "첫 눈에 딱 보고 아! 경험 있는 분이다 생각했는데 역시 잘 아시는군요." 그러는 것이에요. 그래서 "내일 현장을 확인 하고 대우의 리비아 건설본부장과 협의하여 서명해 주겠다"고 말했더니 이 사람이 또 약점을 노려가지고 하는 소리가 "자기에게는 언제고 확인서에 명해

주면 되지만, 내일 첫 비행기로 트리폴리로 출장 가는 편에 이 서류를 못 보내면 선수금을 언제 받을지 모르니 자기에게 탓하지 말라."고 하는 것이었어요. 그 말에 딱 질려서 본부장한테 들은 대로 전했더니 본부장인들 방법이 없잖아요. 본부장(서만석 전무)이 한참 생각하더니 "일단 사인해서 주고 문제가 생기면 나중에 풉시다." 그래서 사인 해줬어요. 그리고 그 이튿날 가보니까 엉망인 거예요. 그 현장을 정리하는 데에 3년 걸렸어요. 그리고 감독관으로 임명된 칼리드로부터 전부 확인받았는데 그 현장 정리비만 8,700만 달러였어요, 그리고 본 공사는 해보지도 못하고 3년이 지나니까 인제 공기연장(time extension)을 받아야 되는데 합당한 근거가 없잖아요. 그래서 현장에 장애물이 너무 많아서 그 정리에 3년 걸렸고, 현장 정리비용이 발주자가 확인한 8,700백만 달러의 직접비와 간접비(overhead)로 25%를 합치면 1억 달러가 넘으니 추가로 1억 달러와 공사기간을 3년 연장해 달라고 했지요. 그런데 제가 도착하던 날 현장 인수서가 있었지 않습니까? 그러니 합당한 연장사유는 될 수 없는 것이지만 그렇게 고집했어요. 결과는 1억 달러 추가비용은 못 받고 공기만 3년 연장 받았고 그 때는 설계가 완성된 상태라 일사천리로 쫙 진전됐던 것이지요. 그렇게 되니까 먼저 박 부장이 절 보고 하는 얘기가 "상무님은 그때 이렇게 설계가 안 되고 사람이 와도 되돌려 보내고 이런 때가 온다는 걸 미리 알고 계셨던 것이지요?" 하는 것입니다. "아! 그걸 내가 어떻게 알았겠어? 다만 턴키 공사에서는 설계가 전제되는 것인데 설계가 안 된 상태에선 아무것도 할 수 없는 게 우리 입장이고 그런데 그때 그렇게 얘기한 것은 그럴 수도 있기 때문에 얘기한 건데 우연의 일치로 재수 없게 맞은 거 아니겠어? 운이 좋았다면 그런 일이 없었겠는데! 영어로 머피스로(Murphy's law)라는 게 있잖아?" The thing may go wrong goes wrong at the worst chance.(께름직한 거는 그 일이 터지기도 하는데 아주 가장 불리할 때

터진다.) 이게 머피의 법칙 아니겠어? 머피의 법칙일 뿐이지 내가 그렇게 예측을 했겠어. 설계완료 이후에 일이 일사천리로 나가는데 아주 일이 잘 될 때는 한 달 기성고가 3,000만 달러씩 팍팍 올라가니까 아주 대단했지요. 그런데 제가 생각하기에…………….

김택호 : 말씀 중에 죄송한데 이 7,000세대 주택은 공사의 목적은 뭐였습니까? 누가 들어와서 살 주택이었죠?

전낙근 : 리비아의 무주택자에게 분양하는 계획이었지요.

김택호 : 아, 국가사업으로 제공하는.

전낙근 : 예, 그 재원이 주택성, 사회보장성 그리고 하나가 의료 부서인 보건성, 그렇게 세 부청의 재원으로 주택을 지어서 무주택자한테 첫번엔 분양을 한다고 그랬어요. 아무도 분양신청을 안 하는 거예요. 우리는 계속 돈 받아가며 일을 해나가고. 그리고 그 돈도 빨리 받아진 이유가 기름(원유)으로 받았기 때문에 가능했지 현금으로 받았으면 아마 상당한 미수금이 생겼을 것입니다. 그러면 대우는 원유를 받아서 어떻게 했느냐. 벨기에(Belgium)의 앤트워프(Antwerp)라는 곳에 있는 중고 정유공장을 하나 샀어요. 그런데 실사를 해보니까 상태가 의외로 좋더랍니다. 리비아에서 원유를 받아다가 벨기에의 정유공장에서 정유하여 석유제품을 만들었습니다. 리비아에서 공사비로 받은 원유 넣어주면 정제해서 연료로도 팔고 윤활유로도 팔아서 더 큰 이익을 창출한 것이지요. 그룹 내에 그러한 조직이 있었기 때문에 가능했지요. 그러고 좀 웃기는 얘기인데 다 완공하여 인도 후에 우리는 귀국했지요. 그로부터 2년 후에 이란에서 근무 중에 테헤란 시청의 기술자들을 인솔하고 리비아에 출장가서 이야기를 들었는데 무주택자들이 벌떼처럼 대들어 강제 침입해서 점유했는데 경찰력으로 도저히 제지하지를 못 했답니다. 그러니까 돈 받고 분양을 하려고 한 것이 무상, 그것도 질서 없이 뺏겨버린 거지요. 그 난리 중에 어떤 친구는 한 집에 5형제가 살

면 5형제가 다 쳐들어가서 5개 세대를 무상으로 맡아버린 거예요. 그래가지고 형은 2층, 둘째는 3층, 셋째는 4층…….. 이러한 식으로 강제 무단점유 하고 살더군요. 결과론으로는 무주택자에게 공급된 것이고 본래는 주택을 분양하려 했던 것입니다. 그리고 계속사업으로 추진할 계획이었는데 목적한 대로는 안 됐지요. 그런데 우리나라 같으면 그건 불가능한 일인데도 사회주의국가니까 어차피 인민을 위한 거 아닙니까? 목적과는 달리 분양은 안 되고 국가가 시민에게 무단 무상 강탈당한 거지요.

김택호 : 이란에 가셨던 것은 어떤 사업 때문이셨죠?

전낙근 : 이란에는 그 당시에 철도공사를 두 군데를 하고 있었고, 아와즈(Ahvaz)라는 데에는 화력발전소를 건설하고 있었는데, 김우중 회장이 절 보고 그리 가래요. 그러나 나는 못 가겠다고 했어요. 기술본부장 1년 하는 동안에 회의 때마다 나오는 것이 가장 나쁜 케이스(case)가 이란과 싱가포르현장이었어요. 1년 내내 실패 현장으로 들었는데, 철도? 나는 토목기술자가 아니다 그거였지요. 화력발전소? 전기도 기계기술자도 아닌데 내가 가서 뭐 할 게 있습니까? 그래도 가라 그거예요. 그래 목구멍이 포도청이니까 마지못해 이란에 가서 5년 있었는데 가서 보니까 일이 안 되는 이유가 딱 한가지더군요. 처음 계약할 때는 외화(US$) 70% 현지화 30%, 외화는 김우중 회장이 날짜 하나 안 틀리고 수령해가고 현지화는 수령하여 현지에서 발생되는 비용으로 써야 되는데 전쟁 때문에 인플레이션(inflation)이 극심하게 뛰어 올라가니까 그 30% 가지고 현지 비용을 도저히 충당할 수 없는 거예요. 그러니까 어떤 일이 생기느냐면 물자를 수입해오면 관세를 내야 되는데 현지화가 부족하여 관세를 못 내니까 수입해온 자재나 장비가 보세창고(保稅倉庫)에 보관되는 거예요. 런던에서 구매하여 일찍 보냈는데 6개월 이상 묶여있고, 현장은 자재가 없어 6개월 이상 놓고. 그러고도 잘 나갈

현장이 있겠습니까? 안 되는 거지요. 근데 이거 아주 중요한 건데 편집
을 전제하고 말합니다. 그럼 저는 어떻게 해결했나? 내가 갔을 때 현장
실행이 137%예요. 그러니깐 현장에서 발생하는 공사비가 계약한 금액
보다 37% 더 플러스(plus)해야 되는 거예요. 거기다 본사 지사 관리비
를 합치면 150% 이상 넘어가는 거예요. 그런데 현지인이 추파를 던지
는 거예요. 현지화(이란 리알)를 대여해 줄게 너희는 외화로 갚아다오.
외환관리법 위반인 겁니다, 원칙적으로. 현지화가 필요하면 우리는 달
러를 가지고 은행에 가서 이란 리알로 바꿔야 되고 그 사람은 달러가
필요하면 자기네 은행에 가서 리알을 내놓고 달러를 사야 되는데 상호
편리한 거래를 하자는 거지요. 그러한 거래가 우리의 현지화 부족문제
를 해결하는 유일한 방법이니까 본부장 입장에서는 그렇게 해서라도
문제를 해결해야 하는 것이었지요. 그렇게 해결하니까 현장실행이 57%
로 떨어지더라고. 다른 말로 말하면 김우중 회장이 저를 이란으로 보내
려면 더 일찍 보냈어야 했던 것이지요. 그래야 더 큰 효과를 봤을 거
아닙니까? 이란이라는 나라는 페르시아 만 해안선과 비슷하게 내륙에
산맥이 하나 있는데 그것이 자그로스산맥(Zagros Mountains)이고, 또
이란 북쪽 국경에서 남쪽 내륙으로 엘보르즈 산맥(Elburz Mountains)
라는 산맥이 있는데 이 산맥은 터키(Turkey)로부터 히말라야(Himalayas)
로 연결되는 그러한 산맥 사이에 고원지대로 이루어진 나라입니다. 수
도인 테헤란에서 철도로 연결되는 항구는 코람샤에 있고 아와즈에서 가
깝지요. 남쪽에서 내륙의 테헤란지역으로 물자를 운송하는 데에 새로운
철도가 꼭 필요하여 철도공사 발주를 했는데 고원지대의 평지구간은
전부 현지 업체에다 발주하여 다 완성을 했어요. 그러나 해발 1,000m
의 고원으로부터 해안선까지 연결하려면 산악 지대를 거쳐야 되거든
요. 그러니까 산악지대 두 군데를 국제입찰에 붙였는데 중국회사가 낙
찰됐어요. 그 중국회사가 입찰 전에 현장답사(site survey)를 미리 했어

야 되는데 낙찰된 후에 착공하기 위해서 현장답사를 해보니까 도저히 자신이 없다고 보증금(bid bond)을 포기하고 퇴각했기 때문에 재 국제입찰에서 대우가 수주를 했는데, 그 당시에 대우는 터널공사 실적이 없었어요, 물론 대우건설 내에는 터널공사 경험이 있는 직원들은 있었지요. 아무튼 실적을 만들어서 계약을 하고 그다음부터 국내든 해외든 터널공사는 이란 실적을 활용하여 수주하게 되었어요. 그리고 그 철도공사현장에 소요되는 터널폼(tunnel form) 등을 모두 수입해 와야 되는데 그게 제때 안 들어오니까 암석굴착은 하지만 마감, 라이닝 콘크리트(lining concrete)는 못 하잖아요. 현지화 차용으로 수입자재와 장비를 통관하여 공사를 잘 진행시켰지요. 필요 없는 얘기지만 인질사건이 있었어요, 그 철도현장에서 직원 한 사람과 기능공 네 사람을 어떤 조직이 납치해갔어요. 그 이튿날서부터 국내의 KBS, MBC 할 것 없이 9시 뉴스에 제일 먼저 제 사진과 자막으로 "대우건설 이란 건설본부장 전무이사 전낙근"이 나오고 대우건설 이란 현장에 인질사건이 났다고 보도하는 것이었지요. 그리고 그다음 날은 "아직도 누가 납치범인지도 밝혀지지 않고 있다." 이런 식으로 3주 동안 국내의 여러 곳에서 제 화면을 본 사람들로부터 저의 집으로 전화가 빗발쳤어요. 사고가 발생하자마자 저는 대우의 철도공사를 하청하는 현지 하청업체를 불러가지고 "실종 사고가 발생했는데, 내가 별도로 사고 보고를 해야 되는가? 현장에서는 지역 경찰서에 신고를 했는데……" 그랬더니 그 사람이 "알아보겠다본다."고 하고 돌아갔고, 잠시 후에 전화로 자기가 알아보니 경찰청의 최고 책임자 "세이볼라피"라는 장군(general)이 "이미 공식 보고를 받았으니 거듭 보고할 필요는 없다."고 말해줘서 별도의 추가보고는 하지 않았습니다.

그리고 가만히 생각해봤어요. 대우라는 사기업체의 현장에서 사고가 발생했다고 하면 사기업자체의 사고일 뿐이 아니에요? 그렇게 되면 문제해결에 몇 년이 걸릴지 모르겠더라고요. 그래서 그게 아니고 대우라는 회사의 나라인 한국과 현지의 이란이라는 양국정부의 문제, 즉 국제 문제로 격상시켜 풀어야 되겠다고 생각하게 되었어요. 그래서 주 이란 한국 대사님께 "이 문제는 대우회사 홀로서는 못 풉니다. 대사님이 국제 문제화시켜줘야 됩니다." 그래서 대사님은 외무성을 접촉하시도록 부탁드렸고 그리고 또 가만히 생각해보니까 이란정부는 움직임이 신속하지 않을 수도 있어서 안 되겠더군요. 현재 서초동에 "영림한의원"이라는 한의원이 있는데 그 이영림 박사라는 여성 한의사가 호메이니 혁명 이전에 이란에 가서 한방 황실주치의를 하셨고 그 당시에는 라프산자니 대통령 가족의 한방 주치의를 하시고 계신 그런 분이에요. 저보다 한두 살 더 많으신 분인데, 그 분을 통해서 대통령을 움직여야 되겠다는 생각을 하였어요. 그분에게 전화를 걸어서 "이 박사님! 이런 사고가 발생했는데 방법이 없겠습니까?"라고 말문을 열고서 "대통령 영부인을 만나셔서 '세상에 이렇게 창피한 치안이 어디에 있습니까? 이란인이 이란 내에서 공사를 하는 외국인을 납치해 갑니까? 이게 국제적으로 망신이 아닙니까?'라고 이렇게 아주 창피를 좀 주세요."하고 부탁을 했습니다. 그래야 대통령이 관심을 가지고 문제해결에 신속성을 보일 것이라고 생각했지요. 저 혼자서는 도저히 안 될 것이라고 생각했지요. 그런데 그 다음날 대우런던지사에서 전화가 왔는데 BBC 방송을 듣고 어느 단체에서 과거에 이와 유사한 문제를 성공적으로 해결한 실적이 있는데 자기들한테 맡겨주면 책임지고 해결해준다고 하니 그렇게 하는 것이 좋을 듯하니 고려해보라는 권유였습니다. 그래서 골치 아픈데 그냥 그렇게 맡겨버리면 좋겠다는 생각이 들기도 했지만, 대우라는 국제 기업이 음지에서 활약하는 가려진 단체와 암거래를 해서 성공한다면 당장 나는 편리해서 좋기는 하겠으나 나중에 대우라는 국제기업에게 어떠한 악영향이 미치게 될지 모르겠다는 생각이 문득 들더군요. 그래서 "아! 내가 조금 더 생각을 해봐야 되겠다."고 결정을 미루었어요. 런던사무소의 이동원 전무가 "전무님! 속 썩이지 말고 쉽게 푸세요." 그러더라고. 그래서 그 말에 굉장히 매력을 느꼈고 고맙기도 했지만 그래도 염려되는 건 회사의 이미지(image)가 국제적으로 나쁘게 영향을 받게 되는 것은 택해서는 안 되는 것 같더군요.

이튿날 이란건설회사로서 대우의 철도현장에서 하청으로 공사를 하는 사람이 저를 찾아와서 "아마도 지금이 마약을 운반하는 때인 것 같습니다."라고 말했어요. 마약과 우리가 무슨 상관이냐고 물었더니 아프가니스탄(Afghanistan), 파키스탄(Pakistan)과 이란 이렇게 3개국이 접해있는 국경지대는 3국의 국법이 통하질 않는대요. 거기서 양귀비 재배를 아주 대대적으로 한답니다. 수확하여 그 체적을 줄이기 위해서 1차 가공하여 농축한 다음에 마약까지 만드는데 좀 복잡한 기술이 들어가잖아요? 거까진 못 하니까 이 1차 정제품을 정식 화물로는 운반하지 못 한 대요. 구라파로 운반하는데. 당나귀나 낙타에 싣고 인적이 없는 사막으로 이용하여 운반한다는 거예요. 이란의 중부 사막을 관통하고 산악 길을 이용하여 터키를 통해서 구라파로 운반한다는 것입니다. 그 말에 이어 "지금이 아마 그런 때인가 봅니다."라고 말했어요. 그러나 그런지 안 그런지는 모르잖아요? 그런데 나중에 알고 보니까 그 사람의 추측이 맞더군요. 그래서 우리가 생각할 때는 아주 웃기는 얘기인데 어떻게 국법이 미치지 않는 영토가 있을 수 있을까? 이해를 못 하겠는데 실제로는 있다라는 얘기지요 그래서, 이런 그러한 것까지도 알고 공사 수주를 해야지 아니면 곤경에 처할 수 있지요. 그래서 그 문제를 해결하는데 3주 걸렸어요.

김택호 : 그 뒤로 그냥 풀려났나요?

전낙근 : 예, 인명피해 없이 금전적 피해 없이 풀려났어요. 그리고 개인적인 얘기하면 안 되는데. 저도 전무만 할 게 아니고, 부사장 진급

을 해야 되는데, 이 사고가 발생해서 제 신상에 관한 문제가 될 수도 있는 것이고 성공적 해결이라고 포상을 받을 수도 있는 것인데....... 그때가 92년 9월 21일인가 이었지요. 연말에 인사고과 때 사장님을 찾아가서 인사를 해도 아무 말도 안 하고 계시더니 "그 사건이 아무래도 김우중 회장한테는 좋게 새겨지지 않을 것 같아서 자기가 말을 못 하고 있다." 그 거였어요. 사장이 못 하면 그만인 것이지 별 수가 없는 것이지요. 알겠다고만 했어요. 사장님 면담하고 왔다니까 다른 전무가 "이번에 진급 어떻게 되십니까?"라고 묻기에 "뭐 이번 사고 때문에 안 된다고 한다는 데......." 그랬더니 "말도 안 되는 소리다. 돈이 쓰였나 인명 피해가 있었나, 그런 사고가 많이 있었는데 다 피해가 있었다. 피해 없이 시간만 3주라는 손실이 있을 뿐인데 그건 성공적인 사례지 그게 말이 되느냐고. 사장한테 가 얘기해." 그런 일도 있었어요.

김택호 : 예. 뭐 말씀을 듣다 보면 끝이 없을 것 같습니다. 이쯤에서 플로어(floor)에 선생님들 말씀하시고 싶은 게 있으실 거 같은데요. 플로어에 계신 분들께 질문하실 수 있도록 기회를 드리도록 하겠습니다.

조영재 : 선생님 말씀 들었는데 디테일(detail)이나 상황에 대한 기억력은 대단하신 것 같습니다. 아까 말씀을 해주셨던 건데요. 주베일에서 노사분규 당시에 어떤 자료를 보니까 사우디 비밀경찰 보안군이 실제로 무장을 하고 무장진압을 계획했다는 이런 얘기도 있던데.

전낙근 : 그랬을 것 같습니다. 왜 그러냐하면 사우디에서는 라이어트(riot), 분규 이런 것은 있을 수 없는 것이거든요. 그걸 허용하면 왕권도 넘어갈 것 아니에요? 그러니까 절대 용납이 안 되는 거지요. 눈에 보이지 않는 포위망을 사우디 당국이 적절히 쳐놓은 안에서 현대가 해결을 한 것이고, 사우디 군경도 동원됐을 겁니다. 몇 명이 어떻게 됐는지 그것까진 제가 모르는데 분명히 거기에 대한 눈에 보이지 않는 방어벽은 사우디 당국에서 쳤을 거예요.

조영재 : 그럼 당시에 대규모 건설현장들이 많았었는데 거기에 치안
이라든가 보안 세력들, 기관들이 어떤 방식으로 현장들을 관리하거나
또 감시를 하거나 이런 거 느끼실 수 있었습니까?

전낙근 : 제 경험은 아니었지만 그 무렵에 사우디에 있었던 사람으로
서 아는 바로는 그 사건이 유일무이하고 또 최초의 사건이었지요. 그러
고 그 외에는 각사가 자체관리를 잘 했어요. 사우디에서 한국인들에 대
한 경계심은 컸어요. 건설현장에서 작업을 하는 근로자이지만 일사불
란하게 움직이니까 군복을 입지는 않았지만 군대라고 생각한 것이지
요. 1970년대에 제다 항구에서 체선 현상이 심하니까 노르웨이(Norway)
회사는 엘에스티(LST: landing ship tank)라는 선박을 공급하고 경남기
업에서 인력을 공급하여 제다항구의 체선현상을 해결할 계획했던 것이
지요. 경남기업에서 하역작업을 위한 인력이 제다 공항에 도착했어요.
그 당시 제다 공항은 항공기와 탑승구 간의 연결통로인 브릿지(bridge)
라는 것이 없었고 관제탑에서 지정해주는 곳에 여객기를 주기(駐機:
parking)시키면 공항 내의 셔틀버스가 와서 승객을 태워서 입국장으로
가는 것이었어요. 경남기업에 취업한 근로자 전원이 녹색 근무복을 똑
같이 착용하고 어느 한 사람이 구령하는 대로 눈 깜짝할 순간에 대열을
정렬하는 것이 훈련이 잘된 군인같이 보였던 것이지요. 그 광경을 지켜
보던 공항근무자들이 "야아! 어느 나라군대인지 훈련 참 잘되어 있다!"
고 하면서 놀랐던 일이 있었고 그 후로는 한국인을 모두 군인이라고
생각하고 "저 사람들이 힘을 합치면 사우디 군대쯤은 문제가 안 되겠구
나!" 하고 한국 사람만 만나면 "당신도 군인이냐?"고 물은 일이 있었습
니다. 사우디에서 한국인에 대한 경계심은 분명히 있었습니다. 그 당시
젊은 사람이 해외에 취업하려면 실역(實役)을 필했어야 했었고 군에서
갓 제대한 청년들이 많았던 때라 속된 말로 기압이 덜 빠진 상태에서
단체생활을 했기 때문이었지요.

경남기업의 하역에 대하여 조금 더 설명할 필요가 있습니다. 이유는 이 사업이 사우디아라비아에 기여한 점과 반대로 경남기업이 사우디아라비아인의 교활함에 피해를 본 것을 꼭 지적하고 싶기 때문입니다. 경남기업의 하역업과 관련된 이야기 전체는 그 당시 제가 있었던 삼환기업의 해군기지공사현장에 상주하면서 경남기업의 하역업에 관한 자금관리업무를 겸해서 수행하였던 조흥은행의 허종욱 대리와 제 숙소가 같은 건물에 인접하여 있어서 허종욱 대리로부터 경남기업에 관하여 거의 매일 이야기를 나누었기 때문에 잘 알고 있습니다. 허 대리는 귀국 후 성공적인 은행생활을 통하여 조흥은행의 전무로 퇴직한 분입니다.

상선(商船)이나 화물선(貨物船)이라는 외항선(外航船)이 제다 항구 근해까지는 왔어도 항구의 체선현상(滯船現狀: port congestion)이 심해서 접안(接岸)허가를 적시에 받지 못하고 장기간 외항에서 대기하게 되는데 그 대기기간이 2~3개월씩 된다고 했습니다. 그러니 사우디아라비아에는 수입물자 공급이 지연되고 이러한 현상은 자연히 물가앙등으로 이어졌습니다.

이러한 악순환을 개선하기 위한 계획이 LST를 도입하여 외항에 대기 중인 외항선으로부터 화물(貨物)을 이적(移積)하여 해변으로 이동해서 하역(unloading)하는 것이었습니다. LST가 접안하는 것은 절벽이 아니고 완만하게 경사진 곳이면 해변 어디에서나 용이하기 때문에 이 LST가 접안하여 하역하고 임시로 화물을 저장하는 곳으로 제가 공사하고 있던 해군기지의 북쪽이었고 그 곳에는 상차장비로 여러 대의 포크리프트(Forklift)와 크레인(crane) 그리고 트레일러(trailer)들이 주야로 분주하게 작업을 하고 있었습니다. LST를 운항하는 선원들은 노르웨이 사람들이었고 외항에 가서 모선(母船: 외항선)으로부터 화물을 이적하여 해안으로 와서 하역하는 사람들과 하역된 화물을 다시 트레일러에 싣고 화주(貨主: consignee)에게 운송하는 사람들은 모두 한국인이며 경남기업소속 근로자들이었습니다. LST선주인 노르웨이 회사와 하역과 운송을 하는 경남기업 외에 사우디아라비아 회사가 있었는데 본래 이러한 계약을 한 회사는 사우디아라비아 회사였고 노르웨이 회사나 경감기업은 이 사우디아라비아 회사와 계약으로 하역하여 화주에게까지 운송한 물량에 따라 대금을 수령하는 하청회사인 셈이었습니다. 육상에서 하역과 상차에 사용되는 장비들은 사우디아라비아 회사의 소유였고 장비에 소요되는 연료와 정비용품의 공급도 이 사우디아라비아 회사가 공급했던 것이었습니다. 제다항의 체선현상이 극심했던 때라서, 또한 그 당시의 현지 선박회사에 고용되어 하역을 하던 인력의 일일(日日) 작업능력이 신통치 않았던 탓에 사우디아라비아 회사의 정부와의 단가가 매우 높았고 LST회사와 경남기업의 하역단가도 상당히 높았기 때문에 "황금 알을 낳는 오리사업"이라고 소문이 났었습니다. 처음에는 작업 단가를 톤(ton) 당으로 정하였습니다.

금속과 같이 무게가 나가는 화물에 대하여는 그 톤이라는 것에 대하여 시비가 걸릴 일이 아니었지만 비중이 1보다 적은 물품에 대한 톤은 어떻게 정의할 것인지에 대하여 협의가 있었는데 그러한 경우에는 $1m^3$를 1톤으로 구두 결정한 사실이 있었답니다. 한국 사람들의 근면과 성실성으로 사우디 회사와 월간으로 계약한 물량 이상으로 화물처리를 하게 되니까 사우디아라비아 회사의 사주가 매우 만족하여 상여금을 제안하는 등 관계가 매우 좋았습니다. 그러나 시간이 지나면서 사우디아라비아 회사가 지불하는 금액이 예상외로 상승하니까 사우디회사의 특유하고 교활한 배신적 계략(trick)이 발동한 것입니다.

첫 번에 나타난 문제점은 무게단위인 톤에서 시작했습니다. 경남기업과 LST회사는 자동차를 하역하여 운송할 때 자동차를 포장한다고 가정하여 그 포장된 부피를 m^3로 계산한 기성고를 신청하여 대금을 수령했습니다. 그 다음부터는 경남기업과 LST회사는 자동차에 집중하여 하역과 운송을 하였습니다. 그리고 "자동차 하역이 가장 수익성이 있다."
고 자랑했습니다. 그런 일이 있은 지 얼마 후에 사우디회사는 "누가 자
동차를 포장해서 수출을 하나? 당연히 자동차의 무게대로 하역비를 계
산해야지!"라고 하면서 종전의 계산방법이 잘못됐다면서 일방적으로
시정했습니다. 그러니까 경남기업과 LST회사는 당초에 그렇게 약속했
고 또 현재까지 그렇게 정산하지 않았느냐고 반박하니까, 잘못된 것은
시정을 해야지 말이 되느냐고 거절한 것입니다. 사우디회사는 자기 편
의대로 임의로 변경을 했답니다. 아래는 톤에 대하여 대체로 제가 알고
있는 몇 가지를 말씀드리겠습니다.

1. **무게단위로써 1톤**: 미터법에 의한 1톤은 1,000kg을 말하지만 야
   드파운드법에 의한 1톤은 2,000lbs입니다. 1 lb(파운드)가 453.6g
   임으로 야드파운드법에 의한 1톤은 미터법의 1톤보다 92.8kg이
   적습니다.
2. Long ton과 short ton:
   Long ton은 미터법에 의한 톤이고 Short ton은 야드파운드법에
   의한 톤입니다.
3. Weight ton과 Volume ton: Weight ton은 무게 1,000kg을 말하는
   톤이고, Volume tone은 다음과 같이 매우 복잡합니다.
   ① 부피 1 입방미터(m³)을 무게로 약식환산(略式換算)하여 1톤이
      라고 말하며 또한 부피 16입방피트(ft³)를 1톤이라고 말합니
      다.
   ② 선박의 상갑판 이하의 공간과 상갑판위의 밀폐된 공간의 총
      합계(m³)이면서 이 공간의 합계 체적의 단위 m³를 톤으로 바
      꿔 부르는 말입니다.
4. Freight ton: 위의 3.에서 설명한 Volume ton과 같은 뜻으로 쓰이

면서 선박에 선적하는 화물에 대하여 주로 쓰이고 또한 선적물
(船積物: freight)의 재질에 따라서 구분하는 톤이 있습니다. 즉
freight ton은 석재라면 16입방피트(ft³ = cubic foot)이고 목재라
면 40입방피트이고 소금이라면 42부쉘(bushels)인데 이 부쉘은
소금을 담는 용기를 말하고 36리터 정도를 담을 수 있는 그릇이
면서 우리나라의 재래식 도량형으로는 2말(斗)에 해당합니다.

5. 총 톤(gross ton)과 순 톤(net ton): 선박이나 트럭과 같은 운송장
   비에 관하여 쓰이는 말로 총 톤은 선박이나 트럭의 자체무게와
   적재할 수 있는 화물의 무게를 합한 총 무게를 말하고 순 톤은
   적재가능(積載可能)한 순수 화물의 무게를 말합니다.

6. 배수 톤(displacement ton): 선박, 특히 군용함정(軍用艦艇)의 크
   기를 표현하는 말인데 배가 떠 있음으로써 밀려나가는 물의 양을
   말합니다. 달리 말하면 배의 수면이하의 용적을 말합니다. 이 배
   수 톤은 선박의 적재한 화물의 다소에 의하여 다르기 때문에 상
   선의 크기를 일률적으로 배수톤수로 결정할 수는 없습니다.

7. 공조 톤(공조 톤: Air-conditioning tonnage): 매시간당 12,000btu
   를 말하는데, 1btu(British thermal unit)는 1파운드(lb)의 순수한
   물의 온도를 1°F를 상승시키는 데에 필요한 열량을 말합니다.

8. 속도 톤: 매 시간당 100마일의 속도를 말합니다.

9. 운동에서의 톤: 크리켓 등의 운동에서 100점을 말합니다.

10. 화폐의 톤: 화폐에서 100파운드를 톤이라고 합니다.

11. "유행"이라는 뜻에서의 톤: 무게와는 전혀 무관하게 "유행"이라
    는 의미의 톤

등의 많은 표현이 있습니다. 그런데 화물을 하역하여 수취인에게 인도
하는 사업에서 톤이라는 용어에 대하여 신중한 정의 없이 막연히 "톤

(ton)"이라고 안이하게 계약한 탓에 발생할 수 있는 문제가 사우디아라비아 사람이 머리를 굴리는 대로 새로운 고리가 생겨서 경남기업이 계속 걸려들게 된 것입니다. 이러한 어려움 속에서도 경남기업의 부단한 노력으로 월간 기성액(interim payment receivable)이 계속 상승하여 자기네에게도 매출액상승으로 이익창출이 성장함에도 불구하고 또 다른 계략을 썼는데 경남기업의 업무범위(scope of work)가 외항에 정박한 모선에서 화물을 인수하여 해변육상으로 이동시킨 후 하역하고 여기에서 트레일러나 트럭에 이적하여 수취인에게 인도 즉시 인수증을 수령하여 사우디 회사에 제출하는 것으로 되어있었기 때문에 수취인으로부터 인수확인증을 처음단계에서는 쉽게 받아서 사우디회사에 제출하는 데에 아무런 문제가 없었는데 경남기업이 수령할 금액(payment receivable)이 점차 상승하자 경남기업의 트레일러나 트럭 운전자가 수취인을 찾아가면 수취인 부재(不在)로 화물의 인도가 점차로 어려워져서 화물을 싣고 되돌아오는 경우가 비일비재하였던 것입니다. 사우디 회사에서 수취인에게 연락하여 화물이 도착할 시간에 수취인이 사무실을 비우고 경남기업의 운전자를 피하고 역으로 화물전달이 적시에 이루어지지 않았다고 클레임하게 만드는 것입니다. 그리고 자기들끼리는 원만하게 사무처리를 별도로 하는 것이지요. 얼마나 간교합니까?

조영재 : 주베일 분규가 파장이 엄청났을 거 같은데요. 아까 말씀하시기로는 그 이후에 다른 기업들도 급여체계에 변화가 있었다는 말씀하셨는데 급여체계 말고도 어떤 노무 관리라든가 관행 이런 것의 변화도 좀 있었을 법한데요. 전체적으로 좀 어떠했습니까?

전낙근 : 해외 파견된 기능공의 가장 큰 핵심 관심사는 급여거든요. 돈만 되면 다 오케이지요. 돈이 안 된다면 절대 안 되는 거지요. 그래서 급여가 해결되면 그 외의 문제는 없을 수밖에 없었지요.

김보현 : 사실은 직접 체험하신 분들의 이런 저런 이야기를 듣고 제

가 알아서 해석해야 될 문제긴 한데 워낙 궁금해서 여쭙겠습니다. 약간 추상적으로 들릴 수도 있겠는데. 지난번에 말씀해주실 때도 그러셨거든요. 약간 좀 톤(tone)도 높이시면서 해외 파견 시 임금이 최저 2배 수준이다. 그러니까 국내의 비슷한 노동자 급여에 비하면 그게 최저고, 대부분 그 이상이고 그거 아니면 안 갔다라는 거잖아요? 근데 지금도 나온 얘기가, 직접적 동기는 현대건설 노동자들의 분규도 직접적인 이유는 어쨌든 간에 돈 문제고, 그런 것들이 제도적인 교정에 의해서 좀 가라앉고, 그렇게 말씀하신 게 어쨌든 관심사는 돈이다, 이렇게 얘기해 주셨는데 일테면 『밀물』지도 피곤하든가 등등 여러 이유로 안 읽으셨다고 하지만. 그것도 이해는 가는데 아무튼 제가 그걸 읽어 보면, 가족들의 입을 통해서든, 스스로의 입을 통해서나, 아니면 고용주의 입장이든 아니면 예를 들어서 거기에 유양수 대사 부인이 연재하는 게 있더라구요. 뭐 음식을 연재하든 여러 가지 사사로운 얘기들 하는데, 항상 나오는 게 조국과 민족의 이야기가 나오거든요. 이건 상당히 퍼블릭(public)한 이야기잖아요. 그리고 이게 공공적인 이야기라는 것을 어느 정도 대의를 위해서 뭐 과도한 희생은 아니어도 약간 물질적인 건 지금 돈 얘기는 사실 아주 사적인 수준의 얘기인데, 그것에 대해서 유보할 수도 있는 어떤 그런 건데, 갈 때의 동기나 거기에서의 엄청난 집합행위를 할 때의 동기나, 그 이후에 그 행위가 가라앉는 그 이유나, 다 굉장히 사적인 물질적인 동기인 거 같아요. 그래서 저는 소위 조국 근대화의 기수, 그러니까 제가 볼 때 중동건설 파견 업체나 노동자들이 했던 행위에 대한 실질적인 경제개발론이나 이런 식의 해석이 굉장히 컸던 국면이라고 보는데요, 당시가. 70년대 중후반 80년대 전반기 그 시점에. 그런데도 조국 근대화의 기수나 경제발전의 역군이다 이런 의미 부여를 스스로 굉장히 하거든요. 『밀물』지의 글들을 읽어보면. 실제 당시 상황을 보다 면밀하게 살펴볼 수 있는 어떤 케이스? 에피소드 이런 걸 한번 들어볼 수 있을 지요.

전낙근 : 질문을 좀 막는 것 같지만 사실이기 때문에 말씀드리는데, 건설 현장에 파견된 기능공들 있잖아요? 이러고저러고 뭐고 얘기하면 "여보시오. 내가 우리 부모 말 안 들어서 노가다(どかた) 된 놈이 당신 말 듣겠소?" 그 사람들에게 국가관이 있다고 하는 것은 미화하는 말이고, 그 사람들 자신은 그러한 말을 할 줄도 몰라요. 솔직한 얘기입니다. 동의하십니까? 그러고 돈이 안 되면 칼 들고 나오고 돈이 되면 하나님이지요. 그런 세상인데 유양수 대사 사모님이 쓰신 것을 저는 읽어보진 못했어요. 그분은 대사 사모님이시니까 글 솜씨도 있으시니까 사실이야 여하 간에 미화해서 쓰실 수 있고 그리고 그분들이 쓰면 그렇게 쓰셔야지요. 솔직한 이야기인데 저 같은 입장이 되면 개인도 개인이지만 이 개인 때문에 주변 생각을 안 할 수가 없잖아요. 제 자신의 체면에 관한 사항과 사회관계로 인해서 파급될 수 있는 것을 생각을 하지 않습니까? 그 사람들은 그런 것이 없어요. 배고파서 식당에 가서 줄 섰는데 누구 하나 새치기하면, 좀 죄송해요. "야 이 새끼야 너 뭐야?" 이렇게 나옵니다. 그들에게 국가관이다 뭐다하는 고상한 것은 제가 보기에는 굉장히 사치스러운 표현이 아니겠나. 실제론 그렇단 얘기지요. 답변이 되겠습니까?

김보현 : 답을 정해놓고 여쭤보는 게 아니라 그게 상당히 좀 긴장 관계가 있을 거 같아서, 궁금한 거지요.

김택호 : 장시간 많은 말씀 해주신 전낙근 선생님께 감사드립니다. 선생님께 큰 박수 부탁드리면서 포럼 정리하도록 하겠습니다. 감사합니다.

❏ 사회자 : 손동유 (명지대 국제한국학연구소 연구교수)

　　손동유 : 안녕하십니까? 날씨도 추운데 많이 참석해 주셔서 고맙습니다. 사회를 맡은 국제한국학연구소 연구교수 손동유라고 합니다. 오늘은 73회 정기학술포럼입니다. 그동안 조은문화재단의 후원을 받아지원을 받아서 박정희 시대를 조망하는 다각도의 연구와 또 포럼을 진행해오고 있습니다. 아시는 바와 같이 박정희 시대에 대해서는 긍정적 부정적 평가가 공존해있는 상황입니다. 본 포럼에서는 이데올로기적 평가보다는 보다 객관적 사실에 근거해서 자료를 남기고 그 시대를 풍부하게 이해하면서 연구적 성과를 내기 위해서 노력해오고 있습니다.

이러한 배경에서 작년에는 '파독 광부·간호사'라는 화두로 포럼 진행해왔고, 올해는 중동건설문제에 대해서 그 사안에 직접 참여하셨던 분들의 고견을 여쭈면서 포럼 진행해오고 있습니다. 오늘 말씀해주실 분은 조지홍 선생님입니다. 70년대 후반부터 90년대까지 리비아(Libya)와 중동지역에서 대우건설 소속으로 현업에 종사하셨던 분이시고, 특히 인력 관리 부분에서 전문적으로 일을 해오셨습니다. 조지홍 선생님께서 경험하신 바 또 당시 상황 이런 것들에 대해서 구체적으로 말씀을 기대하면서 포럼을 시작하겠습니다. 잠시 소개의 말씀 좀 부탁드립니다.

조지홍 : 안녕하십니까? 조지홍입니다.

다행히 여기 제가 전에 회사에서 근무할 때에 모시고 있던 전낙근 박사님이 계셔가지고 오늘 더 자리가 빛나는 거 같습니다. 이렇게 만나뵙기가 힘든데 오늘 이렇게 만나 봬서 반갑고 아울러서 이 진행하는 포럼에 많이 도움이 될 거 같고 혹시 뭐 좀 다른 의견이 계시면은 말씀을 해주시면은 대단히 감사하겠습니다.

손동유 : 예. 감사합니다. 전낙근 박사님과 함께 현장에서 일하셨던 때가.

전낙근 : 같은 시기지요. 저는 해외고 본사에서 인력 선발 송출하니까 보내주면 우리는 편히 인력을 받아서 일을 하고..

손동유 : 있다가 기회가 되면 또 관련되는 말씀을 함께 해주셔도 좋겠습니다. 이제 본격적으로 질문을 좀 드리겠습니다. 우선 최근 근황부터 여쭙겠습니다. 선생님께서 지금 주식회사 '시험과 측량'이라는 기업에 소속돼있는 걸로 저희가 알고 있는데요. 회사 소개와 최근에 주로 하시는 일을 간략하게 소개해 주십시오.

조지홍 : 예. '시험과 측량'이라는 회사는 명칭 그대로 토목, 건축, 건설 현장의 프로젝트에 측량하고 그다음에 토질에 대한 시험을 전문적

으로 하는 회사입니다. 이 회사는 2000년도에 제가 처음에 설립을 해서 그 동안에 네 분의 사장님한테 위임을 했고, 현재는 제가 고문으로 있으면서 지금은 약 80여 명의 직원을 거느리고 있고 연매출 한 80억을 하고 있습니다. 사실 2001년도부터 2005년도까지는 매출이 굉장히 많이 늘었었는데 최근으로 오면서 국내시장 여건 변화로 인해가지고 많이 좀 축소되고 있고 인원은 처음에는 150에서 200명이었습니다. 그런데 그동안에 이제 여러 격랑을 거치면서 다운사이징(downsizing), 그러니까 인원도 줄이고 그다음에 해외 공사를 하면서 나가서 일을 맡고 그러는데 점점 현지화 되기 때문에 한국사람들이 인건비도 높아지고 상대적으로 그래서 인원을 많이 줄이게 됐습니다. 현재는 80여 명이 있고 연매출 한 80억 하고 있는 회사입니다.

손동유 : 네. 잘 알겠습니다. 중동건설과 관련된 질문을 드리기 이전에 우리 구술 자료의 맥락과 이해도를 높이기 위해서 선생님께서 살아오신 과정에 대해서도 조금 여쭙겠습니다. 프로필(profile)을 봤는데요. 47년에 출생하셔서 70년에 한국외국어대학교 정치외교학과를 졸업하신 것으로 알고 있습니다. 해방정국의 격동기에 출생하셔서 우리나라가 전쟁 이후에 전후 복구 과정 또 정치적으로 매우 격변기 이럴 때 유년시절 청소년시절 이렇게 보내셨는데요. 출생하셔서 대학 진학하시는 과정과 대학 생활 때까지 두루 과정을 좀 잠시 소개해주시면 감사하겠습니다.

조지홍 : 예. 제가 저보다도 연배가 높으신 분들 앞에서 저의 유년기 뭐 이런 거를 말씀드린다는 게 굉장히 좀 송구스럽고 죄송스럽지마는 일단 포럼이기 때문에 제가 말씀을 드리겠습니다. 좀 의아하게 생각해가지고 청문회를 하는 입장인가 하는 생각도 좀 아이러니(irony)하게 생각했는데, 중요한 포럼이기 때문에 이 시대를 살아온 사람으로서 진실하고 정확하게 말씀을 드리겠습니다. 1950년 6월 25일 새벽에 김일

성(金日成)이 남침을 해서 조용한 남쪽의 서울에 있는 정부를 공격을 했습니다. 이거는 틀림없는 사실이고 북침이 아니고 분명히 남침입니다. 제가 나이가 어렸는데 어떻게 아느냐. 피난을 갔기 때문에 압니다. 고모 등에 업혀져가지고 충청도로 피난을 갔습니다. 요즘 보면은 이상한 얘기가 많이 나오는데 정말 분통이 터질 일입니다. 진실을 진실이 아니라고 얘기하는 게 굉장히 많아요. 충청도에 가가지고 죽을 고비도 넘겼습니다. 다행히 농가에 갔는데, 어머니하고 동생하고 갔는데, 다행히 그 주인이 농아, 벙어리이기 때문에 괴뢰군이 와가지고 이렇게 물어봐도 대답을 잘 못 했기 때문에 다행이었습니다. 그런데 제 모친 말에 의하면 손을 이렇게 보고 만져보고 그러니깐 농사꾼도 아니고, 그다음에 좀 사는 사람들같이 보이니까 묘지로 오라고 해서 총을 들이대고 '남편이 뭐 하는지 다 알고 있다. 그러니까 너희들은 다 죽일 것이다.' 하고 하는데 내가 울고 어머니를 찾고 그러니까, 괴뢰군 장교가 자기 아들을 생각해서 당신들을 살려줄 테니깐 영원히 잊지 말라고. 그런 얘기를 했답니다. 불행히도 그 와중에서 제가 남동생이 둘 있었는데 막내동생은 태어난 지 얼마 안 돼가지고 먹지 못해서 잃었습니다. 그다음에 피난을 다니면서 남쪽으로 가고 부산에도 살고, 대구에도 살고, 강원도 원주에도 살고 그러면서 나이가 들어 7살이 되니까 입학을 하게 되었는데, 서울에서 돈암국민학교를 들어갔다가, 강원도로 가기도 했는데, 1학년, 2학년, 7~8살 때가 저는 생각이 납니다. 강원도 원주 일산동에 있는 일산국민학교를 다니는데 그때도 산허리에 판자집을 짓고 살면서 그리고 학교를 다녔습니다. 부모님들이 어떡하든지 배워야 된다는 교육열이 있었기 때문에 아침은 못 먹더래도 학교를 가야 된다. 발이 얼어도 가야 된다. 그런 생각은 많이 했고 매일 그 말씀을 듣고 학교를 가곤 했습니다. 가다 보면은 이런 처마에 큰 솥단지를 걸어놓고 우유죽을 끓여줍니다. 그러면 거기 가서 우유죽 하나 받아먹고 그러고 갑니다. 근데 그 우유죽이 어떻게 나온 건지 당시에 물어보진 못했지만, 지금 생각하면 쌀 봉투 같은 데에 유세이드(USAID, United States Agency for International Development, 國際開發處)라고 써있었고, 미국하고 손을 맞잡고 있는 그림이 있었는데, 미국에서 구호물품으로 준거였지요. 당시에는 교회나 고아원에서 장갑도 주고 그랬는데, 그것도 다 미국에서 구호물품을 보내준 거였던 거지요. 그때는 양말도 제대로 못 신고 얼고 이렇게 손에 때가 끼고, 갈라지고. 그렇지만 뭐 철이 없으니까 그냥 먹는 거만 생각하고 그랬던 시절입니다. 맨날 배고프고, 어떻게 하면 춥지 않을까? 그런 생각밖에 없습니다. 그게 7~8살에서 10살 정도의 기억이에요. 주위에 보면 미군부대에서 나온, 그때는 국산 공장이 없었기 때문에 미군부대에서 나오는 것을 얻어먹으려고 통에다가 이렇게 걸어가지고 다니는 거지들도 많이 있었고, 전쟁이 끝났기 때문에 상이군인들이 이렇게 찔뚝찔뚝하고 그러면서 와서 행패도 부리고, 그런 것도 눈에 많이 봤어요. 그리고 그때는 군용 자동차가 많이 왔다 갔다 했고, 미군이 많이 있었고 그런 생각밖에 없습니다. 크리스마스 때 되면은 교회에서 오라 그러면 가서 사탕 주고, 초콜릿 주고, 연필 주고 교회 믿으라 그러고, 어릴 때에는 하도 그러고 다녔기 때문에 그런 생각밖에 없습니다. 그러면서 이제 국민학교를 졸업하고 중학교를 가고 그러니까 중학교 2학년 때에 4·19혁명 그 이후 5·16혁명이 났습니다. 4·19혁명 나고 그때는 선배들이, 고등학교 형님들이 나가가지고 으쌰으쌰 하고 그러니깐 그런가보다 중학교 2학년 때 무슨 뭐 내용도 모르고 그런가보다 그랬는데 조금 있으니 그때 조병옥(趙炳玉) 박사, 장면(張勉) 박사 등과 관련한 구호가 많이 나왔고, 자유당 시대에 이기붕(李起鵬) 뭐 등등 말도 많았고 그러다가 인제 5·16혁명이 났습니다. 그래, 5·16혁명이 나가지고 화폐개혁을 한다는 등의 얘기만 많이 머리에 남아 있습니다. 고등학생이 되면서 전쟁이 끝난 후로 매일 미국에서 주는 원조물자만 받고, 공장 같은 건 없고 국산품 애용해라 하는데 매일 사용하는 거는 미제에다 일제에다, 우리나라가 이렇게 해서 되겠는가, 매일 혁명이다 뭐다 혼란스럽기만 해서 되겠는가 하는 생각이 조금씩 들게 되었습니다. 미국에서 원조만 받을 게 아니라 그 원조를 먹는 거나 입는 거 이외 공장을 건설한다든가 뭐 그래야 되지 않을까 하는 생각이 어렴풋이 들어가기도 했습니다. 그리고 그 당시에는 일자리가 없어가지고 집에서 노는 사람들이 엄청 굉장히 많았고, 농사를 짓는 사람들도 있지마는 도시에서 빈들빈들거리고 움직이는 거 그런 것도 많이 보고 그때쯤 해서 이제 고등학교 2학년 때 미국의 케네디(John F. Kennedy) 대통령이 우리나라에 오고, 민주주의라는 얘기가 나오고 그다음에 소련(Soviet Union)하고 극한 대치를 해서 쿠바(Cuba)에 미사일(missile)을 보내는데 그걸 막았다는 얘기 등등이 생각나고, 한참 그럴 즈음에 영국의 비틀즈(Beatles) 노래가 많이 들리고 그랬습니다. 그걸 들을려면은 영어 공부를 좀 해야 되니까 그런 이유로 공부도 좀하고, 국가를 위한 생각도 했고, 나 스스로도 고등학교 2학년 3학년 되면서 앞으로 뭘 해야 될 건가 하는 생각도 하고 그랬습니다. 제일 중요한 거는 어떡하면 대학 공부를 하고 직장을 구해서 살까 하는, 먹고 살아야 된다 하는 그런 생각밖에는 없습니다. 이제 좀 우리나라도 좀 잘살아봐야 되겠다. 첫째 배가 고프지 말아야 되겠다. 겨울에 춥지 말아야 되겠다. 겨울이 그때는 뭐 영하 15℃, 20℃ 이렇게 내려가니깐 집안에 있는 물이 얼고 깨지고 굉장히 힘들었습니다. 그때는 통행금지도 있고, 더 어렸을 때는 10시 되면 전기가 끊기고 사이렌(siren)이 울리고 그랬습니다. 그때는 GNP가 얼마다 뭐 그런 생각은 할 줄도 몰랐습니다. 그저 어떻게 하면 잘살아가야 될까. 그런 상황에서 고등학교를 졸업하고, 저는 외교학을 하기 위해서, 처음에는 외교학과였었는데 지금은 바뀌어서 정치외교학과로 됐는데 사실, 외교할래면은 정치해야 되고, 정치할려면 외교가 같이 와야 되니까 같은 거라고 봅니다. 처음 학교에 들어가니까 교수님이 정치는 뭐냐. 정치는 똥이다. 그래서 DUNG라고 이렇게 크게 써놓으시고, "똥이다. 똥이 뭔가. 냄새나고 거친 거. 그래 이게 꼭 나와야 되는 거고 나와서 또 비료로 써야 되는 거고 꼭 필요한 거고 냄새는 나지만 꼭 필요한 거야." "아, 그래요?" 난 그렇게 이해를 하고 그다음부터 이렇게 학교 다니면서 열심히 공부하고 그랬는데, 대학교 2학년 되면서 군대 문제가 걸리게 됩니다. 뭐를 해야 되나? 외무고시를 보고 들어갈까? 근데 솔직히 공무원이 돼가지고 어떤 틀에 박혀가지고 뭘 해야 되겠다. 소신이 있어도 할 수가 없다라는 거에 저는 좀 절망을 느꼈습니다. 그래서 일단은 그때 집안이 좀 어렵고 그래서 아르바이트를 해서 학교도 다니고, 집안 살림도 좀 보태야 되고 그런데 군대는 가야 되고, 군대를 가면은 어머니하고, 아버지는 사업에 실패해가지고 안 들어오시고, 동생 있고 먹여 살릴 사람이 없습니다. 그래서 이제 그러면은 학교도 할 수 있고 군대를 갈 수 있는 시스템(system)이 뭔가 이렇게 봤더니, ROTC가 있어서 2학년 마치고 이제 거기에 신청을 해서 훈련도 받고 그렇게 해서 이제, 그때는 또 잘 아시다시피 1·21사태 때 김신조(金新朝)가 넘어와서 큰 문제가 생겼고, 굉장히 이북 때문에 항상 골치 아프고 불안한 상태였기 때문에 훈련도 고되고 여기 명지대 학교도 이제 ROTC가 있겠지마는 일단 3학년에서 ROTC 입단을 하게 되면서 아침, 저녁으로 기초체력 훈련을 받기 때문에 구보도 해야 되고, 제식훈련도 받아야 했습니다. 그렇게 해서 체력도 길러야 되고, 학교도 다니게 되고 그다음에 평시에는 뭐 아르바이트도 하고 굉장히 바쁜 시간을 지냈습니다. 주로 많이 뛰어다니고 걸어다니고. 그때 버스도 있고 그러지마는 하여튼 빨리빨리 다니려면 내가 많이 움직여야 되고 많이 뛰어야 되고. 그러니까 밥 먹으면은 소화가 될 시간이 없을 정도로 뛰어다녀야 되고 그런, 매우 바쁘게 생활을 했습니다. 그러면서 이

제 대학교 4학년이 되었고, ROTC는 여름에는 1주일에 화기학, 전술학 해가지고 학교에서 교육을 받고 여름방학 때에는 훈련을 받으러 부대로 인제 들어가게 됩니다. 부대에 들어가면은 거기서 3학년 때는 병 교육받고, 4학년 때에는 하사관 교육받고 임관하고 난 다음에는 병과 학교에 가가지고 장교 교육을 받고 그런 코스(course)로 하는데, 4학년 동안을 정신없이 다니고 그렇게 체력 단련을 한 덕분에 체력도 단단해 졌습니다. 그리고는 2년 6개월의 장교로 복무해야 됐는데, 다행히 제가 보병학교에서 4개월, 5개월, 6개월 교육을 받고, 훈련을 받고 간 부대가 경상북도 북부지역을 위수하는 부대로 배치가 됐습니다. 그런 부대에 배치돼가지고 처음에 가서는 이제 ROTC 후보생들 교관 노릇도 하고, 그 지역에서 임무는 그때 울진 삼척 공비 사건부터 시작해가지고 무장간첩들이 많이 들어오고, 국내에 있는 고정간첩들하고 연결이 돼가지고 움직이기 때문에 그 사람들에 대한 해안선 방어라든가 또는 인제 간첩이 들어오게 되면은 그거를 인제 추격해가지고 섬멸해야 되기 때문에 일촉즉발의 순간을 많이 많이 느꼈습니다. 그때 나이가 26~7살 됐을 때인데 총 들고 누가 와가지고 쏘면 내가 죽으니까, 산 속에 가서 3개월 동안, 4개월 동안 눈 속에 들어가가지고 간첩 잡을려고 노력도 많이 했고, 힘든 것도 많이 봤고, 여러 가지 경험을 산 속에서 많이 했습니다. 또 지휘관이 새벽 한두 시에도 헬기 타고 오고, 오토바이 타고 해안선에 내려와서 경계를 잘하고 있는가, 안 하고 있는가 그런 것도 점검하고 거기서 인생의 경험을 솔직히 많이 했습니다. 이북에서 넘어온 장군이 있었는데, 그 양반은 잠을 안 재워요. 와서 누구 졸고 그러면은 이 지휘봉으로 엄청나게 힘들게 막 했습니다. 니들이 졸고 있으면 니가 죽는다고 하면서 지휘봉으로 아주 무식할 정도로 뺨 때리고 그랬습니다, 새벽 한 시 두 시에. 그리고 72년도 6월 말에 인제 제대를 하고 사회에 나왔습니다. 군대에서 복무 연장을 많이들 했는데, 정보학교로 미국 보내줄 테니까 공부하고 와서 좀 더 하라는 충고도 많이 받고 그랬는데 가만히 생각해보니까 제가 군대에서 있어가지고 뭐 국가에 큰 보람이 될까 하는 그런 생각이 있어서 그냥 군대에서 제대를 하고 나와서 사회로 나오게 됐습니다.

손동유 : 아, 그러셨군요. 선생님께서 살아오신 젊은 시절, 청년기까지의 삶을 통해서 우리들이 그 당시 사회상을 알 수 있게 말씀을 해주신 거 같고요, 그 과정에서 선생님께서 자아와 사회와 국가에 대해서 인식이 형성돼가는 과정을 말씀해주셔서 경청할 수 있었습니다. 그렇게 해서 졸업을 하시고 난 뒤에 군 복무를 마치고 1978년에 대우건설에 입사하신 걸로 저희가 알고 있는데요. 맞습니까?

조지홍 : 예.

손동유 : 예. 그 당시 대우건설은 사세가 어땠나요? 73년경에 설립된 신생회사였지요? 대우건설이.

조지홍 : 예.

손동유 : 대우건설에 취직을 하시게 되는 배경과 당시 대우건설의 사세 그리고 선생님께서 입사 이후에 처음 맡으셨던 업무 등에 대해서 소개 해주십시오.

조지홍 : 제가 제대를 72년도에 하고 나서는 무역업을 했습니다. 무역회사에 종사를 했는데 무역회사가 뭐를 했냐면은 가죽제품 그러니깐 가죽으로 여자 롱코트, 자켓 그다음에 흔히 얘기하는 가죽잠바를 만들어서 수출을 하는 무역회사에서 제가 6년간 일을 했는데, 그때는 수출을 주도 하는 박정희(朴正熙) 대통령이 군인이었지마는 그 양반이 생각하는 점 이런 거를 보면은 굉장히 앞으로 포워딩(forwarding), 이게 나가는 게 있었어요. 특히나 그 양반이 만주에서 군대 생활을 했다 그래서 중국사람들에 대해서 잘 알고 있고, 중국사람은 어떻게 해야 된다는 거 잘 알고 있고, 공산주의자는 어떻게 어떻게 돼야 되는 걸 잘 알고

있던 분 같습니다. 제가 군대 생활할 때 경북 지역에 있었는데 박정희 대통령이 선생을 했던 문경보통학교에 제가 여러 번 가봤고, 그 제자들이 그때 예비군중대장도 하고 그랬기 때문에 자주 만나서 얘기를 했는데, 굉장히 선견지명이 있고 옛날 얘기를 많이 해서 경험이 많이 있다는 얘기를 들었습니다. 제가 무역회사를 들어가가지고 하는 일이 그때는 주로 무역이 대미관계가 많았습니다. 미국 그다음에 일본 그다음에 구라파. 그래서 미국에다가 물건을 팔아야 되는데 지금 같으면 미도파나 신세계 임포터(importer)라 그러죠. 여기도 보면은 인제 싼 뭐 과일이 필리핀(Philippines)에서 왔다 그러면 그거를 주문하러 다니는 임포터가 있겠지요. 그때 미국에 있는 큰 시어즈로박(Sears, Roebuck & Co.)이나 뭐 이런 백화점에서 대량 구매로 하는 그런 임포터들이, 그러니까 바이어(buyer)라 그래. 우린 바이어라 그러는데 여기 와서 주문하러 가거나 아니면 미국에 아메리카 머천다이징(America merchandising)이라든가 뭐 이런 기구에서 여기다 지사를 설립을 해가지고 바잉오피스(buying office) 내지는 바잉에이전트(buying agent)를 만들어 놓고 여기서 구매를 해가는, 그런 시스템이었었는데 거기다 납품을 할래면은 가죽도 알아야 되고, 그다음에 이제 유통과정도 다 공부를 하고. 제가 외교학을 했지만 무역에 대해서는 지식이 별로 없으니까 그것도 공부를 해야 되고, 은행 업무도 해야 되고, 그다음에 제품에 대한 공부도 해야 되고, 가죽이라는 게 어떻게 되어 나오는가 뭐 이런 것도 해야 되고, 가죽을 가공하는 공부도 해야 되고 그래서 이제 1년 동안은 좀 공부를 했습니다. 해가지고 가죽을 원피로 하이드(hide)라 그러는데, 가죽을 가져오는데 미국의 미시간(Michigan)이나 추운 지방에서 가져오는 원피도 있고, 남미에서 가져오는 원피도 있고, 그러는데 북미 쪽에서 미시간호 근처에서 가져오는 게 좋다. 왜 좋으냐. 이게 가죽이 이렇게 소도 잡으면은 팔 다리 이렇게 나오기 때문에 그거를 무두질을 해가지고 깎아가지고, 이제 판을 만들어가지고, 그다음에 봉제를 해가지고, 그렇게 옷을 만들어 나가기 때문에 거기에 대한 공부도 열심히 해야 됩니다. 그리고 가서도 봐야 되고. 그런데 인제 미국 가서 볼 수가 없으니까 여기서 이제 테너리(tannery), 그러니까 무두질하는 공장에 가서 소가죽이 이렇게 원피가 컨테이너(container)로 이게 40파운드, 45파운드 에버리지(average) 얼마다 이렇게 해가지고, 한 파운드 당 얼마 얼마 해가지고 컨테이너로 미국에서 오퍼(offer)상을 통해가지고 들어오면은 그거를 그 전에는 장위동 쪽에 있는 테너리라 그러는데 무두질하는 이렇게 털 벗겨내고, 가죽 원피 하는 공장들이 많이 있었습니다. 거기다가 칼라링(colouring)도 하고 그러는데 그거를 가서 보고 원가 계산을 하고 바이어 만나면은 제품이 이게 과연 랭스(length)로 그것도 백랭스(back length)가 45인치고, 슬리브랭스(sleeve length)가 얼마고, 뭐 얼마고, 뭐 이렇게 계산해보면 한 벌 당 한 45달러, 50달러 FOB(free on board) 가격으로, 그러면은 아 그게 미국으로 건너가니까 거기서는 한 3배쯤 해서 120달러, 130달러 정도 된다는 것 정도의 센서티브(sensitive)한 거를 많이 좀 알았어요. 아, 이렇게 돼서 돈을 벌어야 되겠구나. 바이어가 오면은 만나야 되겠구나. 뭘 해야 되겠구나. 텔렉스로 뭘 해야 되겠구나. 거짓말도 많이 해요. 오케이 오케이, 그때 은행 거래를 해야 되니까 L/C를 열어서 받아가지고 주문을 받으면 예를 들어서 백랭스가 45인치인데 안에는 라이닝(lining)이 어떤 라이너(liner)가 들어있고, 단추가 몇 개 있고, 지퍼가 이렇게 이렇게 있다고 쭉 디스크립션(description)을 넣고 그건 한 벌 당 FOB 가격으로 45달러, 그다음에 이거는 언제까지 뭐 보내줘, 쉬핑데이트(shipping date)니 이런 것들이 쭉 그 L/C상에 나오는데 그거부터 배워가지고 한 1년 정도 지나니까 세일즈를 할 수 있게 되었습니다. 그다음에 원가 계산을 할래면은 알아야 되니까 공장 가서 매일, 그때는 통행금지가 있어가지고 12시만 넘으면 못 가니까 공장에서 자면서 그다음에 물건을 만들어가지고 언제까지 배에다 실어야, 쉬프먼데이트(shipment date)가 있으니까. 배가 그때는 부산에 들어오는 게 아니고 저쪽 일본에 들어와 있기 때문에 부산에서 물건을 실어가지고 나가서 인제 거기 마더백선에 실어가지고, 약 한 30일, 45일 정도 지나야지 샌프란시스코(San Francisco)를 들어가거나 엘에이(LA)를 들어갑니다. 그러니까 그 과정에서 이렇게 보면은 무역에 대한 관념이 생겨요. 달러가 들어오니까 한 달에 한 번씩 대통령이 주재하는 무역수출진흥확대회의 하고 나면은 은행에서 페이버(favor)가 많이 와요. 예를 들어가지고 관세, 환급관세 유예해주는, 로하이드(rawhide) 원피가 이렇게 오면은 이거는 3개월 지난 다음에 관세를 내라. 그러면은 두 달 만에 물건을 만들어가지고 제품을 완성하게 되면 한 달 동안에 관세 환급을 받아서 공장을 돌릴 수가 있었어요. 그다음에 한 달 지난 다음에 그 관세를 내면 되니까 그거 가지고 회사를 돌릴 수 있었고, 그러니깐 눈 뜨면 일을 해야 됩니다. 밤새고 일을

해가지고 하여간 그런 기간 동안에 일을 해야만 되는 거죠. 그런데 이런 시스템을 만들어준 정부가 누구냐면 박정희 정부에요. 제가 보기에 그 양반생각에 우리가 먹고는 살아야 되겠는데 부존자원은 없고 이북은 항상 간첩들 와가지고 매일 문제 일으키고 그렇게 하니까 어떻게 해야 되겠느냐. 그럼 한 팀은 대만 보내고, 한 팀은 일본을 보내서 어떻게 어떻게 먹고 살아가야 되는가를 서베이를 해야 되겠다 하

는 생각을 했던거 같아요. 일본 가면 일본의 뭐 종합상사, 대만은 수출 기업이 전부다 조그만 소기업, 그거를 비교연구를 한 거 같아요. 그때 제가 생각하기에는 우리 선조들이 선배들이 요런 거는 줬구나. 이런 생각을 하고 감사하게 생각을 하고 제가 가죽회사에 있으면서 바이어도 많이 만나고, 일도 열심히 하고 그렇게 되면서 경력도 쌓고 그랬는데 그때 대우가 오더를 많이 받으니까, 대우실업이야 그때는 무역만 할 때니까. 오더를 많이 받으니까, 이 오더를 하청을 주는 거지요. 지금처럼 얘기하면은 공장, 내가 지금 오더가 많이 있는데 일을 하겠느냐, 하겠다 그러면 인제 그게 L/C를 받으면 로칼(local) L/C를 끊어주듯이 일감을 주니까 점점점점 이 케파(capacity)가 늘어나는 겁니다. 케파가 늘어가니까 대우실업하고 연결이 돼서 제가 거래하는 몽고메리워드(Montgomery Ward)라든가 제시패니(JC Penney)하고 바이어들하고 자주 만나니까 이 바이어가 대우에 있는 사람들하고 만나니까, 제가 인제 별명이 치킨조지입니다. 영화에 루트(Roots), 보셨는지 모르겠어요. 젊은 분들은 뿌리, 옛날에 미국에.

손동유 : 노예 이야기지요.

조지홍 : 예. 이미그레이션(immigration) 하고 그런, 그래 제 별명이 치킨조지입니다. 이름도 조지홍 그래가지고 치킨조지에요. 그래가지고 어떻게 대우로 가게 됐어요.

손동유 : 영입되신 케이스(case)인가요?

조지홍 : 그러니까 스카우트(scout)를 해오지요. 그러니까 회사는 해야지, 근데 제가 다니던 회사의 사장님이 옛날에 조그만 자전거에다가 피혁 공장 가서 피혁 원단 다섯 매를 사가지고 그걸 가지고 와서 자기 집 앞에서 가위로 이렇게 썰어가지고 잠바를 봉제를 해가지고 살아가던 분인데, 얼마나 단단하고 아주 억세고 그런지 경리는 자기 딸, 그다음에 뭐 알뜰하게 그런 분입니다. 이해를 하시는 건지 안 하시는지, 저

는 마음이 20대 후반, 30대 가니까 자꾸 바이어도 알게 되고 하는데 거기에 대한 코디네이션(coordination) 내지는 커먼센스(common-sense) 같은게 잘 안 맞는 거예요. 그러니까 아유 할 수 없다. 그러면은 안 되겠다 그래서 이제 그런 와중에 잘 아는 바이어가 만나가지고 이렇게 얘기하니까 "프로모션(promotion) 하는 거 어떻겠느냐?" 그 이렇게 얘기를 해요. 커맨딩(commanding)을 그렇게 해요. 그래서 "O.K." 그랬어요. 그랬더니 그게 연결이 돼서 대우에 가서 만나가지고 얘기를 하게 되고, 그때 대우실업만 있었고 그다음에 대우개발이 있었는데 서울역 앞에 대우빌딩이 철도청 건물 4층인가 5층 짓고 그다음에 증축할 때 처음에 대우개발 그래서 처음에 뭐 엔지니어(engineer)들이 와서 그렇게 한 게 아니고 조그맣게 모여서 시작한 거지요.

  손동유 : 맨 처음에 입사하셔서 맡게 되신 일은 어떤 업무였나요?

  조지홍 : 그렇게 했더니 영업을 해야 된다. 뭐 영업도 도메스틱(domestic)이 있고 오버시스(overseas)가 있고 그러니까 일단은 그때는 디바이디드(divided) 되기 전이니까. 근데 국내에 건설업이라는 게 그때 활발치 않은지 여기에 아직 미력했는지 여기 보면 현대건설이 이름이 있는데 거기는 건설을 주력하는 회사였고 대우는 무역을 하는 회사였었고, 그래서 잘 아시다시피 처음에 경공업 이게 와이셔츠니 뭐 이런 거부터 만들어가지고 하던 때인데, 매출이라는 게 열 사람 들여가지고 와이셔츠 열 개 만들어내는 거하고 열 사람 들여가지고 자동차 하나 만들어 내는 게 어떤 게 더 낫겠느냐. 자동차 하나 만드는 게 낫고 건설을 하는 게 낫고. 이게 매출이 커지니까. 그런데 이제 그때 건설은 대우개발입니다 처음 이름이. 대우개발. 그렇게 해서 국내 현장도 만들고 계약도 해야 한다고 그러니까 처음에 사람들이 모이니까 아직 오거나이제이션(organization)이 다 안 돼가지고 이게 시스템이 갖춰지질 않았었어요. 그러니까 돈은 들어가고 대우빌딩을 다 짓고 난 다음에 거

기, 그때는 인제 강남이 개발되기 전이기 때문에 대우빌딩 그다음에 삼성 있는 빌딩 뭐 여기 남대문 쪽에 있는 빌딩 이 근처에 있어가지고 오피스빌딩(office building)으로 이게 탈바꿈이 돼가지고 한참 한국이 개발되고 그러니까 수산청이나 수출입은행도 대우빌딩에 들어왔지마는 외국의 은행하고 바잉오피스라든가 이런 데에서 많이 들어왔어요. 예를 들자면 뭐 아메리칸익스프레스라든가 그다음에 불란서의 회사, 웰스파고 또는 일본의 회사 이런 데서 들어와가지고 오피스빌딩으로 쓰겠다고 그러니까 사람이 없는 거예요. 그러니까 빌딩 오피스에 리스 어그리먼트(lease agreement), 뭡니까 임대차계약이라는 게 그때 시작이 된 거예요. 그래, 그 사람들이 와가지고 대우빌딩 그래야지 미국 그러면은 어디 맨하탄(Manhattan)의 어디 뭐 이렇듯이 그때 상징적으로 그렇기 때문에 그 일을 하라 그래서 이제 그 업무를 주로, 이 빌딩 생전 처음 보지도 못한 빌딩에 임대차에 대한 거를 인제 했습니다. 주로 이제 그때는 인제 이 수산청이라든가 수출입은행 이런 데에는 전세로 했고 그다음에 이런 데에는 월세로 이렇게 했고 그러면 인제 뭐 보증금 얼마에다가 뭐 얼마 그러면 주위에는 어떤가 뭐, 그때는 인제 홍콩은 어떻고 뭐 대만은 어떻고 비교해가지고, 그런 업무를 주로 하다가.

손동유 : 초기에는 그런 업무를 하시다가.

조지홍 : 예. 80년도에, 78년도에 입사해가지고 그걸 하다가 80년도에 리비아를 가게 됐습니다. 리비아를 가게 된 거는 리비아라는 게 잘 아시다시피 나라가 북아프리카에 있고, 크기가 우리나라의 8배가 되고, 그다음에 인구가 그 당시에는 250만에서 300만 명으로 보고 있었습니다. 인구가 별로 없었어요. 잘 아시겠지마는 지중해 연안 북아프리카에 있기 때문에 주로 그 밑에는 사막이고, 주로 해안가에 사람들이 이렇게 살고 있었고, 목축을 많이 했고, 주 재원은 기름이지요. 크루드오일(crude oil), 오일이지요. 거기도 역사적으로 보면은 이태리한테 지배를

받고 이탈리아한테 독일하고 미국하고 영국하고 이렇게 하는 유명한 토브르크(Tobruk) 격전지였었고 그렇게 해가지고 해방이 돼서 2차대전이 끝나고 왕정이 들어섰는데 왕정이 들어서고 난 다음에 한 5~6년 있다가 그때 이제 군사혁명에 도미노(domino)현상이 많이 나가지고 무아마르카다피(Muammar Gaddafi)라는 당시에 대위였었지요. 대위가 혁명을 일으켜서 왕정을 뒤집었습니다. 그래서 이제 군사정부가 이렇게 시작이 됐고 주로 기름 때문에 구라파나 미국의 업체들이 들어와서 거기를 운영을 했고 그 영향을 많이 받을 때에 혁명을 일으켜가지고, 그런 시기에 제가 인제 거기 리비아를.

손동유 : 리비아를 가게 되셨지 않습니까? 그게 리비아 대우 합작 법인이라고 돼있던데요.

조지홍 : 네. 그게 제가 거기 가게 된 이유가 조인트벤처(joint venture)입니다 그게. 그때 저희는 80년도에 조인트벤처를 했습니다. 그러니깐 어디하고 합작법인을 했냐 하면은 리비아에 우리나라 도로공사 같은 데가 있는데, 리비아의 도로공사하고 대우하고 51 대 49로 조인트벤처를 했습니다, 합작법인. 그렇게 해가지고 현장 자체가 회사입니다. 대우는 뭘 대느냐. 기술, 인력, 자재. 그다음에 거기 도로공사는 뭘 대느냐. 프로젝트를 대고. 거기가 51% 우리 대우가 49%, 그래서 리비아 현지인들 기술자들하고 같이 섞여서 일을 했습니다. 그러니까 모든 문서는 영어하고 아랍어 처음엔 그렇게 했습니다. 그러다가 이게 인제 한국말로 하자 그러니까 이 드래프트(draft)하는 것도, 기안 하는 것도 영어로 해야 되고 그다음에 아랍말로 해야 되고. 그러니까 아랍말 우리는 모르니까 "우린 그럼 영어로 하겠다." "그래. 영어로 해." 그 사람들은 아랍말 알고 영어를 아니까 그렇게 시작이 돼가지고 일을 하게 됐습니다. 그래서 제가 처음에 도로망이나 인프라(infra)가 안 돼 있으니까 인프라 시설을 위해서 합작법인을 만들고 그다음에 도로를 많이

만드는 목적을 위해서 거기 나가서 업무를 보게 됐습니다.

손동유 : 그렇군요. 그때 관리하셨던 인력 규모가요 우리나라 인력한 250명 정도 그다음에 제3국 인력이 300명 정도 이렇게 관리하셨다고 하셨는데요. 조금 아까 말씀 중에 리비아 현지 사람들도 있고 우리나라에서 보낸 우리나라 사람들도 있고 노동자 중에, 3국 인력들은 그당시에는 어디 분들이 주로 있으셨나요?

조지홍 : 3국 인력은 주로 이제 처음에 스리랑카(Sri Lanka) 인력들을 데리고 왔습니다. 스리랑카 인력, 그다음에 수단(Sudan) 인력, 그다음에 태국(Thailand) 인력. 이게 도로 현장이기 때문에 장비 기술자, 장비 그다음에 정비하는 사람 그다음에 도로 측량하는 사람 시험하는 사람, 제조하는 사람, 그렇게 해가지고 수단 사람도 있었고, 수단 사람은 합작법인 상대 파트너에서 데려옵니다. 수단사람 데려오고 그다음에 우리는 또 저쪽 스리랑카 사람도 데려오고 그다음에 태국에 운전원도 데려오고 해가지고 그렇게 해서 인원이 이렇게 됐습니다. 그게 멀티플 내셔날(multiple national) 해가지고.

손동유 : 예. 당시 대우에서요 자료를 보니까 78년에 리비아에 처음 진출해서 가리니우스 의과대학 건설도 했다고 돼있구요. 82년경에는 트리폴리(Tripoli) 중앙병원도 건설한 것으로 대우건설 연혁에 나와있더라구요. 그 외에 또 어떤 건설 현장들이 대우에서는 주도하고 있었나요?

조지홍 : 리비아가 이렇게 지도가 있으면 수도는 트리폴리가 이쪽에 있고, 벵가지가 있고 그런데 저희는 인제 안에서 코드(code)가 있습니다. 대우의 프로젝트를 디(D) 대우센터 해가지고 거기 코드 1, 2, 3, 4 이렇게 붙여가지고 있었는데.

손동유 : 프로젝트 코드 말씀이시죠?

조지홍 : 예. 프로젝트 코드입니다 우리끼리. 프로젝트 코드가 있어

가지고 디시원(DC1) 그러면 가리니우스 유니버시티, 그다음에 디시투(DC2) 그러면 가다메스(Ghadames), 디시스리(DC3) 그러면 뭐 토부르 이렇게 해가지고 쭉 있습니다. 그래, 디시나인(DC9)이 제가 근무한 데고 디시텐(DC10)이 전 박사님이 계시던 곳이고, 그게 7,000 하우징프로젝트예요. 7,000세대 아파트 그게 인제 벵가지 지역. 그다음에 트리폴리 지역에는 5,000세대의 아파트 그다음에 또 트리폴리 지역에 2,500스쿨(school) 그렇게 해서 디시((DC) 12, 13, 14, 15 해가지고 디시(DC)22까지인가 나갔어요. 리비아는 대우 사람들이 다 돈을 가져간다 이럴 소문이 날 정도로, 우리가 흔히 얘기하는, 우리 회사의 사가에 보면은 세계는 넓고 할 일은 많다 그런 거도 있고, 그다음에 5대양 6대주가 뭐 저기다. 그렇게 돼가지고 리비아 전체가 다 그렇게 돼있었습니다. 사인보드(signboard)가 리비아 국내의 도로망보다도 저희 사인보드가 많을 정도로 많이 있었습니다. 그러니까 대표적인 프로젝트 말씀드린다 그러면 트리폴리 센트럴 하스피털(Tripoli central hospital)도 있고 그다음에 전 박사님 사이트(site) 옆에 있던 벵가지 센트럴 하스피털(Benghazi central hospital)도 있고 1,000베드(bed) 1,500베드. 그리고 또 이집트(Egypt) 사람들이 와서 하다가 이집트하고 리비아하고 국교가 단절이, 갑자기 끊어지니까 저희가 있으니까 이거 보고 하라 그래서 이제 준비를 하고 그래서 가서 눈만 뜨면 일이고 프로젝트가 나왔습니다. 그래, 대전(代錢)은 돈을 줄 테니까 가져가라. 기름 잘 팔리니까. 잘 알다시피 우리가 70년대에 오일쇼크(oil shock) 나서 고생 많이 했잖아요. 근데 거기는 오일은 나는데 이거를 어떻게 처리를 해야 될까 하는 걱정이에요. 그래서 이제 그때 이런 프로젝트 발주가 막 나오니까 눈만 뜨면 일, 밤새고 일을 했습니다, 밤새고.

손동유 : 그래서 그런지 1980년에 대우건설이 해외 건설수출 유공상을 받더라구요. 5억 달러 탑을 달성하신 건데요. 그때에 혹시 그런 상

을 회사가 받았던 거에 대해서 지금 기억을 하고 계신가요?

조지홍 : 그때는 정신없이 일을 해가지고 막 진행되는 중이고 수주하고 일을 하니까 그런 뭐 뭐 상을 받아야 되겠다 뭐 그런 건 없었구요. 하여간 가서 근무를 하게 되면은 보통 2년 6개월 내지는 3년을 의무적으로 근무를 해야 되기 때문에 또 1년에 한번 휴가 가고 그다음에 6개월에 한 번씩 휴가 가고 그렇게 되기 때문에 그런 거에 대해서는 우리가 뭐 5억 달러, 6억 달러 받았겠지마는 그거에 대해선 신경 안 썼습니다. 그냥 일을 하는 데만 신경 많이 썼지.

손동유 : 네. 그러셨군요. 그런 상을 받을 때 대우건설이 불과 생긴 지, 그러니까 해외건설업 면허를 취득한지 불과 한 5년 정도밖에 안 됐을 때의 일인데요. 그때는 인제 입사한지 얼마 안 되셨을 때긴 하지만 리비아 현장에서 공사를 수주해낸 일이나 이런 일과 관련해서 혹시 듣거나 참여하신 적이 있습니까? 영업 과정에서?

조지홍 : 저는 인제 조인트벤처 합작회사 밑 현장에서 근무를 했으니까 눈만 뜨면 서베이하러 다닙니다. 그러면 그 타이틀(title)이 로드넘버(road number) 56이다 그러면 거기서 인제 뭐 50km, 60km 차를 타고 가고 가서 사이트 서베이하는 겁니다. 여기서 여기까지 이렇게 도로를 내야 된다, 여기서 도로를 내야 된다, 이렇게 도로를 내야 된다. 사무실에 가면은 매일 일이 이렇게 있으니까 이거 견적해내라, 이거 견적해라 이거 견적해라. 매일 가면 눈만 뜨면 일입니다. 맨날 견적을 해라. 그러면 견적할래면은 가서 보고 노선 정해야 되고 등등등등 하는 거죠. 그러니까 매일 그렇게 일을 하고 하다 보니까 눈만 뜨면 일 해달래는 겁니다. 그러면 돈은 이 이상 책정이 됐느냐. 됐다. 해라. 하겠다. 그렇게 일을 했으니까 다행으로 생각한 게 뭐 중동 지역은 대우는 왜 안 갔느냐 그러는데 그때 그게 오히려 더 다행인지도 모르지요. 리비아가 그렇게 해서 국교가 맺어지기도 했습니다. 처음에 우리가 가서 이렇게

일을 해가지고.

손동유 : 네. 그러니까 뭐 발주 나는 사업을 기다렸다 수주하고 이런 개념이 아니라 아예 일을 만들어서 제안을 하고 그 일을 또 실현시키고 이런 과정으로 계속 일했다는 말씀이신 거죠?

조지홍 : 예.

손동유 : 입사 초기에 리비아 현장에서 일하시던 말씀을 듣고 있었는데, 계속 이어서 질문을 드리겠습니다. 당시에 결혼하신 상태로 가셨던 거지요? 가족분들이 고국에 계시고 일하시는 데 애로사항이 많으셨을 텐데, 혹시 그 당시에 액수는 아니더라도 급여 수준을 알려주실 수 있을까요?

조지홍 : 국내보다는 2배 내지는 2배 반.

손동유 : 상당히 차이가 있군요.

조지홍 : 예. 많이 받았지요. 그때에도 무역 부분에 근무하는 직원들이 항상 컴플레인(complain)을 많이 했습니다. 그분들은 인제 해외 지사에 다 나가있는데 거기 가족들하고 나가서 생활을 하니까 회사에서 아파트 대주고 했지마는 실제적으로 인컴(income)에 대해서는 많지 않았는데 저희들은 단신 부임을 하고 그다음에 가족들은 인제 그대신 여기 있어야 되는 거고.

손동유 : 국내에 있는 거고.

조지홍 : 예. 특별한 경우에 수주를 한다든가 특별한 경우에는 가족들을 대동해가지고 나갈 수는 있지요. 그렇지마는 아프리카나 이런 공사 지역, 공사하는 데에 건설하는 데에 가족이 나가 있어가지고 뭐 이렇게.

손동유 : 메리트(merit)가 없으니까.

조지홍 : 예. 메리트가 없고 또 보면 애들 학교교육에도 문제가 있기 때문에 일단은 건설한다는 데는 아직 개발이 안 된 데기 때문에 굉장히

인프라가 안 돼있어가지고 불리합니다 이게.

손동유 : 예. 아까 소개해주신 대로 뭐 그야말로 눈코 뜰 새 없이 바쁘게 일을 하셨던 것으로 이렇게 저희가 추측이 되는데요. 또 다른 한편 80년도는 우리나라 내부 사정을 보면 정치적으로 큰 격동기가 있지 않았습니까? 79년에 10·26, 12·12 등이 있었고 80년 넘어오면서 또 5·18 광주민주화운동이 있었고, 정치적으로 매우 격동기고 또 불안함도 있고 이런 시기인데 국내의 그런 정치적 상황이 해외에서 근무하시는 선생님들께 어떤 영향을 미치거나 어렵게 했다거나 한 점은 혹시 없었는지요?

조지홍 : 그런 점은 많이 있지요. 거기서는 이제 뉴스채널을 접할 수 있는 게 국내에서 보내주는 텔렉스(telex)로 보내주는 뉴스 하고, 그다음에 이제 CNN 통해가지고 BBC나, BBC나 CNN을 매일 보니까 그걸 보고 아, 어떻다 어떻다 하고. 그다음에 제일 문제는 발주처에서 국가에서 미스터 조, 너희 나라에 전쟁이 일어났대요. 전쟁이 일어났는데 너 가야 되니, 가야 되는 거 아니냐. 그래서 아 무슨 전쟁이 일어나? 아닌데. 저 봐. 이렇게 보니까 이게 깃발 들고 막 데모하고 그런 걸 보여주는 거야. 아니 저건 데몬스트레이션(demonstration), 일종의 시위를 하는 거지 전쟁이 아니야. 거기 사람들은 이북하고 전쟁하는 건지, 대한민국 내부의 일인지 구분을 못 하는 거야. 민족 간에 문제가 있고 이게 또 나라 안에서 문제가 있고 그런 거 잘 모르지요. 거기에 대해서 매우 답답하고. 제가 인제 출장을 오거나 휴가를 오거나 그러면은 시청 앞에서 매일 데모를 하고 현장에서는 또 근로자들이 좀 있다 말씀드리겠지마는 급여가 낮으면은 일을 안 합니다. 데몬스트레이션을 또 해요. 그러면 그런 거 문제, 식당에 가가지고 괜히 식사 내용이 안 좋으면은.

손동유 : 부실하면.

조지홍 : 예. 식판 막 날라가고 그다음에 도저(dozer) 가지고 와가지

고 사무실 막 밀고 그렇게 합니다. 그러니깐 저희 항상 군대 있을 때에 조마조마하고 긴장하고 했던 게 계속 계속 연장해가지고 살아왔기 때문에 항상 침대 밑에는 야구방망이 하나 그다음에 미군 폭격할 때는 어디로 가야 되는 거 하나, 이거는 옛날 6·25 나고 난 다음에 사이렌 (siren) 불면은 어디 숨고 하는 거, 지금 뭐 일본사람들이 지진나면은 연습하듯이 그게 아주 몸에 많이 배어가지고 항상 긴장하고 조마조마하고 순간에도 놓치면 안 된다. 먹고는 살아야 된다. 그러니까 수주하는데 일거리만 있다 그러면은 매일 잠 안 자고도 길 다니고, 그래서 인제 한국 음식이 나왔다 아프리카에서 그러면 그걸 많이 먹어요. 그래, 보면 굉장히 답답했어요. 왜 답답했냐. 아니 좀 먹고 살고 난 다음에 해도 되지 않을까라는 참 답답하고 안타까운 점이 굉장히 많았어요. 특히 박정희 대통령 돌아가시고 난 다음에는요 전 그런 생각을 했어요. 우리나라에 운이 왜 이렇게 안 오는가. 뭐 요새 보면은 뭐 암울하다 뭐 그러는데 배고프고 헐벗는 게 제일 암울하지 그다음에 뭐 공기야 뭐 하느님이 주신 공기니까 매일 이렇게 쐬지마는 먹는 거 입는 거는 우리가 해야 되잖아요. 예? 농사지어야 되는데 예? 비가 안 와가지고 하면 기우제 지낸다? 근데 관정(管井)을 파라. 이게 이게 맞는 말이지요. 예? 기우제 지낸다고 비 오고 그건 말이 안 되는 얘기지요. 고속도로 만들어놨죠? 그 고속도로 만들어놓고 난 다음에 우리가 물건을 얼마나 빨리 빨리 빨리 수출을, 부산까지 고속도로로 타고 트럭으로 보내는지 밤새도록 패킹(packing)하고 옷 이렇게 해가지고 20벌, 30벌씩 딱딱 만들어가지고. 그때에 미국에서 뭐가 왔냐면 행잉 컨테이너(hanging container)라는 게 왔어요. 뭐냐. 도어 투 도어 서비스(door to door service) 그때 왔어요. 도어 투 도어 서비스. 이게 뭐야? 컨테이너가 이 안에 행거(hangar)가 이렇게 시설이 딱 돼있어가지고 요거는 A상점에 가가지고서 여기 내리면 돼. 컨테이너가 직접 도어 투 도어 서비스. 그게 제가 대우에 들어오기 전에.

손동유 : 70년대 초반에.

조지홍 : 예. 70년대 그게 벌써 미국에 왔었어요. 아 이게 참 이게 좋은 비즈니스(business)로구나. 정말이에요. 지금 인제 택배 하는 게 그때에 왔어요. 데모 안 하고 열심히 했으면은 이 비즈니스가 벌써 와 가지고 우리나라가 업데이트(update)된 게 10년, 20년, 30년은 벌써 어 드벤티지(advantage)가 됐을 거로 저는 확신을 합니다. 그때 제가 알았 어도 이 비즈니스를 한번 하고 싶은데, 뭐 대한통운 뭐 이렇게 해가지 고 매일 레일로드(railroad) 철도로 막 뭐 움직이고 뭐 하는 것만 하는 데 고속도로 만들어 놓으니까 이게 물건 수출하는 데도 막 네고 (negotiate)를 할래면 아시는 분들 있겠지마는 은행에 가서 L/C 가지고 네고할래면은 물건 실었다는 B/L(bill of lading)이 있어야 되지 않습니 까? 선하증권이. 그래야지 아, 실었구나 그래가지고 돈을 내주는데. 고 속도로 없었으면은 산골로 넘어가지고 물건을 어떻게 가지고 갑니까? 헬기로 가져갑니까? 그때 헬기가 어디 있습니까?

손동유 : 여튼 그 당시에 정치적 상황이 산업현장에 미치는 영향은 선생님께서 인제 그렇게 보고 계신다고 말씀해주셨구요. 이른바 그때 도 정권교체기기 때문에 선생님이 종사하시는 업무와 관련해서 우리나 라의 정부 정책이라든지 혹은 또 관련된 관료들이라든지 이런 영역에 서도 변화가 좀 있었는지요? 80년대 초반이요.

조지홍 : 큰 변화는 없었구요. 저희가 하는 일에서 정치적인 변화가 있으니까 아무래도 나가는 속도가 무뎌지고 또 그다음에 액션(action) 이 느려지지요. 움직이지 않고. 저는 항상 우리나라, 이런 말을 해도 되는지 모르겠는데 우리나라 기관에 가면은 대답이 예스(yes)가 아니 고 노(no)예요 일단은. 가면은 노야 노. 노 해놓고 그다음에 뭐 얘기하 고. 근데 외국에서 일을 하면은 이런 이런 거다 그러면 오케이, 레터

(letter) 가지고 와. 그러면 막 써가지고 이렇게 이렇게 하겠습니다. 오케이, 일주일 내에 답을 줄게. 옵니다 이게. 그러면 요건 요렇게 돼서. 그 사람들은 노가 아니에요. 요건 요렇게 했으면 좋겠다 요거 요렇게 했으면 좋겠다.

손동유 : 긍정적인 방향으로

조지홍 : 긍정적으로 리시브(receive)하게. 그러니까 외국에서 일하는 게 훨씬 더 편했어. 더 좋았고. 국내에 오면은 답답하고 일이 안 돼요. 모든 게 그래 모든 게.

손동유 : 그렇게 느끼셨군요.

조지홍 : 예. 그때 한참 젊었을 때고 답답하니까 정말 이런 일이 일어나겠구나 하는 생각이 정말 들었어요.

손동유 : 연세로 보면 30대 초반에 한참 혈기왕성하실 때라 더 그런 감이 있으셨겠습니다. 83년부터는 해외인력부 제3국인력과 과장으로 계셨었는데요. 그때 주로 필리핀, 방글라데시(Bangladesh), 태국 인력들을 관리하신 것으로 제가 알고 있습니다. 인력 선발 과정은 어떻게 진행을 하셨었는지 좀 먼저 여쭙겠습니다.

조지홍 : 그게 이제 국내에서 사업계획서를 짜지 않습니까? 그러면 인제 각 현장별로 아국 인력 소요가 몇 명 직종별로 이렇게 아국 인력은 뭐 100개 직종 이렇게 있으니까 또 3국 인력도 거기 쫓아가지고 코디네이트(coordinate) 하기 위해가지고 일이 있으니까, 그것도 국가별로 이렇게. 사업계획서가 나옵니다. 예를 들면은 저기 전 박사님 있는 데에서도 건축 하면은 건축이면 미장도 있을 거고, 또 벽돌 하는 사람도 있을 거고, 그다음에 시멘트 이거 판을 만드는 사람도 있을 거고, 여러 가지 많이 있지 않습니까? 그다음에 또 운반할래면은 운전기사도 있어야 되고 그다음에 그 기사가 있으면서 그다음에 정비도 해야 되고. 그거에 대한 계획을 매년 세웁니다 10월 달 되면은. 그때 이제 리비아

가 주로 많이 했지마는 수단도 있고 나이지리아(Nigeria)도 있고 뭐 많이 있습니다. 태국도 있고 방글라데시도 있고. 방글라데시는 사람만 쓰는 게 아니라 거기서 철도공작창 프로젝트도 해갔습니다. 그렇게 되니까 이 인원을 10월 달쯤 되면은 다 받아가지고, 예측 인원을 받아가지고 그게 뭐 15,000명, 20,000명 이렇게 올라갑니다. 그때 아국 인력의 인건비가 이제 올라가가지고 리미트(limit)에 거의 닿아있어요. 그리고 해외 안 나올라 그러고. 그러니까 그거를 대체를 어떻게 해야 되겠느냐. 그럼 외국 인력으로 해야 되겠다. 그러면 서베이를 해라. 어디 인력이 어느. 그러니까 인제 뭐 필리핀 사람들은 영어도 되고 그때 인제 국가별로 에널라이즈(analyse)를 다 해가지고 여기는 크레인 오퍼레이터(crane operator)라든가 그다음에 뭐 설계하는 디자인(design) 하는 사람들 요런 필리핀 인력 경험 있는 사람들 그리고 또 어학도 돼, 영어도 통할 수 있으니까. 그다음에 인제 태국 인력은 아 이건 덤프 드라이버(dump truck driver) 또는 뭐 정비하는 사람 그다음에 건축의 또 직종들 이렇게 해가지고 국가별로 잘르고 그다음에 방글라데시는 주로 이제 우리 일하는 사람들의 헬퍼(helper) 그러고 해서 많이 고용을 해야 되고. 거기 인제 월급도 월 300달러, 태국 인력은 뭐 600달러, 그다음에 필리핀 애들은 800달러 내지 1,000달러 엔지니어 그러면 뭐 1,500달러 올라가겠지요. 그레이드(grade)는 그렇게 그렇게 다 됩니다 이게. 서남아시아 동남아시아, 사람을 구할 수 있는 그레이드 정도, 그다음에 필리핀 같은 경우에는 거기 가톨릭(Catholic)이고 그러면은 여기는 음식을 뭐 닭도 먹을 수 있고, 뭐도 먹을 수 있고, 그다음에 뭐 어디 어디는 못 먹고, 어디는 먹고 이런 걸 다 분석을 해가지고 서베이를 해가지고 그러면은 인력을 인제 공급을 해야 되겠다 그러면은 아국 인력은 하는 방법이 노동부에 가면은 노동부에 어플라이(apply) 하는 사람들이 많이 있습니다. 그러면은 그 풀(pool) 자원을 해서 쓰고 그다음에 신문 공고를 내서 또 뽑고 그다음에 경력이 있는 경력자들 그걸 항상 자료를 관리를 해가지고 그 사람들을 다시 해외에 안 가겠느냐 가겠느냐 이렇게 이렇게 해가지고 뽑고.

손동유 : 직접 컨텍(contact)도 하시고.

조지홍 : 아, 그럼요. 직접 컨텍도 하고 그다음에 인제 해외는 필리핀이나 이런 데에는 다 국가별로 에이전트를 두고 합니다. 그러니까 그 나라에서 퍼미션(permission)을 줘요. 리크루트(recruit), 모집할 수 있는 그거를 뭐 보통 10개 내지 20개 회사를 이렇게 줍니다. 주면은.

손동유 : 에이전트사를 통해서.

조지홍 : 예. 에이전트를 통해서 리크루트를 해가지고 거기서 시험도 보고 뭐도 하고 거기다 인제 서류를 이렇게 이렇게 주고, 그러니까 인제 우리는 에이전트 관리를 또 해야 되지요. 그래서 에이전트 관리라는 게 바로 리크루트 할 수 있는 시스템에 거기를 운영을 했다는 겁니다. 그래가지고 좋은 퀄리파이드(qualified) 된 사람도 가져와야 되지마는 그다음에 또 보낼 수 있는 능력도 있어야 돼. 뽑아는 놨는데 못 가면은 또 안 되잖아요. 안 가면 안 되고. 그러면 그 나라 안에서의 또 프로시저가 있습니다. 송출하는 프로시저가. 그러면 뭐 경찰에 해서 범죄가 없다는 거 뭐 등등등등 해가지고 송출 허가가 나올 때까지 프로시저가 있는데 그게 거기도 마찬가지로 신문 공고도 내고 또 이렇게 노동부의 자원을 끌어가지고 준비를 해가지고 그거를 이제 현장에서 요구하는 데에 맞춰서 미팅을 해줘야 됩니다. 그러니까 송출을 해야 됩니다. 근데 만약에 현장에서 사람이 안 왔다. 정비를 해야 되는데 차가 섰다. 그러면은 인제 매일 얻어맞는 거지요 뭐. "본사에서는 하는 일이 뭐냐. 뭐 니가 현장에서 해봤지 않느냐. 이 달에는 100만 달러를 기성을 올려야 되는데 너희 때문에 50만 달러밖에 못 올렸어." 그러면 회장님 오면 일릅니다 이렇게. 일르면은 "너희 뭐, 너희가 뭐 하는 게 뭐 와서 잠만

자고 뭐 하는 거야? 여기 와가지고.”

손동유 : 네. 힘드셨겠습니다.

조지홍 : 아이, 힘든 게 아닙니다. 이게 힘든 게 아니라 전쟁이에요. 당장 그거 안 하면 내가, 내가 큰일나는데 당장.

손동유 : 생존전쟁이.

조지홍 : 아 그럼 생존전쟁이구요. 그러니까 현지인하고 싸워야 돼, 그다음에 기능공들하고 싸워야 돼, 그다음에 에이전트하고 싸워야 돼. 에이전트가 퀄리파이드 된 사람 있으면은 월급 많이 주는 데로 현대 뭐 이렇게 준다구요. 또 뭐 우리만 다 주는 게 아니에요.

손동유 : 선생님, 84년부터는요 총무과장, 노무과장을 겸하시게 됐는데요. 그때에 관리했던 인력이 우리나라 인력 500명 또 3국 인력 1,500명 이 규모가 굉장히 커졌거든요, 이전에 비해서. 그 이유가 승진에 따라서 관리 범위가 넓어진 건가요? 아니면 실제로 인력 규모가 커진 건가요?

조지홍 : 인력 규모가 커진 거지요. 프로젝트는 늘어나니까 제가 본사에서 근무를 하니까 물론 뭐 진급도 했지마는 진급하고 나니까 또 어려운 거예요. 너 나와야 된다. 그러면 인제 솔직히 해외 생활이 여기 근무를 하지 않았겠지마는 제2의 군대 생활입니다, 거기 가면은 BOQ(bachelor officers' quarters)처럼 있고 눈 뜨면 일을 하고 밥 먹고 자고 그러고 때 되면은 휴가 오는데 그것도 뭐 안 맞춰지면 못 오고. 제2의 군대 생활입니다 그게. 남자들이. 거기 뭐 이런 여흥도 없지요. 술도 없고 뭐 비공식으로 만드는 건 있지마는 하여튼 오피셜(official)하게 이 생활환경이라는 게 눈만 뜨면 일만 해야지 다른 건 할, 여가를 즐길 수 있는 게 없어요. 뭐 바닷가에 가서 수영이나 하고. 그런 여가밖에 없습니다. 거기 뭐 아랍 말하는데 극장 가가지고 뭐 아랍말로 하는 그거 필름(film) 볼 수 있는 것도 아니고, 그 대신 뭐 한국에서 보내주는

테이프(tape) 그다음에 뭐 드라마(drama) 그거나 매일 보고 그러곤 그냥. 그게 별명이 식스 투 나인(6 to 9)이라고 그럽니다 식스 투 나인. 아침 새벽에 6시에 일어나가지고 밤 9시까지 일을 했어요. 2주에 한 번씩 쉬고. 쉬는 날은 뭐 하느냐. 계속 잠만 자요. 계속.

손동유 : 휴가 말씀 잠깐 하셨는데요. 휴가는 한번 오시면 한 기간은 얼마 정도.

조지홍 : 기간을 3주를, 처음에 1년 하고 3주를 왔는데 그다음에 인제 6개월에 한 번씩 오고 3주를 하는데 약간 인제 우스운 얘기를 하자면은 이제 휴가를 이렇게 같은 섹션(section)에서는 둘이 빠지면 안 되니까 이렇게 나눠서 이렇게 이렇게 합니다. 그래서 인제 야 너는 언제 해 언제 해 언제 해. 요때는 거기 인제 라마단이 있고 뭐 거기 또 있지 않습니까? 야 라마단 때에 많이 갔다 와야 돼. 그래야지 인제 또 일을 할 수 있으니까. 아 그럼 좀 이렇게 이렇게 스케줄(schedule)을 만들자 그래가지고 인제 결정을 합니다. 2월 달에 첫째주 누구 누구 누구 이렇게 쭉 만들어요. 만들어가지고 이렇게 하는데 누구 누구가 "야 이거 날짜를 좀 바꿔야 되겠다." "왜?" 그래. "아이 뭐 모친상 부친상이 있으니까 뭐 이렇게 빨리 가야 되고." 그러면 이거 엉클어지거든요. 아 그러면 "못 간다." 그러니까 "왜 못 가느냐. 나는 부인하고 임신을 딱 맞춰놨는데 우리 후세를 위해가지고 맞춰놨는데 이거 안 하면은 헛방입니다. 6개월 그다음에 또 가서 애기가 임신이 안 되면은 나는 2~3년에 애가 없습니다." 그거 심각한 문제에요. 그 전에 중국을 갔더니 중국에 인구가 너무 많아가지고 90년도 중반에 갔더니 중국에서 어유, 너무 인구가 13억. 자기 자랑은 "우리 13억 인구가 굶지 않고 다 삽니다." 그래, 어떤 시멘트 공장을 갔어요. 그러니까 "오늘 출역한 인원이 몇 명입니까?" 그 총경리가 "글쎄요 뭐 한 1,300명 되나요." 뭐 이렇게 얘기해. "아 그럼 정확하게 몇 명 모릅니까?" 그 옆에 물어봐. "오늘 몇 명 나왔

나?" 그러니까 "1,200 뭐 80명 정도. 아, 우리는 다 같이 나와서 일하고 뭐 인원이 몇 명 나왔나 안 나왔나가 중요한 게 아니고 와서 일하고 먹고 그게 제일 중요하다." 이렇게 얘길 합니다. "오늘 프로덕션(production)이 뭐 시멘트 몇 톤 몇 포가 아니다." 그러더니 "인구가 많아가지고 우리는 1인 뭐 해야 돼 앞으로."

손동유 : 한 자녀.

조지홍 : 예. 한 자녀만. 아, 그렇구나. 우리도 2, 뭐. 그때도 마찬가지입니다 이게. 어느 날 갔더니 애기가 나왔는데 그러니깐 아빠라니까 "아이." 안 오는 거야 공항에서 만나가지고. 울고. "왜 그러냐?" 그러니까 "아저씨."

손동유 : 보지를 못 했으니까.

조지홍 : 예. 보지를 못 했으니까. 그런 문제도 있었어요. 굉장히 이게.

손동유 : 그렇지요. 해외에 장기 파견돼 계시면 그렇게 가족분들하고 애로사항이 많으셨겠습니다. 있다가 조금 더 여쭙기로 하구요. 당시 그런 업무에 종사하시려면 정부의 관계 소관 기관들하고도 접촉이 있지 않으셨나요? 뭐 노동부라든지 외무부 이런 데하고.

조지홍 : 그럼요. 노동부는 인제 송출 허가받고 뭐 그러는데 노동부 매일 들어가서 그걸 해야 되고 그러니까 관계되는 일만 그렇게 할 수 있을 뿐이에요.

손동유 : 아까 잠깐 언급하실 때는 우리나라 공무원들이 조금 부정적으로 일처리를 하는 것에 대한 안타까움을 피력하신 바 있는데요. 그런 경향성에 대해서 지금 갖고 있는 인식이 있다면 좀.

조지홍 : 그거는 시스템의 한계지요. 제가 컴플레인 한다고 되는 일이 아니고 그분들도 해주고 싶은데 자기 업무 범위에 벗어나서는 해줄 수가 없는 거니까. 외무부 같으면 뭐 여권을 빨리 빨리 좀 내줘야 된다

든가 그다음에 뭐 보사부? 보사부는 별로 그냥 나이지리아 간다 그러면은 거기에 뭐 예방주사를 뭘 맞아야 된다 하는 정도 그다음에 여기 해외개발공사 그랬는데 해외건설협회, 해외개발공사는 인제 전에.

손동유 : 지금 코이카(KOICA, Korea International Cooperation Agency)로 바뀌었지요 여기는.

조지홍 : 아, 코이카로 바뀌었지요. 이거는 코이카도 보면은 80년대에 방글라데시 맨파워 때문에도 갔고 프로젝트 때문에도 가고 그러는데, 자주 가는데 제가 보니까 일본사람들이 와서 하고 있었어요. 일본사람들이. 일본사람들은 어떻게 하느냐. 일본사람들은 앞을 내다보고 "농업정책 뭐 이거, 어떻게 어떻게 해가지고 이렇게 이렇게 하면 된다. 그 대신 우리가 그럼 여기서 호텔을 하나 짓겠다." "그 왜 호텔을 지을라 그러냐?" "여기는 원조를 받아가지고 사는 나라기 때문에 호텔을 만들어가지고 외국 사람이 오면 거기서 아웃풋(output) 해가지고 빼야지 인컴이 되고." 그다음에 농업정책은 거기는 매년 홍수가 나가지고 잘 안 됩니다. 그다음 이슬람국가고 그렇게 해가지고 원조를 받아가지고만 살아가요. 그다음에 인제 사람들 해외에 나가가지고 급여가 300달러 주면은 한 달, 한 달에 300달러이고 먹여주고 재워주고. 그래서 인제 해외개발공사도 그렇게, 그때 보니까 일본사람들은 그렇게 하고 있어. 아, 그게 맞는 얘기로구나. 원조 받아가지고 하는 나라에서 농업정책 뭐 이걸 대준다 그래도 어떻게 그 피드백(feedback)이 잘 안 되니까 그렇게 움직이는구나 하고 생각했고 그다음에 전에 독일에 광부 가는 그때하고는 이제, 그다음에 간호사들이 사우디에도 많이 갔지요. 그때 통해서 했고 그다음에는 해외건설협회하고 일을 많이 했지요. 그래서 이제 제가 나중에 국내 인력이 모잘라가지고 국내로 인력을 들여오는 산업연수생 시스템 이거를 제기 해 건협하고 만들어가지고 처음 시작을 했어요.

손동유 : 그게 시기적으로 언제쯤 되시죠?

조지홍 : 그게 구십 몇 년도인가 정확하게 그거는 자료를 봐야 되겠는데.

손동유 : 네. 나중에 한번 확인해보겠습니다. 조금 다른 각도의 질문을 드려보면요. 우리나라 건설사들이 중동지역에 진출하기 시작한 거는 70년대 초반으로 저희가 알고 있는데요. 먼저 현대건설 같은 큰 규모의 회사들이 자리를 좀 잡고 있지 않았습니까 그 지역에서? 대우건설 어떻게 보면 조금 후발기업이 아닐까 싶은데 그렇게 되면은 먼저 인제 진행됐던 그런 환경적인 면에서는 좀 이로운 점도 있겠지만 큰 경쟁사가 있다는 점에서는 또 기업 입장에선 애로사항도 있었을 거 같구요. 이런 관계에 대해서 좀 당시 기억을 말씀해주시면 고맙겠습니다.

조지홍 : 제가 이제 처음부터 이렇게 인발브(involve)되지 않았기 때문에 듣는 얘기에 의하면은 중동에 건설은 메리트가 뭐냐. 어드벤스 페이먼트(advance payment), 선수금을 준다는 얘기입니다. 무역 같은 거는, 무역은 뭐 어드벤스 페이먼트가 없어요. 그냥 발주하면은 단가가 얼마 얼마 해가지고 물건 나가면 돈 받는 거고 건설은 어드벤스 페이먼트가 있어가지고 선수금을 10%는 받아가지고 그거 가지고 준비하고 할 수 있는 그런 여유가 있는 겁니다. 그래, 열심히만 일하면은 어떤 메리트가 있다는 거지요. 그런 의미에서 인제 건설을 많이 이렇게 준비를 하고 나가는데 중동 그러면은 뭐 사우디아라비아를 중심으로 해서 거기 아닙니까? 거기를 대우는 가기가 힘들어지니까 그러면은 북아프리카 리비아를 가야 되겠다. 그럼 리비아, 그럼 리비아 그럼 대우만 가라. 그럼 중동은 가지마. 뭐 그런 얘기를 조금 들었어요. 일단은. 그러니까 뭐.

손동유 : 그래, 좀 영역을 이렇게 나눠서.

조지홍 : 예. 영역을 이렇게 나눠가지고. 그렇게 해서 한 거니까 어

떤 참여하는데 의의가 있는 거고, 일단은 우리는 리비아를 선점을 했으니까 리비아에서 최대한 열심히 해가지고 좀 선양을 해야 되겠다 하는 생각을 했지요.

손동유 : 리비아 지역 안에서는 다른 기업들하고 경쟁했거나 이런 사례는 없으셨나요?

조지홍 : 다른 기업은 외국 기업이지요. 뭐 독일의 빌핑거라(Bilfinger Berger)든가 그다음에 스칸스카(Skanska)라든가 그다음 터키 회사라든가 많이 해봤지요. 특히 뭐 빌핑거 독일 회사 같은 경우에는요, 정말 내가 보고 느낀 게 많이 있었어요. 거기는 시스템이 독일 사람은 엔지니어가 한 사람이 나와 있어요. 거기 한 500명이 일을 하는데 포어맨(foreman), 포어맨은 인도사람이에요. 고 밑에 설계하고 이런 사람은 필리핀 사람, 그다음에 뭐 발파하고 뭐 하고 한다 그러면 파키스탄 인도 이렇게 해가지고 이게 원 그룹(one group)이에요 한 그룹. 그렇게 해서 거기 일이 끝나면은 이걸 또 나이지리아에 가지고 가고 북아프리카, 아프리카를 하나의 완전히 거점으로 해가지고 장비를 어떻게 움직이느냐. 장비를 바다에 배에다가 태워가지고 배로 이렇게 움직입니다. 내륙으로 가면 국가 국가를 통해야 되니까 굉장히 힘들어요. 도로도 안 좋고. 그런데 뭐 배가 있으니까 물이니까 그냥 뭐 배에 싣고 장비 뭐 토목 장비도 다 싣고 다닙니다 이게. 일종의, 제가 군대 있을 때에 미군 애들하고 이렇게 하는 거 보면 미국사람들은 무슨 프로젝트 필요한 게 쫙 이렇게 내면은 그만 보내라 할 때까지 계속 서플라이합니다. 이렇게 쌓아져도 그냥 계속 보내요. 시레이션(c-ration)도 보내고 뭐 보내고 다. 뭐 심지어는 야구 베이스볼(baseball) 이거 하는 것도 보내고 다 보냅니다. 그게 다 그렇게 체크리스트(checklist)가 다 돼있어가지고. 독일도 마찬가지예요. 그리고 완전히 캠프(camp)는 그렇게 딱 지어져가지고 요기는 방글라데시 여기는 뭐 인도 이렇게 이렇게 나눠져가지

고 그리고 식사는 자기네들끼리 해먹어요. 그 대신 고거를 필요한 금액이 뭐 얼마다 그거 책정해가지고.

손동유 : 지원해주고.

조지홍 : 아이, 거기서 보고 아, 이게 맞는 얘기로구나.

손동유 : 아니, 출신국의 고유한 문화나 식습관에 맞게.

조지홍 : 아, 그럼요. 우리나라 고추장 김치 하듯이 그 사람들도 그 사람들 나름대로 그게 있으니까 그걸 갖다가 공급만 해주면은 자기네들끼리 식사를 해서 먹어요. 그러니까 뭐 컴플레인이 없어요. 그것만 갖다 대주면은.

손동유 : 그러니까 경쟁 상대인 기업 혹은 국가들의 어떤 사례를 보면서 교훈적으로 배울 것들도 있었다 이런 말씀으로.

조지홍 : 아, 그럼요.

손동유 : 저희가 들으면 되겠습니다. 선생님께서 78년 이래로 쭉 인력 관리 업무를 쭉 해오셨잖아요? 그러면서 인제 그 분야에서 승진을 쭉 하셨을 텐데요. 승진되시면서 업무 영역에도 물론 변화가 있었겠지만 권한의 변화들이 생길 텐데 어떤 뭐라 그럴까요 기준이 되는 변화들, 큰 변화들은 무엇이 있었을까요? 인력 관리 부분에 있어서.

조지홍 : 인력 관리는 인제 저는 기능 인력을 많이 인제 해서 그 자료를 많이 쌓아가지고 필요할 때에 사무 인력을 5년 10년 이렇게 데리고 일을 하니까 태국 방콕에 가면은 어떤 사람이 "선생님." "소장님." 뭐 "조 부장님." 이러고 오는 사람이 있어요.

손동유 : 우리말로요?

조지홍 : 아, 그럼요. 그런 사람은 인제 차의 기사. 저기 전 박사님도 그거 잘 아실테지마는 가면 그렇게 쫓아오는, 그 사람들이 한국말 배워요. 우리가 처음에는 태국 인력, 방글라데시 인력 할 때에는 단어장을 이렇게 만들어가지고 뭐 기구에 대한 거, 이런 거를 한국말, 그 나라

말 발음으로 해가지고 단어장을 만들어가지고 줘가지고 그렇게 했지
요. 근데 생활을 하다 보면은 그 사람들도 답답하고 우리도 답답하니까
우리도 그 사람 말 배우고, 뭐 태국말로 감사합니다, 그러면 사와디캅,
뭐 코쿤캅, 뭐 이렇게 그 정도는 해야 되지 않겠습니까? 그 사람들도
형님 뭐 이렇게 배웁니다. 근데 잘못 가르쳐주는 것도 있어요. 우리나
라 사람은 우선 말 나오기 전에 머리에 이게 손이 올라가기 때문에 그
렇게 돼서 트러블(trouble)이 많이 나는 경우도 있고 우리 한국사람들
은 말하기 전에 왜 손을 먼저 하고 발길이 미리 올라오느냐. 그런 면에
서 보면은 저희가 연구 아닌 연구도 많이 했지요. 일본사람 밑에서 지
배받은 나라 미국에 지배받은 나라 또 베트남(Vietnam)처럼 불란서사
람 지배받은 나라 이런 걸 쭉 종합적으로 분석을 해보면은 대부분 그게
나타나게 돼있어요. 그게 하루 이틀에 안 잊어버려진다는 거예요. 지금
우리 소셜 스테터스(social status), 사회 현상에도 그게 많이 나오고 있
어요. 정말 중요한 게 역사고 교육이고 그런데 그거를 할 수 있는 기회
가 많지 않은 게 굉장히 아쉬운 거지요. 이게 지금 역사, 저도 어릴 때
너는 이렇게 태어나가지고 뭘 옛날에 해줬단다, 말을 해서 알지 제 자
신은 모르잖아요. 지금 젊은 사람들도 그럴 거예요. 회사에 직원들이
대학교 졸업하고 토익(TOEIC: Test of English for International
Communication)이 몇 점이고 그렇게 들어오는 애들 보면 재교육을 또
시켜야 돼요. 학교의 커리큘럼(curriculum)도 좀 생각을 해야 할 필요
가 있습니다. 왜냐하면은 들어와가지고 제가 이제 뭐 후배들도 있고 그
러니까 모임을 하면은 뭐 LG의 인사부장, 뭐 대우의 인사부장 만나서
얘기를 합니다. 얘길 하면, 맨날 나누는 게 뭐 관리직, 행정직 뭐, 뭐,
이게, 이게 아니다라는 식으로 많이 얘기를 하고 좀 그렇습니다.

　　손동유 : 네. 잘 알겠습니다. 업무와 관련해서 조금 여쭈면은 90년대
로 넘어가면서는 선생님께서 대민대관업무를 맡으셨다고 알고 있는데

요. 특히 리비아의 주택성, 외무성 이런 관청들 교통체신청이나 뭐 관할 지역의 해당 시청 이런 데도 담당을 하셨던 거 같은데요. 그때의 경험을 좀 소개해주시면 좋겠습니다.

조지홍 : 이때는 제가 리비아에 관리부장을 했습니다. 이렇게 말씀드리면은 감이 안 오실 텐데 20개, 30개 현장이 있는 한 나라에 대우가 일을 하면서 거기에 리비아에 건설 본부가 있고, 헤트쿼터(headquarter)가 있고, 그다음에 20개 지역에 사이트가 다 있습니다. 벵가지도 벵가지에 관리하는 사람이 있고. 그러니까 이 인원에 대해서 관리를 잘해야 되고 사람이 보통 그때는 이때는 직원이 200명, 250명입니다. 그다음에 한국 기능 인력이 나머지 인원이 되고. 그 나머지 인력은 아까 말씀드린 바와 같이 6~7개 나라에 사람들이 리비아 전역에 퍼져가지고 있어요. 그러니깐 매일 이 사람들 송출입하는 거, 비행기만 들어오면은 들어오고 그다음에 출국하고 하는 게, 루틴(routine)이 굉장히 복잡해졌고 모든 게 시스템으로 움직이지 않으면 안 됩니다. 그때는 수기로 하면 안 돼요. 시스템으로 움직여야 됩니다. 그다음에 또 회장님, 그때 이제 나라가 건설 대전(代錢)을 달러로 주다가 달러가 없으니까 독일돈으로 주겠다 또 엔화로 주겠다 그래가지고 건설 물량은 자꾸 이제 기성량은 올라가는데 이 사람들이 줄 수 있는 그거를 넘은 거 같애요 제가 보기에. 넘으니까 그게 한계가 넘어가지고 우리는 인제 수금을 못 하니까. 일을 많이 시켜놓고 돈은 못 받으니까 그러면은 돈을 달라. 그러면 어떻게 인제, 그러면 회장님이 오셔가지고 인제 누구누구 만나가지고 "뭐 어떻게." 그러면 "현물로 주겠다." "뭘로 주겠냐." "기름으로 주겠다. 크루드오일로 주겠다." 그러니까 기름이 굉장히 저황이기 때문에 질이 좋습니다. 그러면 어떻게 하겠는가. 결정을 해야 돼. 기름으로 주겠다는데 뭐 안 받습니까? 받아야 돼. 그래, 받으면은 이게 리파인(refine)을 시켜야 되지 않습니까? 그러면 우리 한국에 가져오겠다. 뭐 아직도

안 된 거 같아요. 하여튼. 그 좋은 기름을 가져올 수가 있는데 우리나라가. 오일쇼크도 있고 뭐도 없고 해가지고 기름이 필요한데 가져오겠다는데.

손동유 : 왜 안 된 건가요?

조지홍 : 그거는 모르겠어요. 왜 안 됐는지는 하여튼 뭐.

손동유 : 결과적으로는 안 된.

조지홍 : 예. 결과적으로. 전 박사님은 잘 아실지 모르겠어요. 하여튼 안 됐습니다. 그래서 그러면 어떡하느냐. 야 런던(London), 자재 공급은 프랑크푸르트(Frankfurt)에서 많이 해줬고, 거리가 가까우니까 아무래도. 그다음에 파이낸싱(financing)이라든가 이런 거를 런던에서 물론 많이 했습니다. 런던에서 그거 했습니다. 지금 뭐 제가 보니까 어디어디에 뭐 대우는 어쩌고 저쩌고 그러고 런던은 뭐 어쩌고 그러는데 그 모르는 소리입니다. 가서 전쟁을 하는데 물자 안 대줘가지고 되겠어요? 인타임(in time)에 대줘야지요. 다 공격당해가지고 죽은 다음에 물자 대줘요? 그러면 끝나는 거지요. 그렇게 정신없이 바빠 가는데 자 기름으로 주겠다. 그럼 어디서 핸들링(handling)합니까? 아 이 배, 그거 한 카고(cargo)라고 그러는데 배 안에 5,000톤 3,000톤 이렇게 크루드오일을 실어가지고 요번에 한번 나간다. 배가 나가. 그러면 지중해에 띄워놓고 이거 장사를 합니다. 그게 뭐 선물(先物) 뭐 이렇게 해가지고 하는 그 시스템이 있더라구요. 전 정확히 모르는데. 순간순간이 값이 오늘은 이게 배럴(barrel) 당 얼마였다가 그거를 딜(deal)을 잘해야 됩니다. 근데 그거 한 경험이 없어요. 미국 가서, 유럽 가서 뭐 영국 가서 공부해가지고 왔다는 사람들이 전부다 이것만 보고 알았지 실제로 걔네들하고 딜을 못 해요 딜을. 아주 답답, 정말 답답해요. 정말 답답한 게 회장님이 "야 인제 일 고만해." "너네 일만 해. 내 돈 받아갈 테니까." 그러셨다가 그냥 "일 고만해." 일을 했는데 그 사람들이 필요해서.

도로 만들어줘 집 만들어줘 뭐 병원 만들어줘. 했는데.

손동유 : 돈이 안 들어오니까.

조지홍 : 기름을 주겠다 그러니까 기름 받아야 되는데, 이 기름을 가령 예를 들어서 100달러어치를 했으면 100달러어치를 받아야 되는데 이게 지중해에서 이게 팔면서 값이 올랐다 내렸다 하니깐 그.

손동유 : 가치를 확보하기가 애매한 거지요.

조지홍 : 예. 그러니까 그거 처음 하는 사람이 땀을, 땀을 흘리는 거예요. 이거 손해보면 어떻게 할까. 그럴 수 있지 않습니까? 그래, 한번 해서 손해를 봤어요. 그래 인제 김우중(金宇中) 회장이 "괜찮아. 너 이거 처음 한 거니까." 그 사람은 또 그 사람대로 영국사람들 만나가지고 매일 로비(lobby)하고 뭐 이러고 다니느라고. 그래 우리는 한국사람하고 얘기하니까 잘 안 되는 거예요. 저거 뭐 알겠어? 저 초보자가. 얘기를 해도 못 알아듣고. 그래도 명색이 서울대학교 나오고 경영학과 나오고 비서도 하고 공부를 했는데. 아, 회장님이 기분이 좋아야지 보너스(bonus)도 많이 주지요. 네?

손동유 : 그런 일들이 있었군요. 아까 여쭤보던 거에서 조금만 더 여쭤보면요. 리비아라는 나라의 관청들을 상대하실 때요 그 나라만의 뭐 업무상의 특징이라든지 또 특별한 기준이나 관례 이런 것들을 경험하신 적이 혹시 있으셨나요? 몇 가지 소개해주시면 고맙겠습니다.

조지홍 : 그 사람들도 사람이니까 거기는 직원이 전부다 직종의 구별이 없이 전부다 수주하러 다니는 사람이에요. 가서 주택성이다 그러면 주택성에 가면 야 무슨 프로젝트가 나오나? 뭐 나오냐? 그거는 꼭 있다, 입찰 비딩(bidding)을 해야 되겠다고 가서 하는 게 아니고 평상시에 만나면은 얘기가 나옵니다. "아이, 야 너희 여기." 일도 만듭니다. "여기 이렇게 이렇게 유목민들 이렇게 많이 철판에 이렇게 하고 사는데 저거 안 되잖아. 이 여기다 집 하나 짓고 뭐 그러면 여기 또 도로도

내야 되잖아." "아 그럼 그렇지. 그렇지." "도로는 이렇게 이렇게 내면 좋겠다." "아 맞아 맞아." 그래서 그림 그려가지고 가면 그게 일이에요. 그게. 사이트 엔지니어들이 그게 전부 일하는 사람들. 그래가지고 밑에서부터 거기 피플스 커미티(people's committee) "아, 우리 이렇게 도로 만들어야 된다. 집 만들어줘야 된다." 아, 그래갖고 우리, "그래, 예산 얼마, 금액이 이렇게 나와." "아이, 좀 깎아줘." "그, 알았어. 알았어. 알았어." 우리가 마음이 좋으면 똑바로 해주고 좀 마음이 싫으면 이렇게 삐뚤삐뚤 해주고. 우리 마음이에요 그거는. 우리 마음입니다. "야. 이 똑바로 해." "아이 이 똑바로 하면은 가다 졸아. 졸으면 사고 나면 안 되잖아. 그래가지고 왼쪽으로 갔다 오른쪽으로 갔다 돌아야 돼." "아, 그래?" "아, 그래. 야 똑바로 하면 100달러인데 이거 200달러야. 그 대신 우리가 잘해줄게. 뭐 이렇게 이렇게 해가지고." "아, 그래, 그래." 다 돈이에요 그게. "너희 걱정하지 마. 너희 오일 많잖아 좋은 거. 아 그거 주면 되지." 이거예요. 다른 게 뭐 있습니까? 김 회장님이 가가지고 나중에 오서가지고 사인하고 그러는 거지. 현지에서 주민들의 리콰이어먼트(requirement)를 빨리 받아가지고 그거를 딱 문서화 해가지고 하는 기술을 우리는 습득을 했어요.

손동유 : 네. 그러셨었군요. 그리고 또 리비아라는 나라는 미국하고 갈등 관계를 한동안 갖지 않았습니까? 그 과정에서 어떤 겪으셨던 어려운 점이나 요런 건 없었나요?

조지홍 : 아유, 아까 말씀드렸다시피 과장으로 있을 때에 폭격을 한다고 인제 CNN 뭐 이렇게 나왔습니다. 그다음에 인제 연락도 받고. 그렇게 해서 새벽 2시에요 그날이. 제가 있던 현장이 아까 그 조인트벤처 거기기 때문에 현지인들이 전부다 모포고 뭐 짐 싸가지고 가족들 데리고 우리 사이트로 다 왔어요. 한국 현장을 폭격을 안 할 테니까 걱정없나 인제 그렇게 했는데 새벽 2시에 아닌 게 아니라 정말 도로로록

하고 다 폭격이 됐어요. 그래서 그 폭격하는 데 옆에 있던 현장들은 전부다 침대 밑에 들어가고 전부다 인제 피신을 다 하고 다 준비는 했지요. 공항에 인제 폭격을 해서 이 런웨이(runway)만 이렇게 빵구를 내고 그다음에 비행기 이렇게 계류돼있는 데는 날개만 빵구 빵빵빵 냈어요. 이렇게 뭐 무식하게 뭐 폭파시키지 않고.

손동유 : 기능만 할 수 없도록.

조지홍 : 예. 기능만 할 수 없게만.

손동유 : 활주로하고 날개 부분하고.

조지홍 : 예. 정확하게. 그다음에 리비아에 첩자를 보내서 훈련시키지 않습니까? 훈련시키는 책임자가 대령인데 그게 라운드어바우트(roundabout)에 코너(corner)에 집이 있었는데 정확하게 고 집을 때렸어요. 정확하게. 그래, 이 사람들은 벌써 입력을 다 해가지고 비행기가 오면서 필요한 곳만 딱 공격을 한 거예요. 우리는 걱정을 했어요. 왜냐하면 이 컴파운드가 하늘에서 보면은 꼭 군대의 수용지같이 돼있어요.

손동유 : 막사처럼 돼있으니까.

조지홍 : 막사처럼. 그러니까 걱정을 했는데, 정확하게 그렇게 공격을 하고 그다음에 이제 그다음 날 아침에 공항에 가서 공항장을 만났더니 공항장이 미국 가서 공부하고 온 사람이고, 소련 가서도 공부하고 온 사람이야. 굉장해. 새벽 1시 반, 2시 반 되니까 자기네가 이렇게 사이트 이렇게 경계하는 데에 막 어두워지니까 그러니까 비행기가 먼저 온 거예요. 전파 교란하는 비행기가 저쪽 영국에서 이렇게 오고 그다음에 와서 이렇게 때리고 그러고 갔어요. 정확하게. 그래, 우리 피해는 약간 그 파편에 의해가지고 이렇게 좀 나는 게 있었지 다른 건 없었거든요. 그렇게 정확하게 했고 거기에 대해서 아, 그래도 참 고맙다. 그 중에 뭐 실수 해가지고 떨어뜨렸으면은 그때 난리가 나는 거지요. 그렇지 않아도 트리폴리에 비행기가 떨어져가지고 대한항공이 떨어져가지

고 한참 얼마나 고생을 많이 했는지 몰라요.

손동유 : 네. 그런 어려움들도 있으셨군요. 인제 말씀 중간 중간에 구체적인 말씀도 많이 해주셔서 좀 종합적인 질문 좀 드리고 참석해주신 분들하고 말씀 좀 나누는 시간 조금 더 갖고 이렇게 진행을 하겠습니다. 좀 전체적으로 크게 두 가지 질문을 드리자면요, 해외의 건설 사업은 우리나라가 성장하던 시기에 이른바 박정희 정권 시기에 시작을 해서 그 이후로도 쭉 이어진 민간 기업에서 주도하긴 했지만 국가적 성격이 짙은 그런 사업이라고 저희가 이해하고 있습니다. 그런 사업에 종사하신 선생님으로서 우리나라 현대사 속에서 그런 해외 건설 사업이 가지는 의미에 대해서는 어떻게 평가하고 계신지가 한 가지이구요. 거기에 종사하셨던 장본인으로서 개인의 인생에는 그런 일에 종사하셨던 것이 어떤 의미와 영향을 미치는지 이것을 말씀해주시구요. 그리고 참석해주신 분들과 얘기를 나누어 보겠습니다.

조지홍 : 네. 이거는 여기 계신 분들도 많이 평가를 하실 거로 믿고 있습니다. 제가 뭐 우리나라의 경제발전 과정에서 지대한 영향을 미쳤고, 기술도 개발이 됐고, 우리는 이렇게 일을 하고 있는데 상대방은 어떻게 일을 하고 있는가도 알게 됐고, 그다음에 중국을 가니까 중국은 이렇고 저렇고 80년대 90년대에 가니깐 땅 스퀘어미터(square metre) 당 일부를 99년간 임차해줄 테니깐 써라라는 제의도 받고, 동북 삼성(東北 三省)에 가서 뭐 일도 많이 해줬고 하여튼 많이 했습니다. 일단은 경제적인 평가는 굉장히 긍정적이고 그 대전(代錢)으로 인해가지고 국내에 있는, 우리 회사만 보더래도 이거로 해서 자동차, 전자회사 그 다음에 대우중공업 그다음에 대우조선 등을 할 수 있었죠.

좀 다른 얘긴데, 대우빌딩에 오피스 렌트(office rent)를 해가면서 자금 담당 부사장님이 매일 내려와가지고 오늘 돈이 얼마 들어오냐 뭐 얼마 들어왔냐 자금 책정을 하는데 매일 돈이 없는 거예요. 그래, 회장님은 "아니 돈도 없으면서 왜 일을 합니까?" "아니 뭐 이걸 하라 그러고 자꾸 정부에서 그러는데 어떻게 일을 해야 되지 않겠느냐." "아, 그러면은 우리도 보험회사도 만들고 백화점도 만들고 그래가지고 유동성을 좀 많이 있어야 되지 않겠습니까?" "그게 무슨 경영이야. 중화학공업, 국가를 위해서 일을 해야지." "아니, 우리 실무자들이 돈을 어떻게 만들어 냅니까." "아, 그러면은 뭐, 문제야? 그러면은, 아이, 그러면은." 이 대우중공업도 전신이 한국기계인데 그거를 가서 이거를 해. "아이, 이게 뭐 돈이 없는데." 그러면 뭐 세금 면제해주고 뭐 면제해주고. 그건 인제 뭐 위에서 얘기에요. 은행 가면 은행에서 "아이, 난 그 얘기 들은 적이 없는데." 돈 안 빌려주는 거예요. 그러면 돈이 필요한 거예요. 한국에 갔더니 독일의 큰 자동차 회사 만(MAN) 엔진(engine)이 와있는데 박스(box)에 들어가 있는데 6개월 전에 왔는데 뜯지도 않고 놔뒀어요. 뜯지도 않고. 그래서 우리가 가서 그걸 뜯고, 엔진 부품도 만들어야지 팔아먹고 수출을 할 거 아닙니까? 그럴 정도예요. 그럼 매일 일은 쏟아져 나오는 거예요. 그러니까 인제 이게 발전이, 건설에서 건설 대전 받으니까 전자 인수해야 된다. 그럼 전자 해가지고, 전자 하게 되면 자동차를 해야 된다. 자동차 하게 되면 쉽빌딩(shipbuilding), 조선을 해야 된다. 회장님 어디 가서 보시고, 미쓰비시(三菱) 가서 보시고 와서는 "야, 이게 뭐 해야 되겠어." 그럼 대우조선으로 전부다 가가지고 밤새고 또 일 하고, 건설은 건설대로 해가지고 돈 받으라 그러고, 그렇게 해가지고 세계적인 경쟁도 했고, 또 그놈의 간첩들은 왜 자꾸 나오는지 막 문제가 돼가지고 아주 힘들었어요. 이게 나중에 얘길 들으니까, 제가 배운 건 많이 없지마는 국가가 이렇게 발전할 수 있는 스텝(step)이 있고, 그다음에 그 스텝에 의해가지고 움직여야 되는데, 기타 여러 가지 문제가 있어가지고, 자꾸 문제가 생기면 국가가 안 된다. 그러니까 아까도 말씀드렸지마는 캐시(cash)가 있어야 되지 않겠느냐. 유동성이 있어야 되지 않겠느냐. 무역 수출 하고, 건설하고, 건설 막 하다 그다음엔 배 만들어가지고, 그게 아귀가 타타타탁 맞아가지고 착 갔으면은 정말 우리나라가 세계에 1, 2위도 갈 수가 있겠구나 하는 생각이 있었어요. 전부다 올 코트 프레스(all-court press) 하듯이 했으니까. 그런데 중간에 돌아가시고, 안 되고 이러니까 이게 아주 그냥 헝클어져버린 거지요. 사이클(cycle)이 이렇게 순방향으로 돌아야 되는데. 안타깝습니다.

손동유 : 그러니까 선생님께서 안타깝게 생각하는 점도 말씀해주셨지만 하여튼 기본적으로는 우리나라 해외 건설 사업이라는 것이 외국과의 교류 속에서 정보적 차원이나 또 산업적 파급력이나 또 실제로 캐시를 모아내는 방법이나 이 면에 있어서 상당히 긍정적으로 보고 계시다, 경제사적 측면에서. 이렇게 평가를 하시는 걸로 들었구요. 한 가지 개인적으로는 어떤 보람을 느끼셨는지도 조금 회고해주시면 고맙겠습니다.

조지홍 : 해외에 처음 나가니까 봉급이 국내 봉급에 비교해서 2배 반을 줬습니다. 2배 반을. 그러니까 어유, 좋구나. 그다음에 먹고 자고 하는 게 난 코스트(cost)가 안 들어갔어요. 와이프(wife)하고 애는 장모님께는 죄송하지만 "처갓집에 들어가서 있어." 그러고 난 가서, 그 매달 월급이 들어오고 그러니까 장모님도 "어유, 괜찮구나." 그다음 회사에서 추석 때나 연말 되면 듬뿍 듬뿍 선물을 주고, 파티도 열어주고 그렇게 하니깐 그런 보람도 있었겠지요. 그다음에 집도 사고 아파트도 사고, 솔직히. 그렇습니다. 사람도 배가 불러야지 뭐가 눈에 보이는 거지, 내가 배가 안 불른데 이렇게 해라 저렇게 해라. 저는 운이 좋게도, 그러니까 솔직히 힘든 거 모르고 군대생활을, 제2의, 제3의 군대생활을 하면서도 그렇게 한 거지요. 그런 모티베이션(motivation)을 줘야 된다 그런 얘기입니다.

손동유 : 네. 열심히 일하시는 만큼 또 실질적 성과도 따라주니 힘을 내서 일을 하셨던 그런 경험을 말씀해주신 걸로 알겠습니다. 마지막으로 오늘 말씀해주신 조지홍 선생님께서 전체적인 마무리 말씀을 해주시는 걸로 오늘 포럼은 정리해보겠습니다. 선생님 마무리 발언 부탁드리겠습니다.

조지홍 : 제가 말씀드릴 수 있는 거는 일자리를 많이 만들어야 된다 하는 겁니다. 일자리를 많이 만들어서 젊은 사람들로 하여금 마음대로 일을 할 수 있게 하는 것은 저 같은 선배로서의 책임도 있고, 국가를 운영하는 분들에게도 책임이 있다고 봅니다. 일자리를 많이 만들려면 어떻게 해야 되느냐. 그만큼 모멘텀(momentum)을 만들고, 모티베이션을 줘야 된다고 봅니다. 정말 세계는 넓고 할 일은 많습니다. 밖에 나가 보면은 물이 필요해? 그러면 일본 회사는 '저 북극에 가서 큰 얼음 덩어리를 가져올까? 플랜트를 만드는 대신에' 이런 거 얘기하는 사람도 있고, 그럼 그 얘기 들어보고. 한국에 있으면은 모티베이션이 안 나옵니다. 밖에 나가서 보고 나하고 비교해보고, 거울로 나를 비춰보고, 이렇게 해야 됩니다. 지금은 플랜트 해가지고 나가지마는 그때는 하여튼 토목건축을 할 때니까 그러면 나가서 봐야지. 다른 사람이 뭘 하고 있는지 봐야 되지요.

정말 우리는 한 손에는 총을 들고, 한 손에는 일을 해야 되고, 다른 나라 사람보다 굉장히 불리한 입장이에요. 미국 가있는 애들 보면은 공부만 하면 됩니다. 우리는 사무실에서 일하다가 예비군 교육 받아야 되고, 뭐 해야 되고 그 시간이 얼마입니까? 로스(loss)가. 젊은 애들이. 때 되면 군대가야 될 걱정을 해야 되고. 그걸 없애야 되지요. 군대 걱정하지 마. 그럼 용병을 구해? 그건 안 되는 얘기지요. 해결할 수 있는 방법을 선배들이 만들어야 됩니다. 세계는 넓고 할 일은 많습니다 정말. 밖에 나가서 봐야 돼. 지금 다른 게 아니라 밖에 나가서 봐야지.

아프리카에 가있는 사람들이 뭐 어떻고, 사막에 가서 혼자 한번 떨어져 봐야지. 낮에는 덥고 밤에는 춥고, 물 없으면 오줌 받아먹고. 저는 항상 후배들 만나면 얘기하는데, ROTC 후배도 그렇고, 회사의 젊은 직원 후배도 그렇고 만나면 항상 이기라고 얘기합니다. "위너 테익스 잇 올.(Winner takes it all.)" 항상 그거는 리마인드 하고 그래야지 후손들한테 영광을 돌려줄 거 아니냐는 얘기를 마지막으로 드리고 싶습니다. 제 말씀을 들어주셔서 고맙습니다.

손동유 : 오늘 말씀해주신 조지홍 선생님께 박수를 보내면서 자리를 마무리하겠습니다. 모두들 감사합니다.

──────── 필자 & 구술자 ────────

심의섭 ┃ 명지대학교 명예교수, 경제학

조수종 ┃ 충북대학교 명예교수, 경제학

주동하 ┃ 작가 · 시인

전낙근 ┃ 한양대 건축공학부 CM/CIC 연구실 수석연구원, 건축학

조지홍 ┃ (주)시험과 측량 고문, 전 대우건설 이사